素っ裸の原点　人びとは、いやおうなしに生まれたままの原点にもどされる――それは人間の驕慢さに対する神の試練なのだろうか。瓦礫のあいだのわずかの水たまりに、おのれのアカを落とそうとするこの美しさは、皮肉にも神に近い。

その夜の恐怖　原爆にも似た恐ろしい入道雲。こうなっては、もはや人力ではいかんともしがたい。麻生三井邸付近からみた身の毛もよだつ震災当夜の光景。

屋根の下に人がいる！「中に数十人います。助けてください」の木札は、だれが書いたものか。やがて火の手も迫ろうとしているのに —— 自然は人間をあざわらうように、しばしば乾いた表情をみせるときがある。

西郷サンは知っている　肉親を見うしなった人びとにとって、幕末の反抗児西郷サンも、地獄の仏さながらにうつったにちがいない。銅像は無言のまま、いまだに天災の再来を警告しつづけているのだが――。

これが上野駅だべか　大拡張の計画を前に、東京駅につぐ東北の玄関としてにぎわった上野駅も、数百輛の貨車もろとも、たちまち広大な瓦礫の原と化した。

悪夢の一場面　猛火をバックとした銀座数寄屋橋付近の混乱ぶり。空襲とちがって、抜打ちに襲われた場合、いやでもこんな醜態を再びくりかえさなければならないのだろうか。

燃える権力の殿堂　日比谷原頭、赤煉瓦の壮大な建物は、当時四百万市民の治安をにぎる警視庁。権力の象徴として不燃性のはずが、フシギにも黒煙をはいて燃えあがり、威信をうしなった。

すばやい者が生き残る！ 命からがら、われ先にと郷里に難をさける人びとの姿は、あさましいほど本能的だ。モラルや人格クソくらえ！ 腕っぷしの強いすばやい者が生き残るのだ。

変わりはてた銀座　いまの銀座の繁栄は、むしろ崩壊のあとから生まれたものだが、当時の尾張町の繁栄ぶりは、やはり震災後のそれとはかなり対照的であった。

爪あとは新橋駅にも　新築されたばかりの新橋駅は、当時東海道線の旅客の大半を取扱っていたが、業火はここにも猛威をふるい、古典的な姿にも、その爪あとを顕著に残した。

ハッキリしているご利益　よき時代のシンボル浅草の仲見世も、荒れくるう焰魔の前に無残な姿をさらしたが、火の足が仁王門でとまったのは、観音さまのご利益にちがいないと人びとは語り合った。

廃墟の赤線地区ヨシワラ　明治45年の大火から立ち直った吉原遊郭は、欧米の市街さながらにモダンな様式化をみせたが、外観だけの木造建築では、地震につぶされ火にこがされて、無残な焦土と化してしまった。

これが地獄だ！“現実を無視するな”との要望によって、眼をおおわせるようなこれらの写真をはぶく計画を改めなければならなくなった。上は吉原公園ということで、死体の多くは娼妓のものであろう。下は関東大震災中、もっとも悲劇といわれた本所・被服廠跡の焼死体の山。あまりにも悲惨であるとの理由で、これらの写真は一時発禁とされた。

【新装版】関東大震災

THE GREAT KANTO EARTHQUAKE OF 1923

その実相と歴史的意義

NAKAJIMA Yoichiro
中島陽一郎 著

雄山閣

本書は、弊社より一九七三年七月に〈雄山閣歴史選書⑮〉として初版を刊行し、その後一九八二年八月と一九九五年二月に〈雄山閣ＢＯＯＫＳ⑨〉として版を重ねてまいりました。

今回の〈新装版〉では、明らかな誤字・誤植については修正を加えましたが、今日の観点から一部不適切と思われる本文中の表現については、〈初版〉時の時代的背景等を考慮し原文通りといたしましたこと、何卒御了承願います。

（雄山閣編集部）

はじめに

関東大震災は、その恐るべき天災と人災とのダブル・パンチによって、大正デモクラシーの終りをつげ、また昭和の軍国主義と金融恐慌時代の幕があく前ぶれとなった。

大震災の当時、戒厳令のもとで災害地の治安維持を担当した軍隊の活躍は、それまで国民が軍部に対して抱いていた根強い軍縮思想と不信感とをいっぺんに吹き飛ばしたばかりでなく、「ドッコイ、おいらは生きている」とばかり、軍隊特有の擬似デモクラシーとエセ家族主義の二つの仮面をかぶった軍部へ変身する絶好のチャンスをあたえた。

いいかえれば、軍部が大多数の国民の信頼と支持とを震災時における軍隊の頼もしくもキビキビした活躍ぶりをバックに獲得したことは、折りからの政党不信のたかまりと相まって、やがて昭和における軍国主義の抬頭と、あのドロ沼のながいながい大戦争をまねきよせることになった。

人間性を踏みくだいた軍部の人権無視と権謀術数の片鱗は、震災時のどさくさにまぎれて行なわれた、あの人の意表をつく数々の流言と大虐殺とに、すでに集中的に表現されているのである。（例えば甘粕事件「軍人の敵・人道の賊」の項《東京日々》今の《毎日新聞》掲載の論評――二六八頁を参照）

もちろん軍国主義に反対する一握りの人々、すなわち社会主義者や一部の進歩的自由主義者などはいたが、軍部と警察とによって、虐殺されるか投獄されるか、あるいは非国民のレッテルを貼られて、社会から孤立し隔離されて、沈黙を守ることを強要された。

関東大震災後の日本の一般大衆は、あのセンチメンタルな流行歌「枯れすすき」「かごの鳥」などに、その心情の一端を遠慮がちに吐露するしか手がなかった。

しかし、帝都復興のさいに示された国民のほとばしるような猛烈なエネルギーと、一枚岩のようなかたい団結心、そしてその一方、不幸のなかで互いにたすけあい、また朝鮮人らを命がけでかばった義侠心の厚い、人間としての温みのある人々がいたこと、基礎のしっかりした建物、例えば旧帝国ホテルや、住民が官製の消防隊の力をまったく借りずに猛火を見事に消しとめて、「東京の奇蹟」といわれた地域が、下町などにいくつも焼け残ったことなど、不幸中の幸いとでもいうべきで、「日本人の天災にたいする、くるしい戦いと、輝かしい勝利の記録」が無形の金字塔として、関東の天地と、歴史の資料と、そして人々の心のなかに、震災の盛大な供養とともに永遠に残され語りつがれた。

話はもとへもどるが、川田侃東大教授のいうように、「大正デモクラシーの時代から、軍部が独裁権力を獲得して満州事変に突入するまで、わずか十年。日本の議会制民主主義は、ナダレのようにくずれていった」(《朝日新聞》昭和47年2月19日)。冒頭にも述べたように、震災と不景気をキッカケに、金融恐慌と不景気風の大嵐のなかで、尻に火をつけられた形の無力な国民は、軍部から「戦争が近い」と危機感をあおられ、一方では「聖戦」とおだてられて、満州事変・支那事変、やがて太平洋戦争へ拡大するドロ沼のような大戦争へと、しだいに引きずりこまれていった。しかしこれらは、いずれもあとの話であり、また文字どおり「あとの祭り」ともなった。震災後、太平洋戦争の敗戦まで、あの暗黒の「昭和史」については、ここではあえて触れない。ただ大正と昭和の青春をいろどる民族的良心と香り高き知性とは、その全部を貪欲な軍国主義と侵略的な戦争遂行の怒涛のなかに呑みつくされたわけでは、決してない。

「野火焼けども尽きず、春風吹きてまた生ず」というが、日本民族の良心と自由と、そして真理のために軍国主義と戦って、志半ばで倒れた真の無名戦士（その墓標は国家的にはまだ建てられてはいないが）の存在を無視するわけにはいかない。彼らは、あの大正デモクラシーの延長線上に位置したが故に（つまり早く生まれすぎた先覚者だったという一事によって）軍部の暴力で文字どおり抹殺されてしまったのである。そして日本国民は、関東大震災の後、昭和の敗戦によるあの戦争放棄と主権在民を規定した「日本国憲法」（新憲法）の誕生までの約二十年間というもの、先に述べたように大震災を契機として復活した軍国主義の重圧のもとに、ただひたすらに耐え忍ばねばならなかったのだ。

それにしても、当時の「軍縮」下できわめて肩身の狭い思いをしていた旧軍部と現在の日かげ者的な自衛隊、某国人などに対していまだに残るいわれなき「差別」、デマに踊らされやすい国民的体質、政治的・経済的危機感、地震サイクルが秒よみ段階に入っている事実——そのどの一つをとってみても、関東大震災当時と今日と、その条件のあまりにもよく似かよっているのに驚かずにはいられない。これらのきわめて酷似した客観条件に対して、意識的または意識下で、慄然とさせられるのは私一人ではなかろう。

しかし、かつての大震災のようなデマと虐殺の悲劇と誤ちは、もはや絶対に繰り返してはならないし、また関東大震災・大空襲とすでに二度燃やした東京を、いままた三度燃やすの愚かさを決して犯してはならない。

東京を、三度、燃やすな！

昭和四十八年——関東大震災五十周年に際して

中島陽一郎

関東大震災　目次

【新装版】

関東大震災

――その実相と歴史的意義――

備えよ常に!!

震災記念堂

第1章　抹殺された予言

1　愛妻に「墓前の報告」を遺言した今村東大助教授

人心をまどわすもの

関東大震災がおこる前に、「大地震によって東京は全市が焦土と化するであろう」とズバリ予言したため、人心をまどわすものとして、ときの文部省から大目玉をくらい、また東京帝国大学の地震学主任教授・大森房吉から手痛い攻撃をうけた同大学地質学教室の今村明恒博士は、大森主任教授のあまりにもはげしい非難をうらみ、愛妻にむかって、

「大地震はかならず五十年内におこる。もしもそれまでに自分が死んだら、大地震のおきたときには、すぐに墓前に報告してくれ」と、遺言したくらいだった。

このように物議をかもした今村博士の論文は、東京二六新聞にも紹介された。

その要旨は、「東京市に大地震が発生する時期が近づいていて、今年より五十年以内には、酸鼻の大地震に遭遇することが確実」だと断言している。そして、市内の災害を予想して、「死者は十万或は二十万に達するはずで、茲に其説を紹介して満都の士女を警む」と結んでいる。

（《東京二六新聞》明治39年1月16日）

また今村博士は、「西洋文明の導入は、用水桶を廃し水道に変えて、それはそれなりに社会生活を便利なものにしているが、（水道管の破裂により）地震発生の折には、東京全市の焼尽にもつながる」と、警告している。そのころ「文明協会講演集」に掲載された同氏の地震観をつぎに紹介しておこう。

今村博士の地震観

帝大地質学教室今村明恒博士は明治三十八年『地震学』と題する一書を著はし大森博士に反対して「地震地域内にある東京市は平均百三年で大地震がある。現在の建て物並びに水道設備では全市焦土と化するであろう」といったので大森博士を初め都下の新聞紙から攻撃を受け一世の物議をかもした結果、博士の学説は何等顧みられずして今日に及んだが今回の大災害で全く博士の予言を裏書したこととなった。

◇

地震学教室で震源地調査をしていた博士は「私の学説が的中して大森さんの学説が破れたのはなんたる不幸なことでせう」と稍昂奮したが、間もなく学者らしい冷静にかへって静かに語る「私があの学説を発表した時は八方から攻撃を受けたが、それは東京市は噴火山の上にあるもので危険千万だと論じたので文部省からも、市民はことごとく神経過敏となり不安と恐怖の絶頂にあるから取り消せと大目玉を頂戴したが、私は遂に取り消さなかった。取り消さぬばかりか私は職を賭しても学説の為にたゝかはうと思ったが余り攻撃がはげしかったので、そのまゝ沈黙をつづけたのである。あの時職を賭しても私の学説を主張し市民に警告しておいたなら斯くの如き大惨害にはならなかっただらうとかへすがへすも残念でならない。わたしが飽くまで自説を取消さぬので大森博士は私の学説を反駁して起った。それは大地震は起るとしても数百年の後である、百年ごとと恰も近き将来に大地震があるやうにいふのは、学術的に根拠なき浮説であるといふのだ。

◇

どうしてかく数百年後といひ百年後といふ二説が生ずるかといふに、大森博士は震源地の範囲を縮小して計算し私のはその範囲を広くとっているからである。別言すれば東京市に大地震の起こるのは東京附近に震源を有するものからだといふのが大森さんの説で、震源地が太平洋であっても東京に大地震が起こり得るといふのが私の説である。そこで東京附近を震源地とする大地震は元禄十六年の大地震から起算し一巡するまで約五百年かかるから数百年後ならでは断じて起こらぬという大森さんの論法が生まれるのだが、何ぞ知らん太平洋に震源地を有する地震によっても東京はマキゾヘを食うのである」とこゝで各地から集まった報告を総合して詳細に各地の被害状況を語った後「私は今でもこの学説を固持している」と断じた。

◇

そこで記者は「然らば百年後には再びこの惨害を繰りかえす訳になりますか」とたづねると「さうです、私の学説からいえば東京は聖上のいます帝都には適しないと思ふ。そこでこの災害からまぬがれる根本策としては帝都を地震地域外に移すより外はない。この附近とすれば上州方面、少し離れゝば姫路の播州地方であるが、その外にもいくらも適当なところがあらうと思ふ。若し移さぬとすれば人為的に耐震策と地震による火災の防止策を講ずるより外はない。火災の防止策としては消火設備と建築法の改正これである。

◇

一体こん度の災害は私の計算で死者十万と見ているが、これは地震の害でなく火災の害のためである。地震としては安政元禄宝永の大地震と似たもので強さも大きさもそれ以上ではない。イタリーの如きはそれ以上の地震が屢々あった。千九百八年メッシーナ大地震では地震だけで十三万八千人の人口中八万三千の死者を出した。附近町村を合せると死者十四万人に及んだのである。処が今度の災害は、地震ではたいした死人がなく、おほくは火災のための死人なので世界大火災のレコード破りである。

◇

次ぎに地震そのものゝ防止法としては重なる建て物をなるべく山の手に建てる事、やむを得ずんば高さを三階位までに制限し基礎工事を自然土の現れるまで掘下げること、丸の内附近なら大抵二六尺で自然土に達するが、自然土の深さは全市殆ど調査が出来ているからこれを参考にすることが大切である。また地盤硬軟は全市を四通りに区別して図面を作成してあるが、この地図と今度の災害地図とを比較するに全く符節を合せたやうに同様である。この硬軟地盤図と照らし合せて、それに適した建物を建てるやうにせねばならぬ。」

（森脇美樹編「文明協会講演集」）

2　奇才特有のカンで大震災を予言した芥川龍之介

狂い咲きの菖蒲に異変予知

東京生れで夏目漱石門下の作家・芥川龍之介は、鎌倉に大正十二年八月二十五日まで滞在していたが、小町園の池に菖蒲や蓮の咲き誇っているのを見た龍之介は、暑いさかりの夏の八月に季節はずれの藤・山吹・菖蒲などが咲き競っているのはただごとではないと感じて、会う人ごとに「天変地異が起こりそうだ」と話したが、だれも本当にはしなかった。しかしながら、彼の予言は不幸にも適中し、大正十二年九月一日の午前十一時五十八分、関東地一円に大地震が勃発した。このとき、芥川は食後のんびりとくつろいで「茶の間にパンと牛乳を喫しおわり、まさに茶を飲まん」とするところだったという。また芥川家は幸いにも「被害は屋瓦の墜ちたると石灯籠の倒れたるのみ」であった。しかし、東京は一時全滅したというニュースが流されたほどで、その猛火は「大いなる溶鉱炉」の有様を示し、物騒な流言飛語が乱れ飛び、非常の際、民間人が自らを守るために組織する警備団体である自警団が、町々で結成された。

「善良なる市民であると同時に勇敢なる自警団の一員」となった龍之介は、いろいろの町内の会合に出てみて、あらゆる社会主義的な考え方が少しも日本の民衆には浸透していないこと、このような民衆を教育するのだと思うと社会主義運動など起こす気はなくなってしまう——、自分でさえこうだから、プロレタリア作家はましてガッカリするだろう、ということを痛切に感じたという。

（「大震雑記」「大震日報」。《新潮》大正12年11月号　座談会「凶災後の文芸時事六項」における龍之介の言葉）

芥川の「地獄変」さながら

震災の数日後、芥川龍之介・川端康成・今東光の三人は、吉原の池へ死骸を見に行こうということになった。細かい棒縞の浴衣にヘルメット帽という姿の龍之介は「荒れ果てた焼跡、電線の焼け落ちた道路、亡命者のように汚く疲れた罹災者の群」の中を、あたりかまわず「駿馬の快活さで飛ぶよう」に歩いて行った。

「吉原遊廓の池は見た者だけが信ずる恐ろしい『地獄絵』であった。幾十幾百の男女を泥釜で煮殺したと思えばいい。赤い布が泥水にまみれ、岸に乱れ着いているのは、遊女達の死骸が多いからであった。岸には香煙が立ち昇っていた。」

と彼一流のするどい観察をしている。

関東大震災の文壇にあたえる影響については「たとえ東京・横浜の二市が全市焼失したとしても、名古屋や大阪に行けば活字も印刷所もある」と述べ、「九月中には必ずジャーナリズムが復興する」――と予想していた。

（小島政二郎「眼中の人」）

そして彼の予想どおり、はたして東京のジャーナリズムは九月中に立派に復興した。

芥川の遺した「震災語録」

つぎに芥川の「震災語録」といったものに少しふれてみたい。

まず〈**芸術的欲求**〉について

「つきつめた意味で云うならば、例えば人と話をしている時にも芸術的欲求はある。言葉の選択とか声の調子とか表情とか手真似とかにね。……つまり表現と云う上にはね」

と述べている。また〈**非常時における芸術**〉については、至極あたりまえのことではあるが、

「親子兄弟さへ相顧みない場合に芸術が問題にならなかったのは至極当然なことぢゃないか」

とハッキリと断言し、

「どんな苦痛の中にいても芸術を欲求するかどうかは問題だね。たとえば蚤に食われている時などにだね」

と江戸っ子らしく茶化した調子でサラリと流し、最後に、

「非常の場合に芸術が人の念風を去ることなどは芸術の尊厳にかゝわらないね。又芸術のチャーム なるものは如何なる火災の場合でも人間の心の中にある筈ぢゃないか？」と、いとも見事に結論している。

震災前、雨の日も風の日も市民の慰安場所として、日ごと数十万の客を集め、
大東京の盛り場を代表した浅草六区の一部。

どこがどこやらサッパリわからぬ焼野原は、前日まで繁華をきわめた浅草六区
であることが、十二階の残がいで辛うじてわかる。

震災の時に、実業家の渋沢栄一らは〈**天譴説**〉すなわち「震災は天罰である」という意味の説をしきりにいいふらしたが、これに対して芥川は「僕は非天譴論の主張者ですよ」と真っ正面から反発し、さらに「天譴説を真としたならば渋沢栄一先生などは真先に死んでも好さそうだがね」とまことに痛烈きわまりない皮肉で、とどめを刺している。

〈**凶災後の文芸如何**〉という文学者にとって痛切な問題であるばかりでなく、一般読者としても興味のある話題について芥川は

「社会的の条件だけで芸術が本質迄変るか変らぬかという問題かね。そりゃ大問題だ。誰か唯物史観者はいないかね」

とまず述べ、つぎに自分の意見を全面に押し出して「僕は両極端になりはしないかと思ふがね」と最初に結論を出し、例えば芝居についても

「欧羅巴の戦争後、芝居をやるのにどこでも上等なものをやらないで、下等な芝居ばかりやってそれで人が這入って居た。又平生は真面目な近代劇を見たいと云ふ連中も戦線などから帰って来ると、妙に下等なものが見たかったさうだね。だから今後もさう云う傾向は起りさうだ。しかしさう云ふ傾向ばかり盛になるとも思われないぢゃないか？」

と想像し、さらにその将来は、

「真面目な物は別として、片っ方に陽気な物も陽気なりに洗練を経ることがありはしないかと思うね。さうなりゃまことに結構だが」

と、つけくわえている。

〈**社会主義**〉についてもふれているが、〈**甘粕大尉**〉のことを彼は、

「国家的テラリストだね。すると菊池の説通り共産主義的テラリストもテラリズムを行ったと云ふことは格別不服は云はれぬ義理だね」

と皮肉な批評を浴びせかけている。

そして〈**反動主義**〉すなわち歴史の潮流に逆らい、進歩的な社会思想を暴力的に阻もうとする過激な保守主義については、

「日本も反動的になったなどと云ふのはから嘘だね。反動も能動もありゃしない。徳川時代と大差ない位だ」

と日本における当時の社会主義の非力さにふれ、

「とに角今の英吉利のやうにちっとも血を流さないで社会主義的に進めば大変いゝと思ふ」

とイギリスを模範としながら、

「日本の社会主義が大きな声で直訳的宣伝をする暇に先づ民衆にイロハから社会主義の教育をすると好いのだがね」

と日本の社会主義教育の欠陥をつき、それではどうしたら好いかといえば、例えば――

「日本にも福沢諭吉のように華を去り実を採る人が現れなければ本当の社会主義は浸み込まないだらうと思ふね」

と福沢諭吉の啓蒙的・合理主義的な教育方法を想起し、震災当時の社会主義者の無力について、

「社会主義者がうらむらくは随分無力であったといふのは今度の事件で遺憾なく現れて居るのだと思ふ」といっている。そして〈**革命**〉については、

「革命が起ればブルジョアの作家も危険思想家の名の下に官憲或は暴民に殺されることは明かだよ」

と述べ、自然主義的手法で男女間の愛欲の問題を追求した小説家の近松秋江が、〈**軍国主義**〉について、

「僕はミリタリズムです。一言述べて置く。今度、陸軍海軍の活動がなかったらあの時どうすることも出来ません」

と近松が軍国主義を礼讃したのに対して、芥川は

「それだけでミリタリズムを讃美するのはどうですかね。ソヴィエット・ラシアにだって軍隊はあるのですからね……」

と反対している。

つぎに〈**都市の文学運動**〉ついて、

「又ですね、名古屋や大阪へ雑誌が行っても、そう言ふ所で雑誌が出ても、首府中心と言ふ傾向は免れなささうですね……。亜米利加だって紐育、独逸だって伯林。亜米利加などは独立したものがあると言へばまあ桑港にあるが、矢張り中は紐育ですからね」

と説明し、「今の露西亜は知りません」と白状し、「併し愛蘭土文学でも倫敦が中心になって居るやうだね」と話し、

「併しバアナド・ショウやオスカア・ワイルドやバトラア・イエェツ等はやはり倫敦にいたのだからね。又ダブリンを中心とした文学運動もやはり愛蘭土の首府たるダブリンを中心にしたんだからね、グレエト・ブリ

この二重橋前の静かな風景も、一瞬にして修羅の巷と化するとは、誰が想像しえたであろうか。これは現在も同じことだ。

二重橋前の大広場、砂利の平坦な大道の、かえって惨害をこうむったことは、いかに震動が猛烈であったかがわかる。

テンの一都会たるダブリンを中心にしたのぢゃないんだからね」

と実例をあげてみせ、最後に〈文学運動〉が「分散すると言ふのは非常に結構なことで差支ないさ」と結んでいる。

〈**東京の復興問題**〉については、趣味のうえから見た待合の建築にかんして、

「しかし待合の建築と言ふのは新しい文明と古い文明と結び附いた点が好いのぢゃないかね。色っぽいと言ふよりも。――つまり待合の建築の好さは、今の一般の住宅の好さと存外同じものぢゃないかね」

と待合の建築の好さをほめ、その欠点としては、「耐火の場合には駄目だけれども、趣味の上から言ふのですから」と説明し、

「つまり茶室をどう息を吹き込んで改造するか……唯是から先は丸ビルのやうなものがどん〳〵出来るね。日本風の建物などは出来るかどうか疑問だね」

と、予想している。

なお、大っぴらに日本趣味を主張せよと、

「僕は実際問題として、おかしな話だが椅子へ腰を掛けると足が重くなる。西洋人が椅子へ腰掛けて居って足が重くならないのは不思議だと思ったら、やっぱり西洋人も重くなると言っていましたよ。だから西洋の椅子は年々低くなりつつある。建築もこの椅子問題のやうに堂々と日本趣味を主張すると、存外西洋趣味と一致するかも知れない。何もアメリカ趣味ばかりが西洋趣味ぢゃありませんからね」

「斯う云ふ場合には吾々の不愉快な事は全然罷めて、大っぴらに日本人として頑張りたいですね」

以前に焼失したことのある東京名物の一つである歌舞伎座は、巨額の資を投じて不燃性建築が出来上がり、開場したばかりだった。

猛火の勢いはこの優雅な建物をもひとなめにして、残がいを木挽町の荒野にさらし、あわれ栄華のユメを留めた。

と、啖呵をきっている。

「併し所謂江戸趣味も紫式部に見せた日には世も末だとか何とか言ふだらう」

「僕は栃木県などに行って毎年雷を怖れるよりも東京にいて一世紀に一度地震を怖れている方が好いね」

と、喝破している。

なお友人の文学者・菊池寛が、

「科学的知識を応用すれば、今度の地震だって被害の程度を少なくする事は出来たらう」

といったのに対して、芥川は、

「科学を全部応用すれば金が要るでせう。又都市復興を企てるやうな時には勿論金が無いでせう、とてもま

あ駄目ですね」

と反対している。

（《新潮》大正12年11月号、三〇～五九頁を参照。）

第2章　大震災の歴史的意味

関東大震災の意味については、いろいろな立場から、当然さまざまな史観（歴史的現象を全的に把握して、それを解釈する立場）が存在する。

それらの主要なものを項目別に分類して、つぎに紹介しよう。ただし小見出しは、いずれも私（中島）が客観的に勝手につけたもので、引用文の筆者には拘り合いのないことを念のためお断わりしておく。なお、私の考えは、この本の最初の部分「はじめに」と、文中それぞれのところで、資料を引用しながら適宜述べていきたい。

1　直撃する金融恐怖！

動揺する人心

第一次世界大戦後次第に深まってきた経済不安が激化し、殊に首都の惨害のため人心の動揺も大きかった。

（京都大学文学部国史研究室編『日本史辞典』一〇九頁）

金融恐慌

すでに日本経済は、第一次世界大戦後の反動恐慌（大正9年、一九二〇年）いらい、深刻な危機にみまわれてきたが、大震災により混乱はその極にたっし、いわゆる震災恐慌に入った。この恐慌は震災という自然的災害によるとはいえ、大戦後の日本資本主義の全般的危機の深化の過程において爆発した矛盾の現れであった。（中略）このような経済界の悪化はついに昭和二年（一九二七年）の金融恐慌となって爆発したのである。（**藤井松一**）

（河出書房『日本歴史大辞典』第5巻　二〇九頁）

第一次世界大戦後の恐慌

大戦中膨脹に膨脹を重ねた経済界は、大戦の終熄によって反動的の打撃をうけ、大正九年（一九二〇）大阪の増田ビルブローカー銀行の休業に端を発して、各地の銀行の休業・取付を起こし、大戦後最初の金融恐慌となった。ついで大正十一年（一九二二）にも各地銀行の休業を見たが、大正十二年（一九二三）に起こった関東大震災は五十億円の財貨と十万人の人命を犠牲にし、不足物資の輸入のため巨額の輸入超過を来たし、経済界は深刻な打撃をうけた。そして震災に際してとられた処置である震災手形損失補償を原因として、昭和二年（一九二七）にまた金融恐慌を招き、鈴木商店、台湾銀行の破綻となった。このような数次の恐慌を経ることによって、多くの銀行は整理せられ、大銀行がいよいよ大きくなった。その大銀行は三井・三菱・住友・第一・安田であり、以後金融市場はこれら五大銀行（ビッグ・ファイブ）の支配する所となるのである。

（**坂本太郎**著『新訂日本史概説』下　二四二頁）

軍備縮小から拡張へ！

第一次世界大戦後、日本は財政を整理し、金融界を収縮し、企業の合理化を行ない、健全財政を確立する方向に進むべきであった。また当時、アメリカ・ドイツ・スエーデン・イギリス・オランダなどが続々金本位制へ復帰していたので、日本も金輸出禁止を解除して国際信用を高め、対外為替相場の安定によって、貿易の振興を図るべきであった。しかし事実は、軍備拡張に多大の予算を支出し、放漫な産業助成を行ない、かつ恐慌ごとに多額の政府資金を放出する政策をとり、今また震災の打撃によって金本位制の復帰やインフレーションの収縮は一そう困難となった。例えば大正十五年（一九二六）には国債発行高が約五十二億円に達するようになった。だからこの頃世界の資本主義は一時的に安定期に入りつつあったのに反して、日本の経済はなお不安動揺を続けねばならなかった。

かくて昭和二年（一九二七）の金融恐慌が起った。（**時野谷　勝**）

（『京大日本史』第6巻「現代の日本」時野谷　勝昭和28年　六二一〜六二二頁）

弾圧される社会主義

学界においても社会問題が強い関心を集め、マルクスの「資本論」の翻訳・紹介を初め、唯物論的社会主義思想の学問的研究が盛んとなり、社会主義理論の研究・宣伝を目的とする各種の研究所・学会・雑誌等が興された。これによって労働者・農民の政治運動は、その理論と方向とを与えられるようになり、社会主義政党結成の気運も高まってきた。このような労働者の階級闘争・政治闘争への進出に対して政府は一貫して弾圧方針をもって臨み、さきに結成された日本社会主義同盟は解散を命ぜられた。すでに大正八年（一九一九）には全世界革命運動の中心機関としてコミンテルン(Comintern)が創設され、その影響のもとに大正十一年(一九二二)には初めて日本共産党が非合法的に成立し、コミンテルンの日本支部として承認された。これは天皇制・ブルジョア的議会主義思想を否定し、普通選挙運動を支持し、労働者の力を階級的政治闘争に結集することに目標を置き、当面の問題として帝国主義的なシベリア出兵に反対した。政府はこのような革命的な過激運動に恐れをなし、大正十二年(一九二三)六月には共産党に対する一斉検挙を行ない、まもなく襲来した関東大震災の混乱に際しては、大杉栄の一家を初め多数の社会主義者および労働者や朝鮮人が、軍人・警察官によって殺害された事件が起った。さらに大正十四年(一九二五)、政府は治安維持法を制定し、国体変革および私有財産制度否認の運動に対して仮借なき弾圧の手を伸ばした。しかも単に共産主義運動のみならず、あらゆる社会運動・労働運動に対して、政府の圧迫はその後ますます強化され、特高警察組織によって徹底的に遂行されたのである。(**時野谷　勝**)

(『京大日本史』第六巻「現代の日本」時野谷　勝　昭和28年　七〇~七一頁)

「現実化・大衆化」する労働運動

亀戸事件、甘粕事件を契機としてアナーキズムは衰え、労働運動は「現実化、大衆化」への方向転換を示しはじめ、普通選挙権獲得運動が活溌化していった。そしてまた、新婦人協会や赤瀾会などの婦人解放運動が、震災後大同団結して婦人参政権獲得期成同盟となり、明確な政治目標をもつにいたったのは、震災を契機とするいわゆる職業婦人の大量的進出にもよるものであった。(**藤井松一**)

(河出書房『日本歴史大辞典』第5巻　二〇九頁)

労働者の生活難と社会不安

当時の労働者の生活はどうだったかというと、大衆労働者の生活難はますますつのり、社会不安は増大した。この傾向は、大正十二年（一九二三）の関東大震災後、いっそうはっきりしてきた。

大正十二年（一九二三）九月一日に起った関東地方の大震災は、産業の破壊と混乱をきたし、労働大衆も多くの損害を被った。被害の甚しかった東京府、神奈川県について見れば、被害工場が東京府において全体の九割一分、神奈川県にあっては全体の八割七分を占めた。

死傷職工は、

東京府	死亡者	六六四人	負傷者	八七三人
神奈川県	〃	一、三八五人	〃	一、〇七一人

（但し職工五十八人以上を使用する工場について調べたもの）

失業者数について見れば、大正十二年十一月十五日現在の東京市内では、

男	四九、三七二人
女	一九、四九四人
計	六八、八六六人

（**赤松克麿**『日本社会運動史』）

近代生活への転機

大震災のさ中に政府は、次第に高揚しつつあった社会主義運動・労働運動を一挙に弾圧しようとしたのであ

った。

これは大きな災害ではあったが、生活文化の面からみれば、古いものの消滅のあとに、その復興と併行して、新しい近代的な生活様式や感情が芽生え、部分的ではあれ、近代生活の深化がみられる転機となったことも見逃してはならない。

（遠藤元男　大森志郎　共編『日本史ハンドブック』六三九頁）

2　チャンスをつかんだ軍国主義

軍隊まかり通る

大正デモクラシーのなかで軍閥と非難され、無用の長物として軍縮を要求されていた軍隊は、震災によって絶好の活動舞台を与えられ、国民のあいだに権威と親近感をうちたてるチャンスをつかんだのである。

（今井清一『日本の歴史』23　三八七頁）

革命の幻影と白色テロ

山本内閣の組閣途中の大正十二年九月一日、関東大震災がおこった。地震そのものは不測の災害であったが、それにともなう事件は、体制の危機の表現であった。震災による民衆の不安と治安の混乱、朝鮮人にたいする大量虐殺、官憲による社会主義者、労働組合幹部の殺害などの事件は、支配階級の革命にたいする恐怖と不安がもたらしたものであったが、逆にまた事件が支配階級内部に革命の幻影をかきたてた。

震災にさいしての凶暴な白色テロは、社会主義者の活動を一時萎縮させた。政党は、政治的自由抑圧の問題にかかわることでありながら、革命の防止、植民地民族の抑圧に関しては、政党の大多数の利害は、帝国主義権力と同質であったからである。

（藤原　彰『体系・日本歴史』６「日本帝国主義」七二頁）

飴と鞭の政治姿勢

国民の間に、震災下のテロ、とくに朝鮮人虐殺に対する抗議の声が弱かったのは、官憲の取締りもさることながら、帝国主義の毒素から国民がぬけだすことがいかに困難であるかを示しているものといえよう。

逆に、大震災を転機として、ワシントン会議以来国内に満ちていた反軍的気分は、ほとんど消散してしまった。テロの最悪の下手人はむしろ秩序の擁護者と民衆に受けとられた。

かつて朝鮮併合に際し根本的に反対した内村鑑三でさえ、この朝鮮人虐殺問題については一言も論ぜず、日記にもまったくふれていない。彼は今井館聖書講堂を軍隊の宿舎に提供し、「民に平安を与ふる為の軍隊であると思へば、敬せざるべからず、愛せざるべからずである」と日記にしるしていた。

民衆の間にみられる反軍国主義熱の衰退と社会義者に対する警戒心の増大、政党にみられる治安立法反対の態度の消滅、米騒動以来かなり順調に発展してきた民本主義の潮流は、大震災によって大きく屈折した。原敬なきあと、支配層はしばらく民衆の攻勢に受け太刀であったが、山本内閣はにわかに民衆に対し、積極的な、飴と鞭の政治姿勢を示す。労働組合の政府公認と、普選実施をほのめかすと思えば、国民精神作興に関する詔書を下して、「軽佻詭激」の風を戒める。群馬・長野の社会主義グループの検挙も行なう。他方では、先進的労働者・インテリの中にも、テロにおびえて、にわかに態度を軟化するものもでてくれば、これまで民衆に密着していなかった運動方針を反省する動きも生ずる。この新しい情勢の上に、第二次護憲運動がおこり、政治体制の再編成が行なわれることになる。

（松尾尊兊『国民の歴史』21　三二四頁）

地震の一週間前の八月二十四日に加藤友三郎首相がなくなり、後任に推された薩閥の長老山本権兵衛は、地震のおこったとき組閣工作の最中であった。したがってまず震災の応急対策にあたったのは、臨時首相となった内田康哉外相をはじめとする加藤内閣の閣僚たちで、水野錬太郎内相と赤池濃警視総監が当面の責任者であった。

出兵の理由

赤池総監は（著者注、九月二日）午後四時半に東京衛戍司令官である近衛師団長森岡守成にたいして出兵を請求した。警視庁や警察署の焼失によって弱体化した警察力では、非常時の警戒にあたって帝都の治安を完全に維持することは困難であり、ましてや窮乏困憊の極に達した民衆を煽動して事をおこそうとくわだてる者がないとはかぎらぬという考えで、兵力によって人心の安定をはかろうとしたのである。軍隊は宮城・官公庁・停車場・銀行・物資集積所などの警備に出動し、憲兵も市内の治安維持にあたった。だが赤池総監は、出兵だけでは不安だとして、さらに罹災地一帯に戒厳令を布こうと、水野内相に進言した。

かれらは五年前の米騒動の体験から、民衆の騒擾をおそれていた。労働運動や社会主義運動が急進化の一途をたどっていたことにも、はげしい不安を感じていた。そのうえ水野・赤池のコンビは、朝鮮の独立運動を弾圧した当事者であった。水野は米騒動当時の内相で、万歳騒動のあと、斉藤実総督のもとで朝鮮総督府政務総監となり、赤池を警保局長に起用した。そして赴任のさいには爆弾の洗礼をうけていた。かれらが民衆の動きを警戒したことは想像するにかたくない。

一日の夜、警視庁では、数十万の避難民が、群衆心理にかられて騒動をおこすことをおそれ、軍隊とともに警戒していたが、二日朝になると「不逞鮮人来襲」の流言が各所につたえられた。

（**今井清一**『日本の歴史』32　三七九～三八一頁　中央公論社）

惨劇の張本人は内務省

大正時代に国民の上にのさばっていたのは、軍人ではなくて、むしろ内務省の官僚であった。大正十二年の震災の時、アナーキスト大杉栄らを扼殺したのは憲兵であったが、あの際にありもしない鮮人の復讐などをデッチ上げて、国内を混乱に陥れ、考えるさえも忌わしい幾多の惨劇を演じさせた張本人は内務省であった。

（**広津和郎**）（読売新聞社『日本の歴史』第12巻　三〇四頁）

虐殺事件はなぜ起こったか？

朝鮮人虐殺事件、亀戸事件、甘粕大尉事件等の一連の虐殺事件は、なぜ起こったか。この謎を解くためには、当時の日本の社会情勢に、われわれは目を向ける必要がある。すなわち、

第一次世界大戦中の繁栄のなかで好景気を誇った日本資本主義は、一九一八年の米騒動で矛盾の深淵をのぞきこまされ、一九二〇年の戦後恐慌で行きづまり、激発する労働争議と小作争議に悩まされ、とりわけ、復活した社会主義運動と、新たにロシア革命によって刺激された共産主義運動の恐怖を感じていた。

甘粕大尉事件や亀戸事件、朝鮮人虐殺事件はそうした日本の支配者の統治能力についての自信の喪失と恐怖を鋭く示した。

――中　略――

こうした、社会主義者、朝鮮人に対する恐怖と狂気じみた白色テロルは、第一次世界大戦以来たかまりつつあった労働者・農民の階級闘争に対する支配者層・天皇制官僚・軍部の危機意識のもっとも露骨な表現であった。と同時にその後の時代の支配者と右翼ファシストの白色テロの先ぶれでもあった。

大正デモクラシーは大正十三年(一九二四)加藤高明を首班とする護憲三派内閣の成立、大正十四年(一九二五)の普通選挙法の制定によって完成する。第一次世界大戦以来急速に発達した日本独占資本のイニシアティブのもとに天皇制絶対主義は地主ブルジョア的天皇制から、ブルジョア地主的天皇制に変質をとげた。(**井ケ田良治**)

(日本史研究会編『講座日本文化史』八六〜八七頁)

虎の門事件の真相

民本主義者の多くは天皇制については無批判であったし、勤労大衆の天皇観もあいかわらずだった。しかし社会運動の弾圧が「天皇」の名を利用して行われるようになると、その存在についてもだまっていられないものが出るようになった。無政府主義者の青年難波大助は、「震災時の恐怖政治の元凶は天皇制にある」として、大正十二年(一九二三)十二月二十七日、摂政裕仁親王を、東京の虎の門で、「革命、革命」とさけびながら、ステッキに仕込んだ銃で撃ったが、弾丸はそれた。かれはその場で逮捕され、翌十三年十一月十三日、大審院で死刑を宣告され、二日後に執行された。

裁判がこんなにながびいたのは、当局は、難波に、じぶんの罪を後悔すると言わせたかったのである。しかし、かれはとうとうそれは言わなかった。

(読売新聞社『日本の歴史』第12巻　一二八――一二九頁)

第3章 東京が燃える！

1 決死的な震災第一報

惨害その極に達す最大の救助を求む――

大震災が勃発すると、わずか二、三分で通信機関はすべて破壊され、東京と各方面との連絡は全くとだえ、わずかに船橋の海軍無線電信所より、紀州潮岬の無線電信局に打電され、これによって第一信が大阪市に伝えられたにすぎず、また東北方面へは大湊要港部が第一信を発した。この通信機関が全滅したうちに、神奈川県の森岡警察部長は、地震をふみこえ、火災をおかし、生死の境をのりこえてようやく埠頭にたどりつき、警察の制服のまま海中にとびこみ、蒸気機関の小舟に命じて、やっとのことで沖に停泊中のコレア丸にのりこみ、船内の無線電信で内務大臣と警視総監に対し、船橋の無線電信所を経由して、

「地震のため横浜の惨害その極に達す、最大の救助を求む」

と、至急電を打った。

しかしながら東京もまた、すでに惨禍のうちにあって、電報を送る方法がない。したがって、さらに大阪・兵庫・千葉・茨城の各府県の知事あて、また横須賀の鎮守府、同所に停泊中の各軍艦と大阪朝日・大阪毎日の両新聞社にたいし救援を求めた。そのしらせは、

「本日正午大地震起り、引続き大火災となり、全市殆ど火の海と化し、死傷何万なるを知らず、交通・通信機関不通、水・糧食なし、至急救済を請う」

というものであった。

これに対し各方面よりすぐさま返電があって、つづいてくわしく報告をすることができた。

揺れに揺れる余震九百回

九月二日午前九時、船橋の海軍無線電信所からの発電によると、

「火災はいまなお猛烈にして既に千住より品川に及び、爆発相つぎ、紅蓮の焔は船橋よりも見ゆ。震動今尚やまず連続し、戦々兢々たり」

といっている。それに関連して、中村理学博士の報告にもとづき、初震以来、東京における余震数(有感覚のもの)を表示すれば、つぎのとおりである。

日時	余震回数
九月一日(初震より夜半まで)	二二二
同　二日(夜半より夜半まで)	三二三
同　三日(同　上)	一八一
同　四日(同　上)	一八四
同　五日(夜半より午前六時まで)	二六

右のとおり、九月一日の初震以来、人体に感じた余震数は、実に九三六回の多きに達している。

大阪毎日新聞

大正十二年 號外 九月二日

國家同胞の一大凶災

すべて是れ血涙の報道である、一報は一報より凶變災害の甚大を傳へる、その状況は人間の想像を絶した地獄相だ、帝都は猛火に包まれ津浪に襲はれて二百萬の生靈は阿鼻叫喚の巷に彷徨してゐる、其他横濱、横須賀、靜岡縣下の各地方も地裂け家潰え伏屍累々の光景を想はしめる、まことに是れ邦家同胞の一大災厄である、吾人は心を一にしてこの異變の一時も早く鎭靜に歸せんことを天地に祈念するのほかはない。

東京全市焦土と化す

慘狀言語に絶す大東京
宮城の一部も燒失す
火攻めに次ぐ水攻め
生靈二百餘萬の安否
遠く碓氷峠から火焰を望む

東京全市を蔽ふ大火焰は遂に全市を焦土と化し遂に宮城を猛火の裡に包み二日午前二時頃畏くもその一部を燒失するに至つたが軍隊の活動により直ぐ消し止める事が出來た

八九十ヶ所に火
王子田端に及ぶ

東京市は芝の一部を除く外全區に亘つて火災を起し上野驛も危險に瀕してゐる

東京市の大火は今や火炎全市を包み全く焦土と化せん有樣で近衛及び第一師團の兵隊は總動員を行つて消火に努めてゐる

東京の猛火は水不足から燒けるが儘に委せ二日午前零時半までの情報によれば火は全市に燃え擴がり王子田端方面まで飛火し火元は今は八九十ヶ所となり全市を舐め盡さん模樣である

丸の内も大半燒失す
上野公園は罹災民に埋まる
松阪屋全燒―軍隊消防疲勞の極

二日午前四時鐵道電話で得た情報によると東京上野廣小路附近は今尚盛んに燃え上野驛は避難の準備中いとう松阪屋呉服店も午前三時廿分頃全く燒き盡された、上野公園を始め各所の空地には燒け出された罹災民で蟻の這ひ出る隙間もなく又山手方面は麹町區の如き丸の内附近の大きな建物二三を除く外は大方燒き盡され火は今尚ほ鎭火しない消防も軍隊も既に疲勞の極に陷り全く燒けるがまゝに任ぜる外なき狀態である

品川灣に海嘯
隅田川は逆流
本所深川は大洪水となる

猛火に襲はれた東京市は更に二日午前零時頃より品川灣に海嘯起り隅田川を逆流せしめ遂に本所、深川は大洪水の厄に遇つてゐる東京市の住民は火攻めと水攻めで轉るに家なく全く路頭に漂泊しつゝあり、火の手は麻布方面にも延燒したとの報あり、二日午前零時五十分高崎地方より望めば大空は一面に赤々として燒け爛れてゐる

東京强震止まず

東京市の大火は二日午前零時に至るもなほ止まず信州方面關東地方に行く旅客は碓氷峠を越ゆれば遠く東京方面を明るくする空燒の樣を見、一種悲壯の感を抱かしめてゐる

東京方面は今尚人體に感ずるほどの强震時々起り海軍省内にある無電の受信所に對し幾回となく連呼すれども何等應答なく無電の聯絡も杜絶したので兵員を派しその狀況調査中である

漸く下火となる
時に午前二時四十分

東京市の大火は二日午前二時四十分芝區の一部を殘して殆ど全市全區を燒き拂ひ稍下火となつた

横濱の殷盛地
殆ど燒き盡さる
死傷者數知れず

二船渠破壞す

荒川鐵橋
弓形に歪む
復舊日遑し

大宮工場
即死卅名

蕨驛倒壞

鎌倉御用邸
附近に海嘯

淸水東京間
海上連絡

【裏面へ續く】

9月2日、大阪の街々に号外の鈴と共に、首都東京の惨害の報がもたらされ、同胞ひとしく色を失った。

震源地は相模湾震度6で二時間二〇分続く

震源の位置は、東経百三十九度二一・八分、北緯三十四度五十八・六分の地点であって、東京より南二十六度西の方向にあたり、二十三里（九〇・三三七九キロメートル）の距離にあり、すなわち伊豆大島の北端千ヶ崎の正北五里の相模湾底に相当し、推定の深さ約三里二十七町（約一一キロ）となる。そして全継続時間は約二時二十分間であった。しかも地震の強さは震度6、地震の大きさ（規模）はマグニチュードM七・九であった。

次に、関東大震災に至るまでの主な地震の大きさを掲げて対比してみた。

西暦八一八年以降の十大地震の大きさ

番号	日本暦年月日	西暦（年）	tp*（年）	偏差*（年）	M	記事
一	弘仁 九年 七月	八一八	八一八	○	七・九	関東諸国、圧死者多し、山崩れ、津波あり。
二	元慶 二年 九月二七日	八七八	八八七	*九	七・四	地裂け、家屋倒壊し、死者無数、武蔵、相模最も甚し。
三	永長 一年 九月二四日	一〇九六	一〇九四	二	八・四	畿内、東海、南海道諸国、津波あり。
四	明応 七年 八月二五日	一四九八	一五〇八	*一〇	八・六	東海道全般大津波、鎌倉大仏殿を破壊し、溺死者二〇〇人
五	慶長 九年一二月一六日	一六〇五	一五七七	二八	七・九	東海、南海、西海道、房総半島東岸四キロメートル千潟となる。
六	元禄一六年一一月二三日	一七〇三	一七一五	*一二	八・二	関東諸国被害多し、小田原最強、大津波、三浦、房総半島隆起。
七	安政 一年一一月 四日	一八五四	一八五三	一	八・四	小田原潰家あり、箱根宿九分潰れ、江戸城石垣崩れ、長屋潰れる。津波江戸で一メートル。
八	安政 二年一〇月 二日	一八五五	一八五三	二	七・五	江戸大地震。
九	明治三八年 六月 七日	一九〇五	一九二二	*一七	七・五	伊豆大島、家屋被害あり。
一〇	大正一二年 九月 一日	一九二三	一九二二	一	七・九	関東大地震、鎌倉にて全潰二、一〇二戸、堂社被害多し、津波あり。

*上掲表に示されたtP（年）は河角広博士の69年周期説による予想年。偏差（年）は，地震が実際に起こった西暦（年）からｔＰ（年）つまり前述の69年周期説による予想年を差し引いた数字である。

2　火責め水責め戦慄の大竜巻

出火の原因は？

出火の場所は、そのはじめ八十八ヵ所といわれたが、あとで百三十四ヵ所と訂正され、その後にはなおふえた。このなかには飛火もあるが、多くは震災に原因するか、または過失である。放火の説も数ヵ所について伝えられたけれども、これは全く流言らしい。あるいは六ヵ所ばかりは確実に放火だと、まことしやかにいうものもあるが、はたしてどうであろうか、信用できるこれというたしかな証拠はない。

このように多数の出火となったのは、いったい何が原因なのか。消防本部の調査した発火の原因は、不明というのが多い。ちょうど昼飯を準備する時間だったので、火を多く使用し、またはガスを燃やしていたが、地震に驚いて外へ逃げだした人たちは、火を消し忘れたり、ガス管をしめ忘れていた。このほか、棚の上からころげ落ちた薬品の自然発火に原因するものも、少なからずあった。ガス管の破裂も、その原因の一つと考えられる。

一挙に三万八千の命を奪った恐ろしい大旋風

震災と共に水道の鉄管はあちこちでこわれて、水路がとだえたため、消防の役に立たなかったばかりでなく、各所に煙や炎をあげたから、消防隊は右に左にかけまわって、ただただ疲労を重ねるばかりで、ほとんど手の下しようがなかった。これに加えて、地震と火事とに驚いた市民は、逃げるのに精一杯であって、消火につとめる者はきわめて少なかった。火は燃えるにまかせ、しだいに烈風の吹くにつれて、その速度は増すばかりであった。風の力が加わったのは、また一面には火災のためでもあった。日本橋の三越では実際に白金が溶解したということからも、火災の温度の恐ろしいほど高かったことがわかろうというものである。

この火災は延べ三日間、じつに四十時間にわたり、しかも所々に恐ろしい旋風を起こしている。そのもっとも大きなものは、本所の被服廠あとに起こったもので、三万八千人の命を奪った大惨事の主な原因の一つとなった。今村（明恒）理学博士の大地震調査日記（《科学知識》第3巻第11号所載）によると

「被服廠あとに襲来した旋風をもっともはやく注目した位置は、東京高等工業学校前の隅田河上であったが、ときはちょうど午後四時ごろ、旋風（つむじ風）の大きさは国技館位（注、このときの旧国技館は、東京都墨田区東両国に常設した相撲興行場を指す。なお余談にわたるが、今の東京・蔵前の国技館は、地震など非常のさい観客の避難がむずかしくて危険であると、蔵前署や浅草消防署はヒヤヒヤだ。問題は、大相撲名物のマス席。浅草消防署は、日本相撲協会に対し、改善を申し入れた。）

このつむじ風の高さは百メートルあるいは二百メートル、時計の反対のむきにまわって水上の小舟をやく二メートルもしくは四メートルの高さまで持ちあげ、その時さかんに燃えつゝあった高等工業学校の焔と煙とを巻いて、まもなく横網町の河岸に上陸し、北の安田邸と南の安田邸とのあいだをかすめ、被服廠の中央から北のほうをすぎ、しばらくのあいだにそこに避難していた群集の荷物に燃えひろがり、避難者の衣服に燃えつき、あたり一面火の海となり、焦熱地獄となって、三万八千余人の生命を奪いさったものらしい。このつむじ風の風速は毎秒七八十メートルに達したであろう」

とある。

つむじ風は午後四時ごろ、今戸地方および今戸橋のほとりにも起こっているが、寺田精一工学博士の説による

数分後の大火災の襲来も知らずに、揺れ続く余震を避けて電車通りに難を避ける人びと。この程度ですめば問題はなかったが……。

やがて諸処に火の手が上がった。山下橋付近から見た日比谷方面の火災。みるみる黒煙天に沖してひろがって行く。

と、これらのつむじ風はすべて同一のもので、大川筋をとおって、北より南下したらしいとのことである。これらつむじ風のためか、あるいは火の燃える勢いのせいか、千葉県船橋の無線電信所には仏文や英文の紙片が飛んできたので、横浜に大火災のあったことを知ったということだし、午後三時ごろには東京の小学児童の通信簿が飛んできたので、東京にもまた大火災のあったことを知ったということだが、これはただ船橋だけのことではなくて、千葉方面には東京や横浜地方から燃えさしがどんどん飛んできたのである。

夜半の気温ついに46度に達す

また大火災のために気温がひどくあがり、中央気象台が焼けてなくなったときは夜半であったが、そのころの気温は実に四十六度に達した。（そのころの夜の温度はふつうなら二十五六度ぐらいである。）そのとき火の熱のためにたちのぼった煙をまじえた空気は、うえにのぼって気圧の高いところに達し、しだいに膨張し、またしだいにひえて、そのなかにふくまれた水蒸気がこり固まって、積乱雲（入道雲）を生じたことは、そのころ東京および町はずれの人々が、みずから実際に見たところである。

有名な気象学者であり、お天気博士のニックネームで当時、国民に人気のあった藤原博士は

「ようするに、こんどの大火がこのような残酷な災害に暴威をふるったのは、第一は水道の破壊による消防力の不足のためと、つぎは地震のためにやねがくずれ、火がつきやすかった為で、もとより風のいきおいが大きかったことが有力な原因ではあったが、これは前の二つの欠陥のために火の燃えるいきおいが大きくなり、そのために風のいきおいも大きくなったのであるから、真の原因とはみなすことができない。」

深川方面を襲った恐ろしいつむじ風にあおられ、メラメラと燃える火の粉は遠慮容赦なく避難民の荷物の上に舞い落ちてきた。

火責め、水責めとはまさにこの事か。墨田川土堤に避難した人びとは、どぶねずみのように河面にもぐるしかなかった。

といわれたが、本当にそのとおりである。
なお木造の橋は火災に弱く、大部分は焼けおち、水死した人の数も多かった。また火事から逃げようと自ら河に飛びこんで、多数の人がおぼれ死んだ。これら木造の橋の多くは、震災の後、燃えない鉄などの橋につくりかえられた。

実地調査による火災記録

火災について東京市の記録は、つぎのように述べている。

九月一日の大地震起るや、東京市内及び隣接郡部に於ては、家屋の倒壊若しくは薬品の顚落等に依り、各所に火災起り、帝都の殆ど半は之が為に焼夷せられたるが、飛火場所の総数は市郡を通じて実に百七十八ヶ所の多数に上れり。

市内の火元を正確に知ることの困難なるは、調査者に依りて其数及位置に各多少の相違あるを見ても明なる可し。今茲には震災予防調査会報告を基とし、市史編纂員の実地調査せる材料に拠りて少しく之を補正せり。

市内	麹町	神田	日本橋	京橋	芝	麻布	赤坂	四谷	牛込	小石川	本郷	下谷	浅草	本所	深川	計	郡部	合計
計	一〇	三	二	一〇	九	一	四	一	五	七	一〇	三	三三	一七	二	一三四	四四	一七八

此等の出火は其全部が尽く火災を起したるに非らず、一旦発火したるも、大事に至らずして即時に消し止めたるもあれば、又其火が大きくなりて或は火を発したる家を焼き、或は更に他に延焼したるもあり。今便宜の為め之を消止火元と延焼火元と二に分てば次の如し。

震災前、おサイ銭の上り高が日本一だったという浅草観音は、本尊の丈が1寸8分、門番の仁王の百倍の1丈8尺。多くの善男善女に親しまれた。

独り観音堂とその付属の建物ばかりが焼け残り、ご利益あらたかと信者の尊崇をいっそう高めた。尋ね人の張札も東京一だった。

	市内																郡部	合計
	麹町	神田	日本橋	京橋	芝	麻布	赤坂	四谷	牛込	小石川	本郷	下谷	浅草	本所	深川	計		
消止火元	三	二	一	七	七	一	一	一	四	五	八	八	四	四	三	五七	二六	八三
延焼火元	七	一〇	二	三	二	一	三	一	一	二	二	四	一九	一三	八	七七	一八	九五

即ち地震後東京市内においては、百三十四ヶ所より出火し、其中五十七ヶ所は即時に消止めたるを以て大事に至らず、火災を起したるは残り七十七ヶ所の火なり。郡部に在りては四十四ヶ所より発火し、其中二十六ヶ所は消止め、十八ヶ所は火災を起したり。

尚ほ此外火災現場より他に飛火して更に新なる火元となり、火勢を増大したるもの、市内のみにて百余ヶ所を下らず。而して隅田川を越えて対岸に延焼したる如き著しき例は、調査容易なるも、其他は到底精査し難き者多きを以て総て之を省略せり。

出火の原因は、其不明なる者を除き、最も多きは薬品にして、市内のみにて三十三に達し、竈の二十之に次ぎ、七輪十二、瓦斯六、油鍋五、火鉢三、営業用炉二の順となる。他に焜炉、漏電及び電気の火花より発火したる者各一有り、竈、七輪、瓦斯等の発火多きは、時恰も昼食の時刻に地震起りし為なる可く、飲食に関係ある営業用の家が多く火元となりしも、同様の理由に外ならざる可し。

薬品に因る発火場所は、各種の学校、試験所、研究所、製造所、工場、医院、薬種商等にして、市内三十三、郡部十四とす。中に就て学校より発火せしもの過半を占む。されど消止め火元も亦多く、市内にて二十二ヶ所、郡部にて十一ヶ所、合せて三十三ヶ所にして、総数の三分の二に当る。

発火の時刻は、人の出火と気付く迄には、家屋の大小或は建築材料の種類及び良否等によりて、遅速あること勿論なれども、大体に於て殆ど総ての火元は、其原因の如何を問はず、地震直後に発火したるものと見て差

宮城前の広場を埋めつくした罹災者の群れ。ここにも深川被服廠跡の二の舞を演ずる条件は十分備えていたと思うとゾッとする。

被服廠跡で焼死した人の骨の山。その臭気は周囲数キロに漂い、通る人はマスクをせずには歩けなかったという。

支なきが如し。唯だ北豊島郡南千住三ノ輪百十三番地小山某方は九月一日午後三時に、麹町区内幸町一丁目三番地植木旅館は九月一日午後八時に、芝区金杉二丁目十九番地山口徳次郎方は九月二日午後零時に、下谷区北大門町一番地風月堂は九月三日午前二時に発火したるを例外とす。

火元の地理的分布は、其土地の地盤と密接の関係有り。神田区神保町及び今川小路附近、浅草区千束町及び光月町附近、共に著しく火元の密度大なるは、此附近が孰れも新しき埋立地にして、地盤極めて軟弱なる為に、家屋先づ倒壊し、次で発火せしに依る。

中村精二博士は、埋立地に地震火事の被害多きは、単に之を地盤の悪しきことにのみ帰せしむるは理由の全体に非ずと思ふ。都市発展の跡を見るに、始め人民は地盤の良好なる健康地帯に住居を定め、而して一般に有産者の住宅は高台に、商家は稍平地に発展する傾向有り。然るに土地漸く欠乏を告ぐる程に発達し来れば、卑湿の地を埋立てゝ此所に無産者の聚落生じ、粗悪なる家居建ち連り、飲食店軒を接し、或は土地発展策と称して狭斜の巷を現出するに至る。浅草の北部、神田の西部、赤坂溜池の西北部等は、即ち此の如き経路を踏みし土地なり。埋立地とは経済的の理由によりて、非耐火、非耐震構造の集まりたる危険区域なりと説き、後来大都市の発達計画を為すに当りて、埋立地を作り土地を利用せんとする際には、為政者は其家屋の建築法に対して、特に相当の取締を為す可き必要ありと警告せり。

市内及び郡部に於て火災を起したる火元の総数は、九十五ヶ所なること既記の如し。

（『東京震災録』）

3　短命に終わった「地震内閣」

余燼のなかで新内閣誕生

大震災より約一週間ほど前の八月二十三日、首相の加藤友三郎（六十三才）は病死したので、他の諸大臣は辞表を捧呈したけれども、「後継内閣の出現まで政務を見よ」との天皇のご命令で、同日、外相の内田康哉時首相に就任したが、八月二十八日には総辞職し、後継首班には山本権兵衛が推挙され、二度目の内閣を組ることになった。山本首相は組閣にあたって、高橋政友会総裁、加藤憲政会総裁に入閣交渉を行なったが、に拒否され、革新倶楽部の事実上の党首である犬養毅が、普選の実施を条件に入閣した。

このような情勢の時に、運悪くも天災が襲った。大正十二年九月一日、東京・神奈川を中心とする関東一大地震がおこり、ちょうど昼食時であったため、各所に火事を誘発して、その混乱は、なお一そう深刻なもなった。

内田臨時首相は、この空前の大震災につき、午後二時首相官邸に閣員を招集して臨時閣議を開き、震災のについて協議したが、官邸内の壁は全部くずれ落ちて非常に危険であるので、官邸の裏庭に椅子を持ち出し議を続けようとしたが、ここもまた赤坂方面が大火のため、火の手にあおられ、協議半ばで、さらに移転せをえなかった。

この震災にさいし、もっとも切迫した急務は「救護問題」であった。内田首相は、これの対策を講じ、天ご裁可を仰ぎ、九月二日、官報の号外をもって、左の公布を行なった。

朕臨時震災救護事務局官制を裁可し茲に之を公布せしむ

御名御璽

摂政名

内閣総理大臣伯爵　内田康哉

内務大臣　水野錬太郎

勅令第三百九十七号

臨時震災救護事務局官制

第一条　臨時震災救護事務局は内閣総理大臣の管理に属し震災被害救護に関する事務を掌る

第二条　臨時震災救護事務局に左の職員を置く

総裁　副総裁　参与　委員　事務官　書記

第三条　総裁は内閣総理大臣を以て之に充て副総裁は内務大臣を以て之に充つ

関東大震災にかんする対策方法としては、至急に新内閣出現の必要をみとめ、かねて内閣組織の大命を拝した山本権兵衛伯は、左の閣臣の顔ぶれを奏請し、九月二日午後七時四十分、赤坂離宮庭前の東屋において、親任式が挙行された。

内閣総理大臣兼外務大臣　山本権兵衛

内務大臣　後藤新平

大蔵大臣　井上準之助

陸軍大臣　田中義一

逓信大臣 兼 文部大臣 犬養 毅
農商務大臣 兼 司法大臣 田 健治郎
鉄道大臣 山之内一次
海軍大臣 財部 彪
ついで九月六日の午後三時、赤坂離宮において、田・犬養両氏の兼官を免ぜられ、左の親任式があった。
司法大臣 平沼騏一郎
文部大臣 岡野敬次郎

なお同時に横田秀雄氏は大審院長に、内田嘉吉氏は台湾総督に、こえて九月十九日に関東長官であった伊集院彦吉男は、山本伯の外相免官と同時に外務大臣に任ぜられた。

その時すでに印刷局は焼失していたため、内閣官房においては、手刷の謄写版をもって、官報号外を印刷発行した。

このように山本内閣は、まだ関東大震災の余震がおさまらないなかで、親任式が挙行されたため「地震内閣」とも呼ばれた。

しかし、山本「地震内閣」の弱点は、議会に必要な与党議員が少数であることであった。なるほど、革新倶楽部の犬養毅は入閣しているが、その党員はわずか四十五名で、あまり頼みにはならなかった。

一方、政府の対策として大正十二年九月二日、臨時救護費として金九百六十万円支出の件を決定し、即時使用を開始した。この臨時救護費のつかいみちは次のとおりであった。

一、食糧費 四百五十万円

一、小屋掛費　三百万円
一、救療費　一百万円
一、予備費　十万円
一、雑　費　一百万円
　計　九百六十万円
ただし、右は第一回分である。

「非常徴発令」で救護物資を確保

九月二日に「非常徴発令」が公布され、罹災民の救助に必要な食糧、建築材料、衛生材料、運搬具その他の物件と労務を、内相が必要と認める場合、非常徴発でき、この命令を拒んだり、または徴発物件を人の知らないように隠しておく時は、ただちにこれを徴収して使用し、一方ではこれを処罰することを規定し、また同時に内務省令号外でもって、徴発することができる物件を左のように定めた。

一、食糧品
二、飲　料
三、薪、炭、油、その他の燃料
四、家　屋
五、建築材料
六、薬品その他の衛生材料

上野自治会館でのフトン配給を受ける罹災者の行列

新宿配給所で配給を待つ救済物資の山

七、船車その他の運搬具
八、電　線
九、労　務

また、このとき天皇陛下より御内帑金（天皇の御手許金）一千万円御下賜になり、九月三日午後六時半、山本首相が拝受した。

挙国一致の帝都復興計画

政府は九月三日東京府と神奈川県、九月四日さらに埼玉・千葉両県一帯に戒厳令を布き、またこの間に朝鮮人が暴動化したという流言のために、東京市内には各所で自警団が作られ、混乱のなかで、朝鮮人や社会主義者に対する殺傷事件が頻発した。

他方政府は、治安持維の為に罰則に関する勅令（流言浮説取締令）、非常徴発令、債務支払・租税納付の猶予、暴利取締令などを発して、救済に着手した。また九月十九日政党代表をも含む超党派によって、帝都復興審議会を設置し、また九月二十三日の閣議で、帝都復興院設置を決定し、内相の後藤新平が総裁となった。前者は、震災復興の基本方針の審議に当たり、後者は、その実行機関として活動した。また九月二十七日、手形割引損失補償金の支払いを勅令の形（震災手形割引損失補償令）で公布し、銀行資本の救済をはかった。

十二月の第四十七議会では、挙国一致によって帝都復興計画の実現を期するため、巨額の復興予算案と、帝都復興の計画案が提出されたが、政友会の修正によって、ようやく可決された。政府提出の保険会社貸付資金公債法案は、政友会の反対で審議は中止され、そのため農商務大臣田健治郎は責任を負って、辞職するに至った。大震災後の不景気による人心の沈滞を興起するため、大正九年十一月十日、国民精神作興に関する詔勅も渙発された。この内閣は普選要綱を決定し、具体的な審議に入っていたが、第四十八議会の開院式に行啓する摂政(今の天皇)を無政府主義者の難波大助が狙撃するという事件がおこり、恐懼した山本内閣は十二月二十七日に総辞職した。翌二十八日留任の優諚を拝し、再び辞表を捧呈した。

(朝日新聞社編『史料明治百年』)

4 ローソクとパンの原始生活

革命さながら

九月一日の大震災のため、神田、日本橋、京橋、浅草、本所、深川の各区全滅の惨状を示したのを見て、東京府市は警視庁とも協議のうえ陸軍省と交渉し、軍隊の出動を仰ぐことになり、陸軍省の前に救護班を置き、日比谷、上野、芝公園の各所に一ヵ所五千人収容の救護所を設け、食糧やローソクの準備に忙殺された。そこへ出火が各所に起こったため、炊き出しは不能となったので、陸軍省から黒焼パン二十万包の払下げをうけて罹災者に配った。たまたま内外ビルが崩壊し、建築に従事中の労務者二百数十名の死傷者発生との知らせがあり、府は市と協同して、内外ビル側に救護班をおき、死傷者の収拾に従事した。その他市内に三班の救護所を設けて市中を巡回し、死傷者の収容に従事しながら、宮城前の楠公銅像前に救護本部を置き、重傷者を収容した。

市内各所から焼けだされた避難民は、東から西へ、南から北へ、各自、安全の地を発見しようと手に荷物をもち、包をおって、避難に狂奔した。その有様は、あたかも戦争の襲来か、革命の勃発に似ていたという。大火の襲来のため、親は子を助けるの暇なく、子は親を顧ることもできず、各自思い思いに避難するさまは、この世ながらの地獄であって、何かが爆破の音は耳が痛くなるほど大きい。この文字どおり右往左往する人々が、互いに押しあい、ひしめきあうため、街路はしだいに混乱におちいり、老幼婦女はほとんど逃げる道を失った。さらに橋は猛火のために焼けおち、交通の途を絶たれたので、後に残った者は全く逃げるすべもなく、あわれにも焼死の運命を招くに至った。ある老人がかって「大震の後には大火あり」と戒められたことがあったが、今は現実にその有様を見て、人びとは一そう恐怖におののくのみであった。

九月三日にようやく鎮火

九月一日の大火災は翌二日にわたって、なおやまず、全市の火災は九月三日午後二時に至りようやく鎮火した。人びとが避難を求めた主な場所は皇宮の正面二重橋前、日比谷公園、九段の靖国神社、向島の土手、牛ヵ淵公園、芝離宮、宮城内主馬寮、そのほか焼け残りの各学校などであって、罹災者は恐怖と飢餓に襲われ、市中の混乱はその絶頂に達したので、九月二日午後、政府は軍にたのんで東京府と神奈川県とに戒厳令を施行し、九月三日に関東戒厳司令部条令を発布するに至った。

5　大震災の不幸な世界記録

前代未聞の被害状況

前代未聞といわれた大被害の状況について、東京市役所編の『東京震災録　前輯』は、つぎのように述べている。

日本橋「丸善」付近の焼跡を行く乗合馬車。牛めし、すいとんの屋台が出ている。

日本橋馬喰町の焼跡で所見のすいとん売り。

大正十二年九月一日の関東大地震は、之を我国に於ける過去の大地震に比するに、未だ以て最大の二字を冠するに足らず、且つ震源の位置陸岸を去る稍遠き海底に在りたるが故に、震害の程度も幾分緩和されたるやの観あり。されど被害の区域は東京、神奈川、埼玉、静岡、山梨、千葉、茨城の一府六県に亘り、関東大平野の中枢より湘南及び房総半島の海岸殷賑の地域を激震し、加ふるに劫火は、帝国の首都東京市の半を一望荒涼たる焼野原と為し、東洋有数の貿易港横浜市に致命的打撃を与へ、殆ど小田原町を全滅し、横須賀市の八分の一を焼き、茲に全焼三十八万一千九十世帯、半焼五百十七世帯を数ふるに至り震害の程度を幾十倍して、損害総額実に五十五億円以上の巨額に上り其被害の甚大なる前古未だ曾て有らざる所とす。

被害世帯数　社会局の震災調査報告に拠れば、震災当時の世帯数二百二十八万七千五百世帯中、被害世帯総計六十九万四千六百二十一世帯にして、震災当時現在数の三割に当る。

震災府県	震災当時の世帯数	被害世帯数							
		全焼	半焼	全潰	半潰	流失	以上計	破損	合計
総数	二、二八七、五〇〇	三八一、〇九〇	五一七	八三、八一九	九一、二三三	一、三九〇	五五八、〇四九	一三六、五七二	六九四、六二一
東京府	八二九、九〇〇	三一一、九六二	三六六	一六、六八四	二〇、一二二	—	三四九、一三四	四七、九八五	三九七、一一九
東京市	四八三、〇〇〇	三〇〇、九二四	二三九	四、二二二	六、三三六	—	三一一、七二一	四二、七三二	三五四、四五三
其他	三四六、九〇〇	一一、〇三八	一二七	一二、四六二	一三、七八六	—	三七、四一三	五、二五三	四二、六六六
神奈川県	二七四、三〇〇	六八、六三四	一四六	四六、七一九	五二、八五九	四二五	一六八、七八三	六八、五五五	二三七、三三八
横浜市	九八、九〇〇	六二、六〇八	—	九、八〇〇	一〇、七三二	—	八三、一四〇	一一、七四三	九四、八八三
其他	一七五、四〇〇	六、〇二六	一四六	三六、九一九	四二、一二七	四二五	八五、六四三	五六、八一二	一四二、四五五
千葉県	二六二、六〇〇	四七八	—	一三、八九四	六、二〇四	八四	一九、六六〇	七、六九六	二七、三五六
埼玉県	二四四、九〇〇	—	—	四、五六二	四、三四八	—	八、九一〇	六、四五一	一五、三六一

静岡県	二八九、一〇〇	一六	五	二、二四一	五、二一六	八八一	八、三五九	四、五八一	二一、九四〇
山梨県	一一七、〇〇〇	—	—	五六二	二、二一七	—	二、七七九	一、二六三	四、〇四二
茨城県	二六九、七〇〇	—	—	一五七	二六七	—	四二四	四一	四六五

罹災人口　震災当日に於ける震災府県の現在人口は一千百七十五万八千人にして、罹災者は三百四十万四千八百九十八人なるを以て、現在人口の三割弱に当る。死者は東京府最も多く、五万九千五百九十三人に上り、其中五万八千余人は東京市の死者なり。

震災府県別	震災当日の現在人口	罹災者						
		死者	行衛不明	重傷	軽傷	全焼半焼全潰流失罹災者	破損	合計
総数	二一、七五八、〇〇〇	九一、三四四	一三、二七五	一六、五一四	三五、五六〇	二、五四八、〇九二	七〇〇、一一三	三、四〇四、八九八
東京府	四、〇五〇、六〇〇	五九、五九三	一〇、九〇四	八、七七三	二〇、一九九	一、五五五、七七八	二四七、九八八	一、九〇三、三三五
東京市	二、二六五、三〇〇	五八、一〇四	一〇、五五六	七、八七六	一八、三九二	一、三八三、八四九	二二一、四七二	一、七〇〇、二四九
其他	一、七八五、三〇〇	一、四八九	三四八	八九七	一、八〇七	一七一、九二九	二六、五一六	二〇二、九八八
神奈川県	一、三七九、〇〇〇	二九、六一四	二、二四五	六、一八七	一三、三三六	七八一、四九三	一、三四二、一三五	一、一七五、〇〇九
横浜市	四四二、六〇〇	二一、三八四	一、九五一	三、一一四	七、〇九四	三三八、六一五	五〇、〇八九	四二二、二四七
其他	九三六、四〇〇	八、二三〇	二九四	三、〇七三	六、二四二	四五三、八七七	二九二、〇四六	七六二、七六二
千葉県	一、三四七、二〇〇	一、三七三	四七	九八四	一、一一一	九六、六二〇	四〇、九四四	一四一、〇七九
埼玉県	一、三五三、八〇〇	二八〇	三六	二〇七	三三四	五〇、三一二	三七、五六七	八八、七三六
静岡県	一、六二六、三〇〇	四五〇	四二	二八八	五〇七	四六、九七五	二四、五五一	七二、八一三
山梨県	六〇二、〇〇〇	二〇	—	四八	四四	一四、六一四	六、六七八	二一、四〇四
茨城県	一、三九九、一〇〇	一四	一	二七	二九	二、三〇一	二五〇	二、六二三

被害概数　東京市の調査に係る一府六県の被害概数を左に掲ぐ。港湾河川とあるものは、護岸石垣、防波堤、堤防等の欠壊破損を意味し、建物とあるは住家、非住家、官公署其他総ての建物の全・半潰、全・半焼、流失破損等を謂ひ、被害総額は、表記以外の家什、商品、在庫品其他一切の損失を含むものとす。

府県	港湾河川	道路	橋梁	船舶	建物	工場	損害総数
東京府	一九五箇所	五三三箇所	一四三	—	七一、三六八棟	東京市の部に含まる	一一四、九〇五、五八〇円
東京市	三六〃	一一、一六〇坪	三六二	二、二七〇	三三五、一五五〃	二、八六六	三、六六二、一六三、一七三
神奈川県	四七五間	四三三、八八四間	一、六三三間	六三五	一二九、四七〇〃	二〇五	四八一、三〇九、〇九〇
横浜市	三、六一六〃	一、四一〇、五〇〇坪	一〇七	八八二	四四、六四一〃	二六七	九〇三、五三七、八七七
千葉県	二九二箇所	二五九箇所	一四一	二七	二四、〇〇四戸	六三	五三、三三八、二六六
埼玉県	八八五〃	六三四〃	二九五	—	七〇、〇五三〃	四三	二四、六四八、一三三
静岡県	一、〇六六箇所	二、五七八箇所	六六六	二八一	二三、三五四戸	四四	二八、三一七、〇八一
山梨県	二二〇〃	五三一〃	六九四	—	三、〇六六棟	一八	六、九三一、三五九
茨城県	—	—	—	—	四〇七戸	二六	四三二、五三〇

即ち損害見積合計五十二億七千四百五十七万三千七十八円にして、之に皇室の損害一千二百二十五万三千円及び各省の二億一千九百五十五万九千九百五十六円を加へ、総額五十五億六百三十八万六千三十四円となる。

被害の分布

今回の被害は地震に次ぐ火災を以てし、而も後者の災禍は前者に幾倍するの有様なれば、之を地震被害及火災被害の二者に別ちて記述するを宜しとするも、震後直に焼失したる所多く、到底之を区別し難きを以て、玆には二者を合せたるものを表示する程度に止め、稍詳細なる記事は之を別輯に譲る。

地震被害は山ノ手方面に軽く、下町方面に重し。殊に震度二割内外より二割五分内外に達したる場所にては、多数の倒壊家屋と死傷者とを出したり。倒壊家屋多ければ従って出火の機会も多き訳にて、火災を起したる火元の分布が地盤軟弱なる土地に密なることは、若し此等の火元が甚しく大火となるに至らずして消止められたらむには、地震被害の分布と火災のそれとは正しく一致するものなることを証す。

土地の被害

神田区御茶水駅の西方にて、神田川右岸の高さ六十尺の土手及石垣崩壊し、幅七十尺の神田川を埋めたるは其最も大なる被害となす。他は道路堤防の亀裂、石垣の崩壊又は小なる崖崩れ等なり。

場所	崩壊	陥落	亀裂
麹町区九段坂上石垣	一		
同　区凱旋道路	一	三	四
麹町区和田倉門外			五
同　区外濠石垣	五		
神田御茶水土手石垣	一		
京橋区築地海軍参考館前			一
同　区月島			二
同　区明石町			三
同　区新佃島			三
芝区芝浦			三〇
同　区高輪御殿前			一
四谷区外濠縁			一

同　区舟町崖	一		
牛込区外濠縁			九
小石川区江戸川沿道			二
下谷区上野台石垣	一		
本所区言問堤			四
同　区向島堤			三
深川区越中島			四
同　区小栗飛行場			二
同　区同上西端埋立地			四
合　計	一〇	三	七八

備考　本表には宮城を含まず。

建設物の被害

家　屋

建物用途	全焼 棟数	全焼 坪数	半焼 棟数	半焼 坪数	全潰 棟数	全潰 坪数	半潰 棟数	半潰 坪数	合計 棟数	合計 坪数
住　宅	一八四、一〇三	三、九三七、九〇五	四九	一、〇八三	二、三三一	四九、三〇〇	二、三五一	四六、五七〇	一八八、七三四	四、〇三四、七五七
官衛公署	二、九一五	二一五、八八六	—	—	四九	三八八	六	八〇七	二、九七〇	二一七、〇八一
官舎公署	五六三	一七、〇〇三	—	—	一五	四四九	一六	五一〇	五九三	一七、九六一
学校図書館	一、三八六	一四一、一七八	四	六六〇	三四	三、五〇三	四七	七、四〇一	一、四七一	一五三、七四三
社寺会堂	二、三六五	七三、〇〇七	—	—	六五	二、八九四	五七	二、三九〇	二、四八七	七七、二七一
銀行会社	四、四七〇	三五一、〇三五	一三	二、五〇三	五一	五、八六四	四九	四、五〇八	四、五八二	三六三、八九九

工場倉庫	一八、三六四	五五七、〇九一	二六	四、五〇九	二〇五	八、六三二	二九二	七、九四五	一八、八八九	五七七、七五六
劇場娯楽場	二四八	三〇、三八九	—	—	七	四八三	八	四六四	二六三	三一、三三六
其　他	四、四八八	八四、九一九	—	—	四八	二、〇六〇	四三	一、八〇三	四、五七八	八八、七八二
合　計	二八、九〇一	五、三〇七、四〇二	九三	八、三四三	二、七〇五	七三、四六二	二、八六八	七二、三九八	三四、五六七	五、四六一、六〇五

上水道

用途別	焼失	破裂	漏水	破損
鉄　管	八六	二〇四	四一、三八七	
消火栓				一五二
給水栓	一五五、一〇三			
阻水瓣				六五
排気瓣				一一
チェック瓣				一
量水器				一四
合　計	一五五、一八九	二〇四	四一、三八七	二四三

此外、淀橋浄水所と和田堀水衛所との間の水路二百余箇所に亀裂を生じ、其中二箇所は十間欠潰を来せり。浄水所の送水ポンプも大部分破壊され、日浄水所構内及び牛込築土八幡前の鉄管に故障を生じたる為、単に自然流下に依る区域にのみ通水を為すを得たり。

下水道

下水道事業は未だ創設時代に属し、震前漸く第一期事業を完成し第二期事業に著手中なりしを以て、被害も亦此区域に限られたり。其被害額は次の如し。

建物機械及工作物　一、一五七、六〇〇円

在来下水　二〇〇、〇〇〇
計　一、三五七、六〇〇

電　燈

電燈の被害は、変電所発電所、開閉所等の倒壊、焼失、破損。電柱、電燈、配電線等の焼失にして東京電燈株式会社の損害は配電線及貸付器具約九百五十万円、変電所及諸建物約五百四十九万円、貯蔵品及什器約二百五十二万円、其他約九万円、総計一千七百六十万円に上る。東京市電気局の損失は電線、電柱、変圧塔其他附属器具二十五万三千三百三十二円、地中及架空電灯、同上動力九万二千五百二十一円、工作物五十万百二十三円、配電線路材料八万四千九百二十四円、引込線材料其他を合せ、電燈の総被害高は百五万四千四百八十七円となり、之に機械器具及建造物百二十六万四千六十五円を加へ、被害総額は二百三十一万八千六百五十二円なり。

瓦　斯

工場及貸付器具の焼失額百五十一万八千円、室内取付管及埋設鉄管の損害百三十三万九千二百四十四円、本社及各営業所並に工場等の建物機械其他百六十五万三千三十五円、貯蔵物品百十五万三千九十九円、瓦斯代金外営業貸損失二十万円合計五百八十六万三千三百七十八円となる。

交通機関の被害

(A)　国　営　電　車

電動車二十、附随車十一を焼損せる外は車輛の被害を見ず。他は永楽町変電所の焼失、発電所の破損、電線路の被害を重なる者とす。

吾妻橋は明治21年の竣工で、長さ81間、そのころは、まだ電車も単線で用の足りた時代であった。

鉄橋だった吾妻橋は、補助材に木材を使ったため、これに火がついて交通断絶となり、この付近で多くの死傷者を出した。被災45日後、工兵隊のおかげでようやく人が通行できるようになった。

(B) 市営電車

電車の焼失七七九輛、車庫の全滅五箇所、変圧所九箇所、変電所五箇所、開閉所二箇所、発電所二箇所、電車軌道の焼失延長百八哩八五九、軌道の各所破損の通計九哩五三二にして枕木の焼失十一万七十八本に及べり。

(C) 汽車

	焼失	大破		焼失	大破
駅舎	一八	三二	市内営業所	二	
	内、一四 東京所在	内、一 東京所在		内、一 東京所在	
機関車	四八	六〇	検車所	四	
機関庫	四	三	客車	四二四	六二
貨車	九七一	三〇一			

鉄道線路被害

路線名	区間
東海道本線	東京、御殿場間
横須賀線	全線
横浜線	同
熱海線	同
横浜及平塚附近の貨物線	同
山手線	同
中央本線	東京、国分寺間。浅川、韮崎間
東北本線	上野、川口町間。栗橋、古河間及秋葉原貨物線

震災後、野外テントを張って罹災民の施療に当たって築地の聖路加病院。

深川の岩崎邸内に開いた救護所の活躍ぶり

常盤線	日暮里、取手間。田端、隅田川間。北千住、隅田川間
総武本線	両国橋、亀戸間。船橋、成東間
房総線	千葉、大網間
北条線	全　線
久留里線	同
成田線	成田、下総松崎間。布佐、湖北間

国有鉄道の損害は約八千万円にして、私設鉄道及軌道の見積損害額は二千五百五十余万円に上るといふ。

D　船舶

警視庁の調査に拠れば、

名称	焼失の数	被害金額
汽船	五隻	一〇〇、〇〇〇円
帆船	一〇	一五〇、〇〇〇
達磨船	二五〇	二、五〇〇、〇〇〇
伝馬船	七〇〇	一、四〇〇、〇〇〇
大荷足	二〇〇	六〇〇、〇〇〇
小舟	一、一〇五	三、三一五、〇〇〇
計	二、二七〇	八、〇六五、〇〇〇

通信機関の被害

(A)　電信

	焼失
市内線路亘長	五四、一八四・四七米
市内線条亘長	一、七六二、六四一・三六米

市内を通過する市外線路亘長			五四、一八四・四七
市内を通過する市外線条亘長			一、七六二、六四一・三六

(B) 電話

			焼失
架空裸線	亘長		一五八、一七、二五
	延長		三、二七五、二七、三四
架空ケーブル	亘長		六八、三三、一九
	延長		六八、二三、四九
	心線延長		九、四九八、二一、三六
自働電話			二二七
加入者	焼失		四九、六六五
	故障		三三、九九一
地下ケーブル	亘長		一四、二三、〇五
	延長		三五、〇七、二一
	心線延長		九四、一九一、一〇、三六
電話柱	本柱		二三、九一五
	柱支		二、五二七
電話機	普通	焼失	四四、七五七
		故障	三〇、七三九
	卓上	焼失	一〇、六七六
		故障	三、八四五

全焼したる郵便局は一等局三、二等局十五、三等局百四十なり。

橋梁の被害

被害橋梁は総計三百六十二にして、内、鉄橋十一、木橋二百八十一は焼失し、其延面積一万二千九百二十五坪に及ぶ。其他損傷を受けたるもの七十橋有り。尚ほ河川護岸工事の崩壊したるもの二十二箇所、木柵其他の倒壊したるもの十四箇所を数ふ。

公園の被害

市内二十三、市外二、合せて二十五公園の中、樹木建設物の全焼したる者十二、半焼四にして、少しも害を受けざりしは清水谷公園のみなり。而して其損害総額は九十九万八千三百七十七円とす。

人類の被害

死　者

イ　内国人　一府六県の死者総計は九万一千三百四十四人、行衛不明一万三千二百七十五人なるが、其中東京市のみにて死者五万八千百四人、行衛不明一万五百五十六人を出し、全体の六割五分及至八割に当る。之を男女に別てば、死者男二万八千百七十五人、女二万九千九百二十九人。行衛不明男五千七百四十四人、女四千八百十二人なり。

ロ　外国人　在留外国人の罹災戸数は、全焼二百八十四戸、倒壊十六戸、破損十一戸、合計三百十一戸にして、罹災人口は千七百人なり。其中圧死者は英国人男一人、米国人男一人、支那人男三人、計五人。焼死者は支那人男二人女二人計四人なり。

傷　者

イ　内国人　重傷者一万六千五百十四人、軽傷者三万五千五百六十人の中に於て、東京市のみの重傷者七千八百七十六人、軽傷者一万八千三百九十二人、合せて二万六千二百六十八人なり。試に之を男女に別たむか、男一万六千八百九十五人、女九千三百七十三人となる。

ロ　外国人　在留外国人の負傷者として数ふ可き者は、僅に支那人男十三人あるのみ。

経済被害、文化被害及び其他の数項は、之を別輯に載す。

（『東京震災録　前輯』）

物的損害の額

大は二百億円からは小は十七億円まで、各種の推定がある。

日本銀行の推算によると、経済上の直接の損害は四十五億七千万円（いまなら数兆円に匹敵する、ともいう。なお、この損害額は、神社仏閣、書画、骨董、図書、船舶、樹木などの損害、商取引中絶や証券値下り、人畜の損害、救済の費用などを除外した数字である。大正十一年度当時の一般会計の予算額が十四億七千万円だから、これだけでもその三倍以上になり、いかにも大きな損害である。）という。

東京中の銀行は、その本店一三八のうち一二一というように、その大部分を焼失し、あの日本銀行でさえ、その一部を焼いたほどである。

そして日本経済の中心である東京市と横浜港とは、ほとんど潰滅状態におちいり、付近一帯の経済活動も、ほぼ一カ月にわたってストップした。

これは西暦一六六六年（徳川五代将軍綱吉の時代）のロンドン大火に比すれば焼失面積において約二十倍、損害額において三十倍余、また一八七一年のシカゴ大火にくらべると、焼火面積において四倍余、損害額において約十一倍であり、また一九〇六年（明治三十九年）のサンフランシスコ大震災にくらべると、焼失の面積において約三倍、損失額において五倍余となる。じつに東西古今を通じ、いまだかつて、その例をみない大惨事であったということがよくわかる。（次表を参照）

都市名	年月日（西暦）	焼失面積	損害概算額
ロンドン	一六六六年九月二日―六日	一、七六五、五〇〇平方メートル	一〇七、三〇〇、〇〇〇円
シカゴ	一八七一年十月八日―九日	八、五八〇、〇〇〇	三三〇、〇〇〇、〇〇〇
サンフランシスコ	一九〇六年四月十八日―二十一日	一二、一四四、〇〇〇	七五〇、〇〇〇、〇〇〇
東京	一九二三年九月一日―三日	三四、六〇〇、五〇〇	三、六六三、〇〇〇、〇〇〇

第4章 流言・デマと虐殺の実証的研究

1 流言飛語のほんとうの意味

「流言飛語（蜚語）」という言葉を新村出編の『広辞苑』でひいてみると、流言とは「根拠のない風説。ねなしごと。浮言。流説（るせつ）」飛語・蜚語とは「根のないうわさ。無責任な評判。いいふらし。ひげん。」「流言飛語」とある。すなわち「無根拠」ということが流言飛語の本質的な要素であるといえよう。

「流言飛語」とは元来、中国の言葉である。かなり古くからある言葉らしい。例えば今から約九百年前の一〇八四年、宋の司馬光が十八年かかって完成した『資治通鑑綱目』正編には、

書蔡氏伝曰、流言無レ根之言、如ニ水之流自レ彼而至レ此也

とあるように、根のない言葉が、あちらからこちらへ水の流れのように伝えられることを本来の意味としている。

以下これら「流言飛語」について、警視庁その他の諸資料を駆使して、いちいちその実例を網羅的かつ具体的に示し、その発生源すなわち「だれが」「いつ」「どこで」「なんのために」「なにをしたか」その「結果はどうなったか」などについて、できるかぎり追及してみたい。

2　必殺仕掛、デマの極秘源

この事実無根のデマを放ったことについて、近衛、第一両師団から関東戒厳司令官への報告は、横浜については「無警察状態を救済する応急手段として、○○○○（著者注「内務官僚」か?）の好意的宣伝に基因するもの」、東京については「市内一般の秩序維持のための○○○（著者注「警察官」か?）の好意的宣伝に出づるもの」といっている。

（読売新聞社『日本の歴史』第12巻　一二八頁）

流言飛語の震源地

関東大震災の被災直後に起こった流言飛語の震源地については、横浜説、亀戸説、軍閥説、富豪説、前内閣説、警視庁説、社会主義者説、国粋革命家説等があり、また山口正憲説、横浜の某警察署長説もある。

此中最後の二つは最初の横浜説の延長で、殊に山口当時の行動は、甘粕や豆粕の何倍も遠く及ばないものであった事が漸く立証された今日では、畢竟亀戸説と同じく到底不明に帰する外はない。警視庁説も別に之れという確証のあった訳でなく、只あの莫大の機密費を浪費しながら、あの尨大の組織――内鮮係、労働課、主義者係――を有しながら、あの流言を確信裏書する如き態度に出たり、あの蜚語を阻止妨害する如き処置を採らなかったは頗る怪しいといふ処から出た臆断に過ぎない。又社会主義者説も天変地異驚天動地、奇妙奇天烈摩伽不思議の大事業は、総て皆切支丹か社会主義と決めてる世間の迷信に搦めた一つの風説に過ぎない。軍閥説は当時より各所で盛に論議されたときいた。其説の要旨は、あの流言は九月二日同時同刻、全国一斉に組織的

煉瓦造りの不燃性の宏大な建物は逓信省で、1000余人の役人がここで事務をとっていた。

焼けただれ変わり果てた逓信省は、被災前の美しさを想い出すすべもない。

系統的に宣伝流布された。単なる流言蜚語なら各地皆時刻に差異がなくてはならぬ筈だ。而も其宣伝は思ひ切って公然且つ大っぴらに電信電話無線電報、騎馬、自動車オートバイで堂々と行はれた。当時の新聞をみるがよい、其後の当局官吏の談を読むがよい。上は田中陸相より中は各師団の参謀から、下は山田高等係長に至る迄、其語る所の新聞記事は、詳かによく此間の消息を語って居る。軍閥者流は折角失墜した、其信用と威光を再び回復するため、軍略的に仮装敵国を設けて人心を緊張せしめ、変乱を未発に防いだ功を独擅し、以て民心を収攬し、気を軍閥に傾けしめんと企んだのである。然るに事志と違ひ、余りに薬が利き過ぎたるより、更に一、二日遅れて玆に漸く警視庁と通謀し、社会主義者の煽動に流言の方向を転換したのであるといふにある。此の説の当否は暫く措き、其個々の事実に就ては大して間違ひないやうである。併し事実が事実だからとてそれで直ちに流源地が軍閥なりとは断言できまい。特に一体軍閥とは誰の事か判らない。

国粋革命家説の根拠は、彼等は唯一の実力ある不言実行家である。彼等のプログラムは錦旗を奉じて民衆を擁し、軍隊を以て革命を遂行するにある。彼等は常に一町一区の青年団在郷軍人団を一単位として全国の団体を連絡せしめ、一朝一擲の際は一挙して全国に号令せんと腐心して居る。見よ、当時得体の知れぬ人物が四方八方に飛び廻り、縦横無尽に活躍し、司令や参謀を動かしたではないか。見よ彼等は忽ち全国的に暴徒を聚集し、瞬く間に兇器を充実させたではないか。聊か実情に通ずる当局から、最も怖れられたも彼等なら、暴民団の永続を宣言し其擁護のため再び流言を放ち、更に当局を糾弾したも彼等ではないか。震源地が此辺に存するにあらずして何れの辺にか存せんや、と云ふにある。併し之も余り考へ過ぎた、買被った、鬼面説ではないかとも思へる。

前内閣残党説は、二十三日会や貴族院議員の一部あたりで盛んに唱道されてるとの事で、その根拠とする処が、廻章、電報であることは、軍閥説と同一であるが、其説明が聊か違って居る。即ち、自警団殺人事件に於ける船橋無線電信所長の予審調書に詳しい。当時の電報や極秘大至急の廻文は、何れも二日三日の日付であっても其実は、まだ騒動も起らない一日中の前内閣中に出来たものだ。過去の総督政治の失敗を確実に自信し、朝鮮人を蛇蝎の如く恐れて居た彼等、米騒動が忽ち全国を風靡した苦き経験を有する彼等としてはそう思ふも無理はない。それに行きがけの駄賃ではあるし、兎に角戒厳令の奏請と流言の蜚語とは絶対に関係の無い筈はない、と。併し之も容易に信用は出来ないやうだが、某氏は二十三日会で確証を示し議会の問題にすると力んだとの事である。

富豪説も、あの勢ひでは、全市全国に渉る大掠奪が始まると見たから、民衆の方向を転換するために、富豪連が奇智を飛ばして放った流言である、といふのだから、後で附会した牽強説であらう。

あの風説を風説にあらず、事実なりと信ずる者もある。此信者の大部分は、飽く迄其非を遂げんとする者（第一種）保険金欲しさの者（第二種）、斯く信ずることが国家の為なりと妄信する者（第三種）であるが、稀には心底から之を信ずるらしくいふ者（第四種）もある。軍隊には告諭、在郷軍人には内訓、市民には公報を発して、堅く鮮人及主義者の厳重なる監視を命じ、投弾、投薬、放火殺人、強盗強姦乃至鏖殺虐殺を警戒した。上は前の免職戒厳司令官福田陸軍大将より、下は山田特別高等係長に至る迄の、当局官憲が曩に新聞に発表した談話は第一種に属し、国家のため保険契約金全額を請求し下さる万朝社説以下、全額支払期成同盟会所属の市区会議員の演説は第二種に属し、新聞に発表されたる田中陸相の談話乃至、東京弁護士会常議院会の決議文は第三種に属す。第四種の中に元高等師範学校長だか貴族院議員だかの慥か湯川元一とかいった人のあった事を、コンナ無教育、無知識の教育家に教育さるゝ人の子は禍なる哉と呆れた事があって、余りの莫迦々々しさについ覚えて居る。評判の自称軍人の粕、事実、人粕、豆粕、人間粕の、芝居気タップリの白状も、辛うじて此の種に属す。

前の免職長官福田陸軍大将は、地震直前、陸軍大臣の新聞辞令を受くるや否や、直に其感想を発表した人ではあるが、兎に角大臣にでもなりたいといふ人である、極度に低能を発揮して、あの地位にあってあの流言蜚語をあの儘確信し、あの御触れを真面目に出す人とは信じられない。

それに陸軍がソレコソ挙国一致して、あの甘粕の人面獣心を飽く迄葬り秘くさんとする中で、外見其程でもないように見えるのに急遽責を負ふて身を退いたのは、愈々と感付いたからだとするより外仕方がないから、之れを第一種に編入するは強ち無理でもあるまい。万朝は記者の何とかいふ人が、自警団聯盟で袋叩きに遇ったとかいふ記事が出た以来、此頃少しく調子が狂ひ殆んど他の新聞と同じ程度になったが、其以前特に何会とかのお蔭を蒙って印刷して貰ったといふ広告の出る前は随分酷く、政府官憲が悉く国賊と通謀して、悪虐無道の朝鮮人を庇ったといふやうな身振りで吾々ですら、鮮人と見たら一疋も遁すまいと思ふ位であった。

東京弁護士会の決議文は、流石に第一東京弁護士会に対抗して第二流東京弁護士会と云はるるだけあって、真に堂々たるものである。

後学のため聊か片鱗を示して見やう。

掲　示

(一) 過般の大震災に際して鮮人の暴行盛に宣伝せられ或は殺傷放火強盗姦毒薬投入等の事実を目撃し若くは之を受けたる者多数ありしに拘らず、(二)責任ある某方面に於ては早軽にも其事実なしと放言せるため、(三)国家の為め犠牲的に奮起せる自警団其他の者より鮮人に対してなしたる殺傷は、単なる流言蜚語に惑はされたる行為なりと観察せらるゝ恐有之（四）殺傷を為したる者の刑事責任、火災保険問題、治鮮上、人道上、外交上及す所甚だ尠からずと存候。（五）加之之を其儘放任せんか武士道を以て世界に誇る我大和魂の一大恥辱にして且光輝ある我歴史に一大汚点を印する事と存候。（六）依って鮮人の暴行事実を調査し以て憂慮すべき暗雲を一掃する事と致候に付き御見聞せられたる事実を乍御手数御報告相成度候

大正十二年十月廿二日　　　　東京弁護士会　印

（七）追て新聞紙上既に鮮人暴行の一部分を発表せられたるも、（八）多数表現せざる事実有之ものと存じ右掲示候。

余り面白いので遂に全鱗を示して了った。

言ふ迄もなく之れは、（一）あの流言蜚語は事実全く其通り、証拠歴然たるものがある。（二）火事は地震からで、鮮人の放火ではないと発表した当局は国賊であらねばならぬ。（三）自警団、在郷軍人団が鮮人を虐殺したは国家の為である、国士の亀鑑である。（四）鮮人虐殺が非国家行為、非国士行為になれば保険金がとれなくなるではないか、鮮人が付け上るではないか、人道に反するではないか。（五）従って武士道が立たない、男が廃たる、国辱になる。（六）依って吾人は茲に身命を賭して鮮人の暴行を摘発し、以て国威を輝かさん、天下憂国の士は夫れ来り会せよ矣。（七）検事局で、鮮人支人の大虐殺を発表した際、同時にゴマカシ的に発表した警視庁の鮮人暴行実例数種は、其犯人？が悉く犯人の群衆に殺されて居り、追廻はされて居り、口なき死人から聞いた死人への嫌疑であるけれども、それでも朝鮮人は悪虐無道、残忍野蛮の暴行者であり、犯罪人である。（八）証拠はどうしても遂々無いが、鮮人の暴行は確実で、此外にも実例はザラにある。日本人です

らタマゲて狂になるのに、朝鮮人の癖に隊を組み党を集め、正々堂々と組織的に軍隊的に大暴行を為すとは怪しからん、といふのである。

勿驚、恥づる勿れ、今度こそ僕も呆れて腹が立たない。乍憚僕もこれで名誉なる会員の一人である。

（山崎今朝弥『地震憲兵火事巡査』）

戒厳令公布のため計画的なデマを放ったとする説（前内閣説）

あの朝鮮人大虐殺に国民を駆り立てた「朝鮮人来襲」のデマ宣伝の責任者は水野錬太郎内務大臣、後藤文夫警保局長、赤池濃警視総監であった。水野も赤池も大正八年（一九一九年）朝鮮総督府にいて、三・一独立運動の事件直後の朝鮮の政務総監や警務局長を歴任、その間、民族主義者に爆弾を投げられたことがあったし、朝鮮独立運動を弾圧した体験者である。

彼らは九月一日夜、東京市内を巡回し、宮城前、上野公園、芝公園、靖国神社などにそれぞれ何万という市民が避難し、水や食物を求めているのをみた。政府はそれを救援する自信がなく、暴動が起ることを恐れた。しかし内乱も戦争もないのに戒厳令を布くのは違法だ。そこで「朝鮮人来襲」のデマにより仮想敵をデッチあげた。

国民の中にも明治以来の軍国主義政策により、そのデマを受け入れる素地があった。デマは九月二日の午前から、千葉県船橋の海軍無線通信所──→広島県の呉鎮守府副官経田で全国の各地方長官あて打電された。全国の新聞はまことしやかにデマを書きたてた。東京では内務省の役人や警官がデマをガリ版刷りにして市内に貼って回った。

そのデマにもとづいて、麻布一連隊、三連隊、騎兵一連隊、世田谷輜重兵連隊、中野通信隊、習志野騎兵二個旅団、騎兵学校、四ッ街道砲兵連隊、佐倉歩兵五十七連隊、津田沼鉄道連隊、その他の地方からのいくつかの連隊、工兵隊、憲兵隊などの戒厳令部隊を先頭に、警察、それに町内会、夜警会、消防団、在郷軍人会、青年団などの組織した自警団が加わって、在日朝鮮人大虐殺が行なわれたのである。その範囲は東京市内、関東各県、中部、東北地方におよんだ。在日朝鮮人の虐殺された数は六千数百人、負傷者は数万人にのぼったとみられる。

その経験は、今日では自衛隊の治安行動政策に取り入れられている。その意味でこれはいまなお過去の問題ではない。（《潮》昭和46年9月号　斎藤秀男）

軍と警察が主役だとする説（軍閥説・警視庁説）

おそらく最初の流言は、新内閣の組織と摂政の行啓をまえに非常警戒にはいっていた沿道の各警察が、機能の回復とともに行なった朝鮮人や要視察人の保護、予防検束を契機としているであろう。

だが『朝鮮人騒ぎ』の原因となった第二の組織的な流言は、明らかに軍と警察によってひろげられていった。

通信、交通の途絶というのは民衆の側だけのことで、軍の機動力を最大限に利用して、飛行機、伝書鳩、無線や電信の非常回線、自動車、騎兵、自転車などによる軍と警察、政府間の通信機能は二日早朝までには基本的に復旧していたのである。（《潮》昭和46年9月号　斎藤秀男）

つぎにあげる資料は、捏造したデマの種類ならびに地方に伝播したものの一部分である。

近衛・第一両師団より関東戒厳司令部への報告

九月二日、午後より東京付近に鮮人の不逞行為にたいする流言蜚語盛んにおこなわれ、さらに関東一帯に伝播せられ、ために各地において鮮人にたいする騒擾事件を発生したるが、東京付近における情報を綜合すれば、左の如し。

A　分　類

イ、江東方面に属するもの。ロ、東京西部に属するもの。ハ、市内一般に属するもの

B　出所原因

イ、江東方面に属するもの。

(1)実在の事実（掠奪・強姦等）を根拠として生じたるもの。

(2)鮮人労働者を好まざる邦人労働者一般気風に乗じ、労働ブローカーおよび〇〇〇〇の宣伝にもとづくもの。

(3)無頼の徒がこの機会において兇暴なる行動をなしたるものなること。

(4)無知の鮮人労働者がいたずらに付和雷同し、あるいは衣食のため不逞行為をなしたるものあること（邦人労働者にもこの種のものあり）。

ロ、東京西部に属するもの。

(1)横浜刑務所解放囚徒が三々五々群をなして東上の途上、犯罪をなしたるに基因するもの。

(2)横浜近在在住鮮人の不逞行為を目撃したる避難民の言に基因するもの。

(3)横浜における某一派の行動に基因するもの。

(4)横浜の無警察状態を救済する応急手段として〇〇〇〇の好意的宣伝に基因するもの。

ハ、市内一般に属するもの。

(1)江東および東京西部より蜚語の侵入。

(2)軍人軍隊の管区の伝達および軍隊の配備による地方民の錯誤的解釈によるもの。

(3)市内一般の秩序維持のため〇〇〇の好意的宣伝。

要するに江東方面および横浜方面の分は、まったく独立したる流言とみなすべく、東京西部のものは、横浜方面より流布したるものと解するを得、市内一般に属するものは、両者の侵入と一部〇〇〇の独断的好意宣伝に起因したるものと認められる。この間、社会主義者の流布に活躍せし事実については、具体的確証なし。関東各地方にたいしては、避難民よりすこぶる誇大にかつすこぶる迅速に流布せられたり。

（著者注、〇〇〇は原文のまま――「内務官僚」「警察官」か?、東京市役所『東京震災録・前』一九二六年）

横浜地方における流言（横　浜　説）

今当時の流言蜚語が、如何にして、各地に伝えられたかを調査すると、本県下では横浜市が其の中心を為し県下一般に波及したことは明であるが、横浜以外の地では処と時とを異にし流言の種類も多種多様に亘ったが、罹災民を恐怖させた重なる事項を綜合すると左の四点に尽きるやうである。

イ、海嘯の襲来（山岳部にありては山津波襲来）

ロ、大地震の再起

ハ、不逞の徒、解放囚人、社会主義者の暴行

二、鮮人の襲来

海嘯の襲来、大地震再起の風説は各地個々に伝わり、比較的流布の根底を有しないが、不逞者又は解放囚若しくは社会主義者の暴行又は鮮人の襲来等の風説は、一地方に起り又は誤伝されたものが、当時避難の為め東進西下する者から各地に流布され、東京方面では横浜から伝わったと言い、県下橘樹郡方面（六郷川沿岸の町村）では寧ろ東京府下からその風説を聞いたというものがあるけれども、出所は何れも明確でなく、殊に当時横浜市は全市灰燼に帰し、死傷約十万、混乱その極に達し、市民は四方に離散して秩序乱れ、真相を得ること極めて困難だったが、一日午後七時頃根岸相沢山、元町の一部に此の風説伝わり其の他は二日午前十時（伊勢佐木町警察署管内）同十一時頃（戸部警察署管内）から避難彷徨する罹災民の口から伝えられ、或は東進南行する避難民から或は東京方面から西下する帰郷民に依り各地方に伝はり、東海道の主要沿道の住民は二日夕刻から殆ど此の流言を誤信するに至ったもので、県下重なる地方に於けるその概況を摘記すれば左の通りである。

㈠　横浜市及その付近

加賀町と警察署管内

㈡　九月二日午後八時頃、不逞鮮人三百人保土ヶ谷方面から襲来し、市内西戸部藤棚及び久保山方面で警察官と戦闘中との流言伝わり、同九時頃には、警察官の力及ばず不逞鮮人は遂に西戸部内に侵入し、婦人を襲ってその携帯金を掠奪し、或は強姦し、甚しきは局部に食塩を投入すとの蜚語が、同方面に往復したものから頻に伝えられ寿署部内や戸部方面に起る喊声は之を事実と信じさせ、老幼婦女の恐怖言語に絶した。

同午後十時には、不逞鮮人約二百人、寿町方面から花園橋方面に往復したものから伝わり、喊声の益々近づくのを聞いた為、公園避難の壮者は何れも兇器を携えて警察官に応援すと称し、公園内臨時加賀町警察署に集まるもの約百五十人、負傷者老幼婦女は園内各所に集団して只管保護を乞う。同十一時十分頃、武装した海軍陸戦隊十六名応援として来たので、同署員は之れと協力して防遏の為花園橋方面に向ったが、不逞者と認むべき者の片影をも認めず、陸戦隊は翌三日午前四時喇叭の信号を以て引揚げ、異状なしとの宣伝を為したので、一般避難民は漸く安神した。

伊勢佐木町警察署管内

㈠九月二日午前十時頃、不逞鮮人襲来し、強盗強姦放火強奪等の犯罪を敢行すとの流言寿警察署管内中村町附近から伝わり、忽ちに南太田町、井土ヶ谷弘明寺等に拡がったので、罹災民は極度の恐怖に襲われ、男子は自衛を為さむと武器を手にして起ち、婦女は全く外出を中止し、残存家屋内の居住者も集団避難民の処に逃げて来た。九月四日午後六時頃、強震再び襲来すとの流言随所に起り、罹災民は幾分不安の念に駆られ、残存家屋の地帯では屋外に出て就寝した者もあったがその流言は何処から伝わったかその方面等全く不明である。

戸部警察署管内

㈠九月二日午前十一時頃、南太田町二、〇一〇番地附近で避難民の内、昨夜本牧方面で鮮人の為め放火され且つ井戸には毒薬を投ぜられたなどと言いながら北方に避難したのを聞いたのが流言の最初で、その後続々避難して来た民衆は何れも同様のことを言い、且山手本牧方面では自警団を組織して防禦に備えていると聞いて、南太田、久保山附近数万の避難民は一時に之を過信し、極度の昂奮と恐怖とを感ずると共に、遂に自警団の組織を見るに至ったが、この種流言は、当時北進する避難民から益々針小棒大に伝えられ午後三時頃には浅間町岡野町方面も自警団を組織して備えた。………

山手本町警察署管内

㈠根岸町相沢及山元町方面では、九月一日午後七時頃、鮮人約二百名襲来し放火、強姦、井水に投毒の虞ありとの浮説が、寿警察署管内中村町及根岸町相沢山方面から伝わり、部民の一部は武器を携帯して警戒に着手し、浮説は漸次山手町及根岸桜道方面に伝播した。

㈡根岸町柏葉方面では同一日午後八時頃、中村町方面から前記の説伝わり、同地青年団員は之を信じて部民に警戒を伝えた。

㈢同町鷺山方面は同一日午後八時頃、中村町相沢方面から鮮人襲来の流言伝わり各自警戒に当った。

㈣根岸町立野方面では同一日午後八時頃、本牧町大鳥谷戸及箕輪下方面は鮮人の為に放火され目下延焼中、又大鳥小学校に鮮人二、三百名襲来、鉱山用の爆薬を所持するから各自警戒を要すとの浮説本牧方面から伝わり、根岸町字仲尾及同矢口只方面に伝播した。

㈤本牧原及矢口方面は同二日午前十一時頃、根岸刑務所の解放囚人及不逞鮮人等大挙当地に襲来し暴行、放火の虞あり警戒を要すとの浮説加曽方面から伝わり、それに海嘯の襲来説加わり、一層恐怖の念を抱かしめ、該流説は同日漸次各方面に伝播したらしい。

㈥山手町谷戸坂方面は同二日正午頃、鮮人襲来井水に投毒しつつあるを以て飲用水に注意を要すとの浮説本牧方面から伝わり新山下方面に伝播した。

神奈川警察署管内

㈠不逞鮮人の襲来に関しては九月二日午後、保土ヶ谷方面から順次東京方面に、数百の鮮人一団となり、至る処に放火し又は毒薬を井水に投じ或は婦女子を強姦する等の流言蜚語伝わり、老幼婦女子は勿論一般住民は之を誤信し頗る騒然たるものあったので…………

罹災者の群れの中に咲く可憐な花（中央手前）。このあと無情の焔魔に追われてどこへどう逃げまどったやら。

鶴見警察署管内

㈠震災第二日午前十一時頃、横浜方面から東京方面に向って通行する避難民中、不逞鮮人が昨夜から横浜で強盗、強姦を敢てし、井戸に毒薬を投じたという者あり、或は不逞鮮人三百余名鶴見方面に向って来襲する等の流言蜚語盛んに流布され、住民は恐怖憤懣するに至ったので………

（地方警視　西坂勝人『神奈川県下の大震火災と警察』）

社会主義者の演説と「罹災民が暴挙にさいして流布した言説」を起因とする説（山口正憲説）

しかし流言の発生時刻と地点が、一日午後三時に川崎署、おなじころ神田外神田署、午後六時に芝愛宕署、午後八時に横浜寿署など、複数でありながら、かならずしも系統的でないことなど考え合わせると、両説のように発生源を限定することは困難であろう。

つかまったのはザコばかり（朝鮮人の来襲デマ）

流言の発生源を具体的につかむことは非常に困難である。したがって流言をいいふらした犯人の逮捕例もきわめてまれであるが、その一、二の例をつぎに述べる。

例えば「朝鮮人来襲」の数多い流言のうち、つぎのようなことがあった。

川崎町では法被を着た二人の男が自転車に乗って川崎警察署にやってくると、

「今、鶴見の町に三百人ほどの朝鮮人が襲ってきた。町の青年団から頼まれて六郷方面に派遣中という軍隊に急報に来たのだが、警察にもしらせに来た。救援を望んでいるので、至急出動して下さい」

と、告げて去った。

この男の一人は、後に神奈川県橘樹郡潮田町造船所社宅に住む神野という者であることが判明し逮捕されたが、かれは事実らしい話をつくり上げて警察に通報したのである。

（吉村昭『関東大震災』）

（参考1） 検挙された流言者の処分件数（警視庁『大正大震火災誌』）

流言ノ種別	処分件数
朝鮮人ニ関スルモノ	一四
大地震又ハ海嘯来襲ニ関スルモノ	一〇
警察官ニ関スルモノ	三
火災ニ関スルモノ	二
大本教ニ関スルモノ	一
其他	二
計	三二

（参考2） 内務省令・警察犯処罰令・第二条第十六号の違反者調（警視庁『大正大震火災誌』）

検挙月日	検挙件数	同人員	処分結果 説諭	拘留
九月二日	二	二	二	—
三日	六	六	一	五
四日	一一	一一	四	七
五日	四	四	一	三
六日	七	七	四	三
七日	二	二	—	二

計	三二	三二	一二	二〇

（参考3） 治安維持令による検挙（警視庁『大正大震火災誌』）

種別	送致件数	説諭件数	計
暴行騒擾其ノ他生命身体若クハ財産ニ危害ヲ及ボスベキ犯罪を煽動シタルモノ	｜	｜	｜
安寧秩序ヲ紊乱スルノ目的ヲ以テ治安ヲ害スル事項ヲ流布シタルモノ	一	｜	一
人心ヲ惑乱スルノ目的ヲ以テ流言浮説ヲ為シタルモノ	四	六	一〇
合計	五	六	一一

キ印を逮捕した警察（地震再来デマ）

たとえばつぎのような、今日から見ればたわいない笑い話も各所で大まじめで信じられた。

こんな事実もある。たしか（大正十二年）十月四日のことであった。夜の午前一時頃にかなりの大きな余震があった。暫くすると、本郷駒込辺では戸毎に戸を叩いて、寝て居るものを起しに来た男があった。気象台からの通知で、朝の午前何時とかに強震がある筈だから用心せよといふのである。（東京帝国）大学の提灯をつけて居たので、多くの人は半信半疑で、中には驚いて、徹宵眠らなかった人もあったさうである。

一体どうしてそんな予報が通知されたかと、段々調査して見ると、大学構内に避難して居る男で、自警団の世話焼をして居る某とか云ふ男が、ご苦労にも一軒々々触れ廻って歩いたのださうで、その男は少々キ印として取扱はれ、かねて注意人物になって居たとか云ふことである。精神病者と云ふことが出来ないまでも、震災や火災のために、頭の狂った男の宣伝も少なからず世人を騒がしたであらうと推せられる。

（速水　滉《思想》大正12年11月号）

この地震再来説は、だれが云いふらしたか最初わからなかったが、流言の出所を調査した結果、以上の事実が判明して、この男は治安維持令の違反者として処罰された。すなわち彼に対する裁判は東京の区裁判所で進められたが、大正十二年十一月十三日に判決が下された。その判決文によると、被告人が故意に流言をいいふらしたことがあきらかにされている。

朝鮮人デマの「官主民従説」

以上のデマの発生を整理してみると

(a) 官　製　デ　マ　(1)

政府当局は何万という罹災民を救援する自信がなく、暴動が起ることを恐れ、戒厳令公布のため計画的にデマを流したとする説

(b) 民　製　デ　マ

横浜の国家社会主義者山口正憲が行なった演説や「罹災民が暴挙にさいして流布した言説」からとする説

(c) 官　製　デ　マ　(2)

警察が行なった朝鮮人や要視察人の保護、予防検束を契機とする説

(d) 官　製　デ　マ　(3)

軍と警察によって組織的な流言がひろげられていったとする説

「存在が意識を決定する」というが、民衆の不安と不平・不満からくる暴動を恐れる政府当局や、軍と警察は、民衆の不平・不満のほこ先を「朝鮮人デマ」を流すことによって転化することに成功したし、一方、大部分

の民衆は「ふだん朝鮮人をいじめているから、仇討ちをされる」かもしれないと思って、この官製デマに躍らされたといえる。

デマは、官主民従で各地に発生し、デマの内容もまちまちであった。有力で多数の官製デマと非力で少数の民製デマとは相互にぶつかりあい、まじり合いながらだんだんと熱狂的に熱度をあげ、「朝鮮人は殺せ」という合言葉のもとに合流していったことは、幾多の事実が証明している。

なお流言の発生と変化の、ごく粗筋をつぎに述べてみよう。

流言の発生と変化の粗筋

東京警視庁の発表は「鮮人放火の流言」（九月一日午後四時、東京の王子警察署）からはじまって、「不逞鮮人ら爆弾をもって放火し」（九月二日、東京の四谷警察署）と「鮮人」が「不逞鮮人」とかわり、おまけにこの不逞鮮人は、事実無根の「爆弾」（実際は果物のパイナップルにすぎなかった）まで持たされるというおまけまでついたが、九月三日には「鮮人暴行の説は流言にすぎないと判明」（東京の亀戸警察署）と朝鮮人の無罪宣言がアッサリ行なわれたが、激怒した民衆は、朝鮮人の保護と収容にあたった同署の一巡査に瀕死の重傷を負わせるという、困った事件まで発生した。

同じ九月三日に、警視庁でも「朝鮮人の大部分は順良」と発表、九月二日の「不逞鮮人」は一日経つあいだに、「順良な朝鮮人」と、だいぶ株があがった。そしてこの間に、またそれからしばらく先まで、実際のところでは、朝鮮人はやはりまだヒドい目にあわされ続けたのだ。

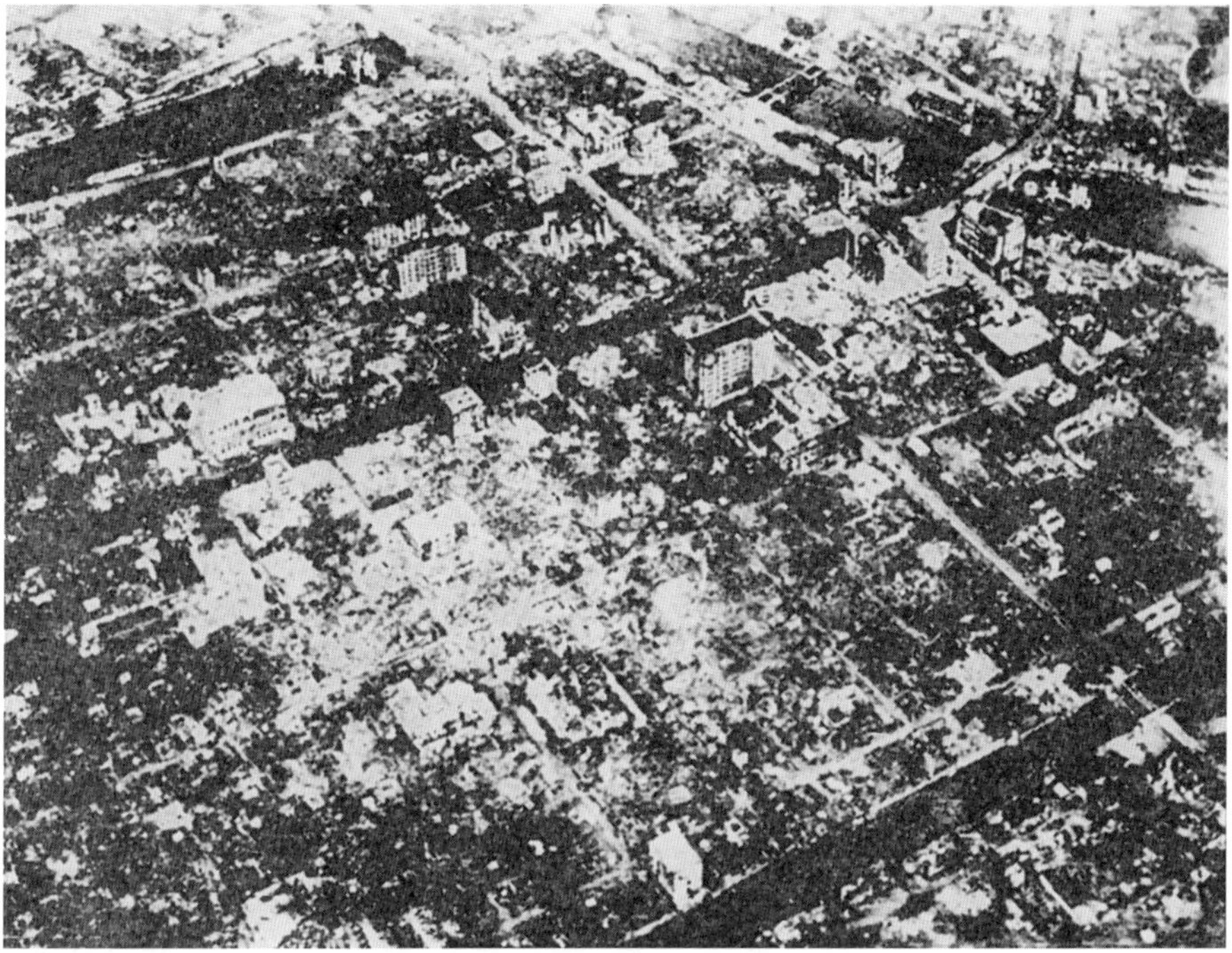

航空機上からみた被災後の日本橋通り

荒野と化した本所横網町の安田邸内

流言は何故おこったか?

（朝鮮人の来襲）この荒唐無稽な流言がなぜおこったのか。震災による混乱のなかでは、すべてを失った民衆の不満や不安が政府や支配階級に向けられるおそれがある。これを防ぐために、朝鮮人や社会主義者への不安や恐怖心をかきたてて、これに憎しみを向けさせ、軍隊と警察による秩序の維持に民衆を協力させようとして、当局で計画的に放ったのだ、とよくいわれる。

当局が計画的に流言をつくりだしたという確証は見当らないようである。だが朝鮮人や社会主義者を警戒し敵視していた警察官の活動が、この流言を誘発する役割をはたしたことは資料にも散見する。

流言は、発生と流布とが厳密に区別できない性格をもっている。この流言は警察と軍隊の情報網にのせられることによって、いっさいの疑いを圧倒するような強力な流言となった。地震と猛火に脅かされ、いっさいの情報から断ち切られ、不安と飢えと疲労に神経過敏の極にあった民衆は、「朝鮮人来襲」の報せをそのまま信じこんだ。その背景には、日本が朝鮮を圧えつけて朝鮮人のうらみをかっているのだという不安、朝鮮人にたいする差別にもとづく報復へのおそれがあった。

「朝鮮人の来襲」の流言がひろがると、水野内相は戒厳令の施行の方針を決めた。

――中　略――

戒厳令の一部が東京市と府下の荏原・豊多摩・北豊島・南足立・南葛飾の五郡に施行されたのは、二日の夕刻近いころであった。

戒厳令が施行されたその大正十二年九月二日の夕刻に、赤坂離宮の庭にある萩の茶屋で、ロウソクの火をたよりに第二次の山本権兵衛内閣の親任式があげられた。一刻も早く震災の惨状と混乱とに対処するために、組閣工作中の行きがかりをすてて後藤新平が内相となり、組閣をすませた。

（今井清一著『日本の歴史』23　大正デモクラシー　三八四頁〜三八六頁）

3　流言マッタ！

秩序を保った深谷町の例

関東大震災に際して発生した流言の横行は、人心を全く気違いじみた有様に導き、言葉では十分に表現しつくせない悲惨な暗黒時代が出現した。

最も大きく、そして最も悲惨な状況を招いたのは、朝鮮人にかんする流言騒ぎであった。それは早くも九月一日の夕方に起こり、九月二日には猛火と余震にくたびれはてた人の口々に、たちまち怒涛のように広がっていった。

この流言は、たんなる流言にとどまらず、自警団から自警団へと伝えられ、それぞれの自警団は竹槍、棍棒、あるいは祖先伝来の刀剣まで持ち出して、街頭にものものしい警戒陣を布くに至った。そして、流言はさらに一そうの具体的な内容を持ったものに成長していった。

もちろん、この混乱のなかにあっても流言に動揺せず、正しい処置を取ったものもなかったわけではない。つぎはその一例であるが、ただこのような例は少なかったことが残念である。

群馬、埼玉の自警団が、震災後の三日頃から流言、蜚語に惑はされて、多数の避難者を××（殺害?・）した中に、中仙道深谷町では竹沢署長、大沢町長、大谷在郷軍人分会長等同町の幹部は、逸早く消防組、青年会員その他自治団体の幹部を集めて、軽挙妄動を戒め、××人（朝鮮人）に対しても最初から同町において保護していた七十八名を大に厚遇し、十四日に至り、その筋の命により無事自動車で習志野騎兵聯隊に護送するを得た。この事等は、その当時の人心動揺に際して、よく秩序を保ったと云ふので、戒厳令司令官から在郷軍人分会に対し感状を与えられ、大沢町長、竹沢署長もそれぞれ表彰された。

（《大阪朝日》大正12年10月17日）

幻覚的な性質の流言

このような悲惨な結果を生んだ流言は、どこから、どうして起こったか。もちろん、はっきりしたことは分らないが、このような事実よりも、騒ぎの方がはるかに大きく、なかには笑うべき事件もあって、現に速水滉文学博士はつぎのように述べている。

から云ふ事を聴いた。電燈が暫くの間つかなかったため、市中のある所で、女中が石油を買って来て、その罐を物置に置いたまゝ、混雑に紛れて、全くその事を忘れて居た。すると夜警団の人々が是を発見して鮮人の放火計画に相違ないと云ひ出し、大騒ぎになった。現に鮮人の姿を目撃したと云ふものも現はれて、町民総がかりで戸毎を捜索したが、何等の手がかりも得なかったといふことである。この類の喜劇は、市中到る所に演じられたと見え、自分の如きも、二三この類の話を耳にした。確かにこの家に鮮人が逃げ隠れたのを見たものがあると云ふ人の話も、問詰めると、甚だ不得要領である所から察して、幻覚的性質のものであると云ふことは、凡ての場合に当らずとも遠からざるものと信ずる。

（《思想》大正12年11月号）

なんといっても、この朝鮮人騒ぎは、沢柳政太郎文学博士が喝破されたように「日本人なるものは、実に拭ふべからざる汚点を震災史の一頁に残したものとして、大に悔悟せねばならぬ」ことは、全く動かすことのできな

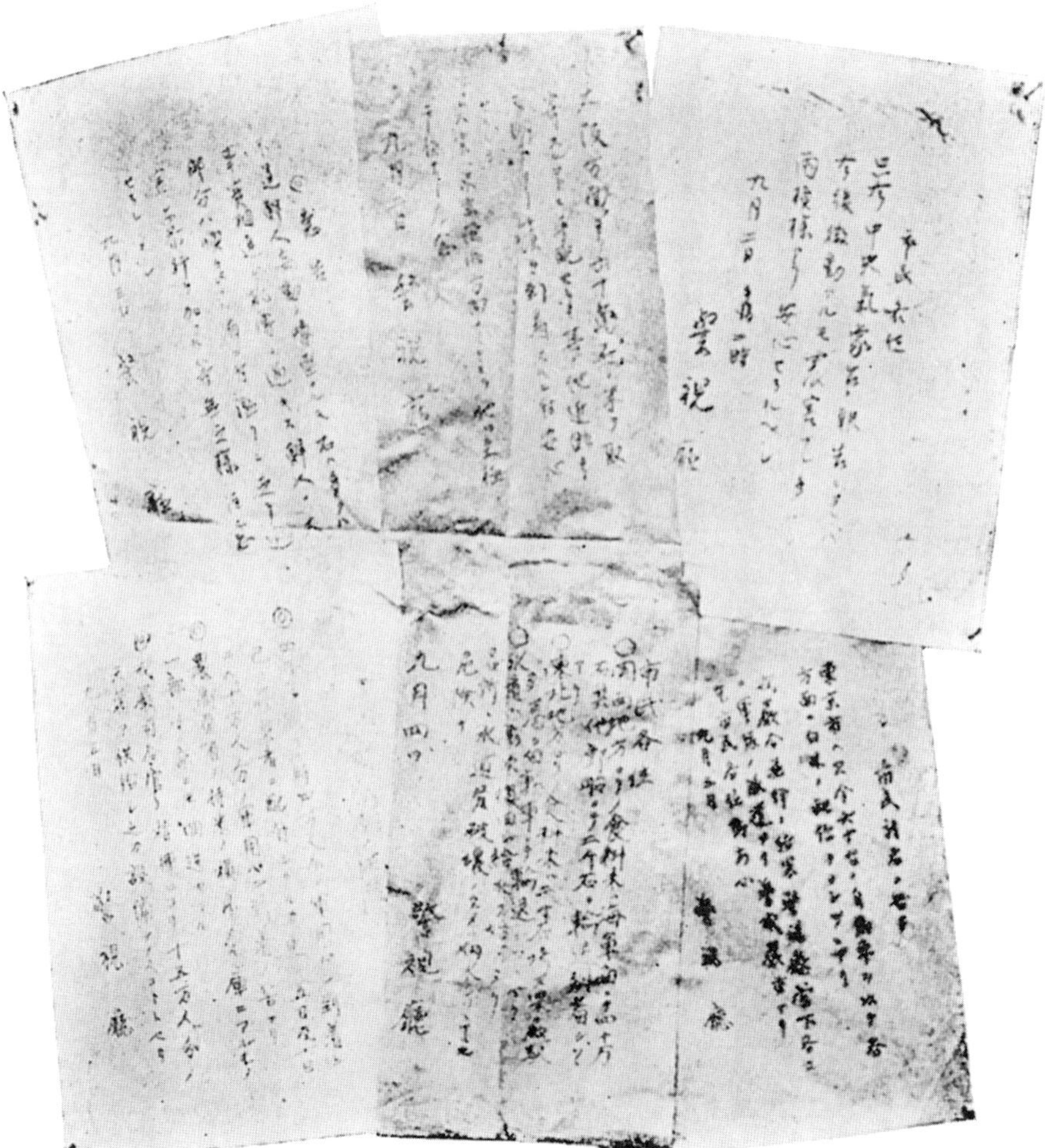

警視庁から出たビラ。これすらも危険な流言の根拠となりがちであった。

い事実であった。

大地震や津浪再来という予言の横行

震災当時の流言はまた、大震火災の事実誤認にもとづく流言を生んだ。これは朝鮮人騒ぎのような、悲惨な結果を招来しはしなかったが、民心を動揺させる重大な原因となった。

地震と火事の襲来に度を失った人々は、さらに、大地震や津浪が再来するという予言の横行にもまた悩まされた。

例えば大正十二年の九月二日夜には「今夜二時頃、また大地震が来るかもしれません。その時は宮内省で大砲を二発打つから、皆さん用意して下さい」という流言が飛び、九月三日の夜には、午後の十一時に大地震があるという説が伝わり、家のなかの人々はあわててみな街頭に飛び出した。

当時三浦半島におられた長岡半太郎理学博士は、次のように面白い経験を述べておられる。

流言蜚語は、災害には附物で、これを防圧する手段は考へ及ばない。大震の翌日、村民を騒がせた一件がある。火元は何処であるか知らぬが、津浪が来ると云ふ飛報である。老若男女荷物を負うて、山の方に逃げる者が多い。一犬虚に吠えて万犬実を伝ふとは古諺であるが、かやうな場合の噂は影響するところ少くないから、誠に厄介である。

丁度正午前に可なりの余震が来たので、なほ人心を噪がした。予はかゝる余震は段々薄らいで来るも、半年位は折々驚かされることがある。津浪は大震後一時間位ならば来るかも知れぬが、翌日となりては断じてないと言ったけれども、父老は容易に承知せぬ。浜の常時に変り、干上りたる様子を指して、旦那此処にあった水は何処に行ったんべいか、その中津浪になってきっと戻って来ますよと頑張る。否、地面が隆起したのだと説明しても首肯く(うなずく)ものがない。皆三十六計遁ぐるに如かずと、山を指して逃げる。予の家は最も海に近いが、一向そんな事を為さなかったから、奇異の想ひを村人は浮べたらしい。(《思想》大正12年11月号)

当時活躍された地震学の今村明恒理学博士なども「もう大地震はない、地震が恐かったら、むしろ東京へ逃げて来なさい」などとその際にいわれたが、それでも人々はなお大地震の再来におびえていた。

4　恐るべき群集心理の実態

それぞれ異なった思想、感情、意志をもった人々の集合が、ある条件に支配されると、そこに特別な恐るべき「群衆心理」が生じ、各個人のそれとは、まったく違った思想や感情や意志を示す。そして、各個人を別にした時には、その教養や人格などからみて、到底するはずのないことを、行動にあらわすのである。すなわち群衆心理とは「個人の無統制集団において出現する一時的かつ極端に感情的な心的状態」を意味する。

それでは、このような状態を生ずる条件は何かというと、それは「多数の人々の感情と意志とが、共通の方向をもつことである。または共通の利害関係に直面することである。」

これらの条件のもとに人々が組織されさえすれば、群衆が、必ずしも同時に、一定の場所に集まらなければならないということはない。

例えば関東大震災に際しては、関東一円の住民が、一瞬にして、一つの巨大な群衆(群集)を形成した。

群衆の意識

このような群衆のなかに入ると、ふつうの場合、個人的意識はほとんど消滅してしまう。そうして、どれほど知識や人格においてすぐれた人でも、本能とか感情とか欲望とかいう点では、自分よりはるかに下級だと思われるような人々と、まったく同様なものになってしまう。

このように個人的観念や特徴が消えてなくなってしまう原因について、フランスの生んだすぐれた社会心理学者ギュスタアフ・ル・ボン（Le Bon, Gustave 一八四一――一九三一）は、つぎの三つの原因をあげている。

第一は、群衆のなかにあっては、自己がまったく無名の状態となり、したがって無責任であるという意識に支配され、本能的感情に屈服することになるということである。

第二は、感情や行為の激甚な伝染という現象があることである。

第三は、他人からの暗示を受けやすいということである。

このようにして個人という意識は消えてなくなって、そこに群衆という漠然とした集団が現われ、それが特殊な心理状態をもって、行動することになる。この群衆の組織は数のうえでは必ずしも一定していない。わずか数人の集まりでも、特殊な心理状態になり得ることは、例えば学生がわずか二、三人集まっても、大きな声であたりかまわず歌ったり、傍若無人の行動をとりやすいことでもわかる。

この群衆心理の特異性に早くから注目して、科学的研究を加えたのが、先に述べたル・ボンで、その後の社会学者の多くはだいたい彼の流れを汲んでいるが、しかしル・ボンの研究は、群衆心理が病的な、暗黒的な方面に走ることばかりを見すぎるというので、さらに群衆心理が国民的精神を高揚するという面を重視したイギリスのマクドゥーガル（Mc Dougal, William 一八七一――一九三八）などの一派もある。

流言は、この群衆心理に支配される。

暗示模倣性の増大

暗示とは、理屈や命令をふくまない言語またはその他の刺激によって、ある人が他の人に観念・信念・決心・行動などを誘発することである。これを受ける方の側からは「被暗示性」という。

群衆には、この暗示性が極端に増大する。この場合の暗示者は、必ずしも権威者とは限らない。無名の人でもかまわない。多くの言葉や身振りも、必ずしも必要ではない。それがその時にとって、群衆の暗黙の意識の流れに、うまく一致し、ただ群衆のすぐつぎの行動を示しさえすればよいのである。

「朝鮮人が襲来するぞ！」この一言は、関東一円の民衆の竹槍武装を一瞬にしてもたらした。何故か？　そんな詮索や説明は、後から自由に、いくらでも衣を着せられ、もっともらしく修飾されて、立派にできあがることが間々ある。

不可能を可能にする群衆

群衆は衝動的で、よくよく考えることがない。したがって目的に向かってのみちのりを考えない。このため、群衆には不可能という観念のわきでる余裕を失い、極端な実行性に富んでいる。多くの場合、個人は多数のなかに入ると、何となく、非常に大きな力を得たような感じを持つものだ。

暴動などは、個人としてはとても考えられないことだが、群衆のなかに入ると、わずかな暗示や誘惑に動かされて、たちまちこのような行動をやってのけるものである。関東大震災のさいの、朝鮮人虐殺の大惨事を回顧しても、群衆の力、暴力がいかに大きいかがわかる。

群衆の残酷性

群衆の持つ大きな実行力は、これがよい方向をとれば、犠牲的精神をたかめ、道徳的感情を明らかにあらわし示す。しかしその反面、ひとたびこれが逆の方向をとると、極端な排他性となり、あげくの果ては残酷な行動をとるようになる。

さきに群衆が極端な暗示性をもつことを述べたが、暗示性が強いだけに、少しでも群衆の意志に反する者に対しては、甚しく反撃的な態度を示す。道理を明確に判断することをしない。そして、残酷な行動に出て、時にはこれを楽しむような態度を示すことすらある。関東大震災の時には、多少冷静に、狂暴な群衆を静めなだめようとしたある警察署長などは、群衆の猛烈な反撃を受け、石まで投げられた。

群衆の残酷性と日本人の震災時における残酷無知な行動には、痛切な反省が必要なことはいうまでもない。

群衆の単純性

群衆の感情は、きわめて単純である。ということは、機に臨み時に応じて、どんな風にも変化するという意味である。きわめて感情的でありまた感激的である。たちまち激するかと思えば、たちまち手のひらをかえすようにしずまるというのが特徴である。例えていうと、ヒステリーの婦人の感情の、非常に激しく変化しやすいのに、くらべることができよう。

先に述べたように群衆は単純であるから、疑惑とか、不確実とかいう考慮を知らない。疑惑もただちに信念に変じ、不確実なこともただちに確実な事実として受け取られる。ここに群衆の軽信性がある。受け取った暗示をただちに信ずる。信じたいという気持をもっている。

受け取った暗示は、ただちにきわめて誇張した感情の衣を着せて表現し、そうして、ただちに単純激烈な行動に移す。どんな愚か者でも、無学な者でも、自分の力の弱いこと、無能なことをまったく忘れさって、何でもできるという観念、むしろ兇暴な感情に駆られて、行為にまっしぐらにつき進むことになる。

しかし群衆は、このようにごく単純であるから、相手の力が小さくてか弱いことを知ると、極端な兇暴性を発揮して、異常な実行力を発揮する反面において、相手の力が強大な場合には、ごく単純に屈服するのである。相手の権力が強くなり弱くなるにしたがって、群衆は、あるいは暴力をもって対抗し、またきわめて簡単に屈服するという「単純性」「激変性」があることも、一つの特徴である。

したがって関東大震災のさいに、群衆があれだけ兇暴性を発揮したのは、警察がある程度、朝鮮人に対する配慮の念を持ちながらも、群衆や自警団を抑圧する勇断を最初のうちは欠いており、警察力が微弱だったからである。そうして警察に反抗したその同じ民衆の一部が、軍隊を歓迎したのも、その権力に服したのであるという一面の見方は、当然是認されなければならない。

理智的な働きの低下

以上の諸特質は、主として群衆の感情的高揚の結果としてあらわれる。したがって、その反面、群衆の理智的な働きが低下する。判断力、思考力、評価力など、個人的には人格の基礎となる高尚な脳の働きが鈍くなることは免れない。もし指導者があれば、その指示のままに、何の考えもなく動く。指導者がなければ、群衆は注意を引くものにつられて、無目的に動き、また変化する。

群衆の理智が低くさがる結果としてあらわれる危険な現象の一つは、世論が歪められるということである。正しい総合的考慮のうえに立たないで、多数者の意見が感情的にきめられる結果、奇怪な無理な見解をもって一般人の意見であるとし、それをもって一国の政治まで左右しようとすることがある。これほど危険なことがあろうか。

群衆心理は、このようにいろいろな特異性を持っている。これが実に、流言の発生と伝播に重要な役割りをつとめる。

流言飛語やデマの調査や研究は、歴史学や心理学でもいちばん研究が遅れた分野の一つであって、防衛策も乏しい。まとまった著書は、日本でも、外国でも、もちろん数少ない。

そして、ふだんは正常人と少しも変わらない人間が、突然に発狂したように、流言やデマをデッチあげ、本気でそれを流すだけではなく、良識のある人が、これを批判しても聞きいれないばかりか、暴力に訴えてまで反撃し、反論して、そのデマの正当性を、あくまで主張してやまないのが、また怖ろしい。

流言の母体

流言から起こる恐るべき事実、それにとらわれやすい人間の心理、人間の集まった群衆の特殊心理について述べた。そこでいよいよ問題の本質に入って、「流言はいったい、どんな性質を持っているか」という大事な点を説明しなければならない。

流言の発生は、誰がいい出したかわからないまま、自然に行なわれる場合がある。

また誰かが為にする所があって、わざとしゃべる場合もある。誰が最初にいいだしたのか。わざわざ自分だと

流言飛語に踊らされた群衆から押収した刀剣類の山

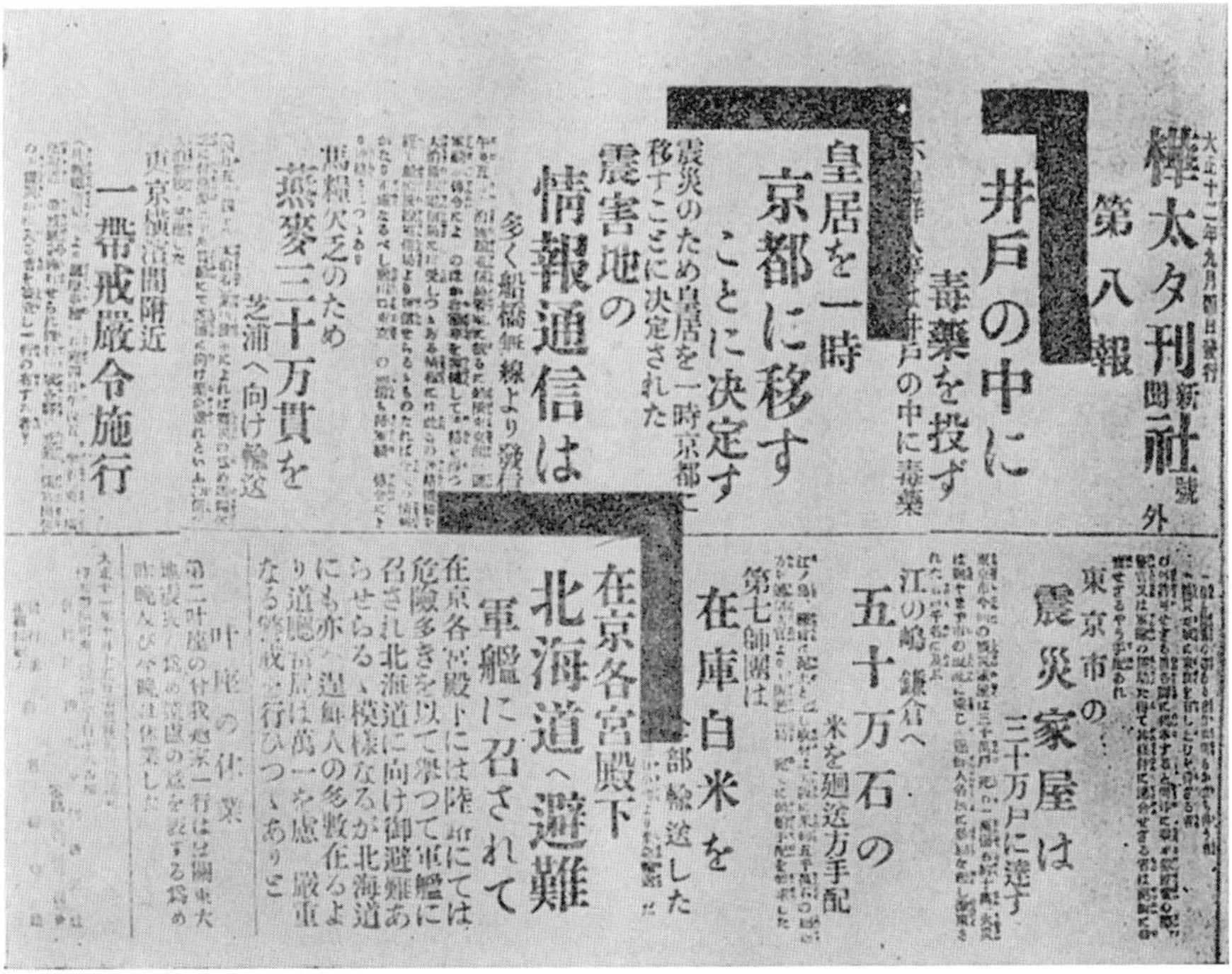

樺太夕刊新聞社 號外

第八報

井戸の中に毒薬を投ず

皇居を一時京都に移すことに決定す

震災のため皇居を一時京都に移すことに決定された

震害地の情報通信は

多く船橋無線より發行

燕麥三十万貫を芝浦へ向け輸送

馬糧欠乏のため

一帯戒厳令施行

東京横濱間附近

東京市の震災家屋は三十万戸に達す

五十万石の米を廻送方手配

江の島鎌倉へ

在庫白米を全部輸送した

第七師團は

在京各宮殿下北海道へ避難

軍艦に召されて

在京各宮殿下には陸軍にては危險多きを以て擧つて軍艦に召され北海道に向け御避難あらせらる、模樣なるが北海道にも亦不逞鮮人の多數在るより道廳當局は萬一を慮り嚴重なる警戒を行ひつゝありと

叶座の休業

「不逞鮮人井戸の中に毒薬を投ずる」と報じた地方紙。そのほか驚くべき流言が、まことしやかに報道されている。

いう人はいないから、多くの場合、発生源は不明であるが、流言のもつ意味から考えて、人為的な感じのこいものがある。いわゆるデマ（デマゴギー Demagogie の略、⑴事実と反する煽動的な宣伝。悪宣伝。⑵ためにする噂話。中傷。）である。

しかし自然発生にしろ、あるいは人為的に作成された流言であろうと、それが人の口から口へ、耳から耳へ流れていって、うわさがうわさを呼び、人々の心に何らかの反応をもたらしたり、感興をひき起こしたりしなければ、それは流言にはならない。たんなる噂話で消えさってしまう。それが流言として育つためには、そのしたじが必要である。つまり流言には母体がなければならない。

すなわち、

(a)　各個人に共通の問題がなければならない。

つぎには、

(b)　それら各個人が、いつでも心理的に群衆化し得る状態にあることが必要である。

(a)の「各個人に共通の問題」とは、各個人に密接な関係があって、感情を刺激しやすい性質のものである。あまり程度の高い事柄や、遠くへだたった土地の事件は関心がうすい。しかし各個人に密接な関係があれば、それが問題というほどハッキリしたものでなくても、一つの問題として扱える。

なお問題が、われわれに密接な関係があるということは、それがわれわれの心のなかの恐怖、不安、憤慨、希望、羨望などの感情を刺激しやすい状態にあることである。震災に直面した死の恐怖が、「×時に大地震が再来する」などという流言を信じさせたのは、この一例である。

(b)の各個人が群衆化する状態というのは、このように共通の問題を持っている個人が、ひとたび流言を耳にすると、すぐ附和雷同して、軽々しくこれを信じ、前後の考慮をなくし、たやすく動かされやすい状態になること。すなわち、一定の場所へ集合することはなくても、心理的に群衆化しやすい状態にあること。これが初期の小さな流言を、すぐに流言として完全に発達させるための下地であり、母体である。

この下地に合わない流言の種子は、決して芽を出さないで消えさってしまう。

5　デマがデマを生む！

流言の拡大する一例をつぎにあげる。

「今道玄坂へ三十人の朝鮮人が現われたから警戒しろ」

――これが十分未満で――

「只今、道坂へ三千人の朝鮮人が刀を持って襲ってきた」

というふうに、十分も経たない中に、三十人が百倍の三千人に人数が拡大され、しかも刀（著者注）のおまけまでついたうえに、道玄坂の「玄」の一字が脱けて、「道玄坂」が「道坂」と変化している。（「朝鮮人」と「刀」とは伏字のため、著者があてはめた。）

（帝都罹災児童救援会『関東大震大火全史』七三九頁）

コッケイな流言

また、こっけいな例としては、

鎌倉では、長谷沖に朝鮮の黒船が現われ、多数の朝鮮人暴徒が上陸したとのデマが市民をおびやかし、千葉の船橋では、海軍省送信所長が恐怖のあまり「S・O・S　援兵タノム」の信号を連続発信したという、とうてい信じられないような事実さえある。

（松尾尊兊『国民の歴史』21　三〇七頁）

6　朝鮮人暴動！の真相

九月一日夜、内務大臣水野錬太郎（元朝鮮総督府の政務総監）は大地震と大火災のため荒廃しつくした悲惨な災害の東京市内を巡回し、戒厳令の公布と朝鮮人や社会主義者に対する弾圧を決意した。

「さっそく警視総監をよんで聞いてみると、そういう流言蜚語がどこともなしにおこなわれているとのことであった。そんなふうではどう処置すべきか、場合が場合ゆえいろいろ考えてもみたが、結局、戒厳令を施行するのほかはあるまいということに決した。」

（水野錬太郎談話『帝都復興秘録』）

デマの元兇・海軍無線送信所

水野内相は大正十二年九月一日夜半から二日にかけて根本的計画をいろいろ相談し、九月二日の午前ごろから「朝鮮人暴動」をねつぞうし、「朝鮮人取締」の電文をつくり、九月二日の午後、船橋海軍無線送信所におくり、九月二日の午後六時には緊急勅令で、戒厳令を布告した。

※（以下の電文ナンバー、例えば、電文2、電文3、などのわきと下の文および「日時」、例えば一日　前一一—五五の下のカッコ内の文などは、見出しや解説のため、著者がつけくわえたもので、太字「ひらがな」を使ってある。）

電文1（船橋海軍無線送信所打電）

九月二日　後八時二八分（**朝鮮人の放火**）

横鎮長官発　海軍大臣宛

本日午前十一時、横浜着警備船ノ状況報告ノ要領左ノ如シ

一　一日午前十一時五八分、激震防波堤税関ヲ破壊シ、全市ノ家屋倒壊シ爆破所々ニ起リ、**不逞鮮人ノ放火ト**相俟テ全市火ノ海ト化シ、死傷数知レズ

二　（下略）

電文2（東京府下の一部、戒厳令を施行す）

九月三日　前八時一五分了解

呉鎮副官宛打電　**各地方長官宛　内務省警保局長出**

東京附近ノ震災ヲ利用シ、朝鮮人ハ各地ニ放火シ不逞ノ目的ヲ遂行セントシ、現ニ東京市内ニ於テ爆弾ヲ所持シ石油ヲ注キテ放火スルモノアリ、既ニ東京府下ニハ、一部戒厳令ヲ施行シタルガ故ニ、各地ニ於テ充分周密ナル視察ヲ加ヘ、鮮人ノ行動ニ対シテハ厳密ナル取締ヲ加ヘラレタシ

（上段別書）

コノ電報ヲ傳騎ニモタセヤリシハ二日ノ午後ト記憶ス　当時ノ衆人ノ印象ハ斯ノ如カリシナリ　事後又ハ他**地方ノ人ニハ**考ヘモ及ハサルヘシ

（著者注――この電報の発信は大正十二年九月三日午前六時となっている。なお文中の**太字**は著者が行なった。以下同）

電文3（放火朝鮮人の厳重な取締りをせよ）

九月三日　前八時三〇分了解

鎮海要副官宛　朝鮮総督府警務局長宛　内務省警保局長出

東京附近ノ震災ヲ利用シ在留鮮人ハ放火投擲等其他ノ不逞手段ニ出ントスルモノアリ既ニ東京府下ニハ一部戒厳令ヲ施行セルヲ以テコノ際朝鮮内鮮人ノ動静ニ付テハ厳重ナル取締ヲ加ヘラレ且内地渡来ヲ阻止スル様御配慮御願度

電文4（暴行、朝鮮人数千を検束す）

台北　台湾総督府総務長官宛　九月三日尾留秘書官出

一日正午ヨリ大激震アリ今尚続ク激震ト同時ニ市内各区ニ火災起リ焼失家屋約三十万ト死者一万傷者十万火猶ホ熄マス比ノ火災ニ乗シ不逞鮮人多数集合シテ暴行ヲ始メ検束セラレタルモノ数千　今夜戒厳令ヲ布カル

事務所及総督以下台湾ヨリ出張員無事

電文5（東京市内で朝鮮人が爆弾を投擲せんとす）

九月三日　後〇時一〇分了解

呉鎮副官宛打電　山口県知事宛　内務省警保局長出

東京附近震災ヲ利用シ、内地在留鮮人ハ不逞ノ行動ヲ敢テセントシ、現ニ東京市内ニ於テハ放火ヲナシ爆弾ヲ投擲セントシ、頻ニ活動シツツアルヲ以テ既ニ東京府下ニ一部戒厳令ヲ施行スルニ至リタルカ故ニ、貴県ニ於テハ内地渡来鮮人ニ付テハ此際厳密ナル視察ヲ加ヘ、苟クモ容疑者タル以上ハ、内地上陸ヲ阻止シ殊ニ上海ヨリ渡来スル仮装鮮人ニ付テハ充分御警戒ヲ加ヘラレ機宜ノ措置ヲ採ラレ度

電文6（船橋送信所を襲撃のおそれあり）

九月三日　後四時三〇分　船橋発電

船橋送信所襲撃ノ虞アリ、至急救援頼ム、騎兵一ケ小隊応援ニ来ル筈ナルモ未ダ来タラズ（ウナタケ）

電文7（騎兵二十名到着す。朝鮮人不穏の噂）

九月三日　後八時一五分

受信東京　番号八八

交付　後七時三五分

騎兵二〇名七時半到着、警戒ニ任ジツツアリ

附近鮮人不穏ノウワサ

電文8（本所爆撃の目的で不逞団が接近す。不逞団の防禦は不可能）

九月四日　前八時一三分

受信東京　番号一一二

本所爆撃ノ目的ヲ以テ襲来セル不逞団近接、騎兵二〇、青年団、消防隊等ニテ警戒中、右ノ兵員ニテハ到底防禦不可能ニ付、約一〇〇ノ歩兵急派カタ取計ラワレタク、当方面ノ陸軍ニハ右以上出兵ノ余力ナシ、前八時

電文9（「朝鮮人三百、船橋海岸に上陸」の報あり。危急迫る）

九月四日　後八時五〇分
受信東京　番号一四六
交付　後八時四五分
後八時半、鮮人三〇〇船橋海岸上陸トノ報アリ危急迫ル、歩兵ノ到着イツナルヤ

電文10（朝鮮人五百　船橋の海軍無線送信所に向かう。流言飛語しきり）

九月五日　前五時一分
受信　阿蘇　東京　番号一八四
五日午前五時異常ナシ、二日来東京方面ヨリ多数ノ鮮人三々五々、本所附近ノ森林ニノガレ来リ、ソノ行動従来在住ノ者ト相呼応スルモノノ如ク、多数ノ村民ニテ警戒中ノ所、昨夜八時行徳、西海神等ニ約五〇〇（イレレ）ノ鮮人上陸、本所ニ向フトノ報ニ接シタルモ遂ニ何事モ無カリキ、目下流言蜚語シキリニ至リ、騎兵二〇ト共ニ警戒中ナルモ、連日連夜ノ警戒ニテ所員ノ疲労甚ダシク、通信能率ニ影響スルトコロ甚大ナルヲ以テ警備ハ所員外ノ者ニテナシ、所員ハ主任務タル通信ノミニ当ルヲ急務ナリト思考ス、ナオ本所ノ面積ヨリスルトキハ少クモ一コ中隊以上ノ兵力ヲ要スルモノト認ム
右概報ス

電文11（大集団よりなる不逞団襲来の報しきり、不安。至急、陸軍か陸戦隊の急派を求む）

九月五日　前九時三〇分
受信所　東京　横電　番号一四七
交付
目下異常ナキモ、大集団ヨリナル不逞団襲来ノ報頻々トシテ至リ甚ダ不安ニ付、陸軍モシクハ陸戦隊急派カタ至急取計ラハレタシ、目下騎兵二〇名アリ

（日本旧陸軍海軍震災関係文書）

大混乱をきわめた大森大尉の記録

自九月一日震災
至九月十一日　送信所ニテ採リタル処置並ニ状況

大森大尉

概　況（**送信所の警備についての指揮官の大失態**）〔カッコ内太字は著者による。以下同じ〕

震災ニ続キ送受両所間ノ通信連絡全ク杜絶セシヲ以テ両所間ノ規約ニ従ヒ無線通信ヲ試ミタルモ何等ノ応答ナク之ト同時ニ逓信省ノ陸線モ亦凡テ不通トナリタレハ送信所ヲ以テ独立主無電所トシテ運用スヘク決心シ極力主無系ノ指導管制ニ努メタリ

素ヨリ当所ニ於テハ最初震災ニ依ル被害ノ斯ク大ナルベシトハ想像セス従テ通信線モ亦前例ノ如ク数時ニシテ恢復スルモノト思ヒ居シニ容易ニ恢復セス今ハ唯東京ヨリノ公用使ヲ俟ツノミノ状況トナレリ然ルニ俟ツコ

ト久シキモサル形勢ナク時間ヲ閲スルニ従ヒ火災ノ横浜東京ニ在ルヲ確信シ得且事態容易ナラサルノアルヲ知リシヲ以テ不取敢午後三時ニ概況ヲ一般ニ通報シ同夜再ヒ避難者ノ談ヲ綜合シテ概況ヲ放送セリ是ヨリ先受信所ヨリノ公用使ハ到底来ラサルモノト断念セシヲ以テ今ハ当方ヨリ偵察兵ヲ出スニ若カストナシ遂ニ午後四時半頃兵員ヲシテ今迄ノ送信文ヲ持参セシメ東京ニ派遣シ又六時頃他兵ヲ第二公用使トシテ派遣セリ然ルニ翌二日ニ至ルモ右公用使帰投セサルヲ以テ再ヒ第三使ヲ二日午前七時ニ派遣セシニ漸ク午後三時頃ニ至リ相前後シテ三使共帰投以テ海軍省ノ無事ナル報ヲ得ルト共ニ始メテ送信文ヲ受領スルヲ得タリ

爾後徒歩連絡ニ依リ続々送信文ヲ受領シ旁々受信文ヲ送付スルヲ得タリ其後六日ニ至リ受信所ニ送信機到着シ且受信モ或程度迄ハ可能トナリシヲ以テ送信文ハ主トシテ無線ニ依リ当所ニ送リ更ニ之ヲ規程ニ拠リ送信スルコトトセリ

斯クシテ八日ニ至リ通信線モ完成セシヲ以テ従来通リ受信所ニ於テ管制スル事トナリタレハ通信頓ニ順調ヲ見ルニ至レリ警備ニ関シテハ送受両所間ノ連絡杜絶セシタメ種々ノ錯誤ヲ生シ遺憾ノ點多カリシモ要スルニ送信所警備ニツキテハ徹頭徹尾小官ノ歎願聴カレス終始不安ニ堪ヘサリシ為如斯失態ヲ演シ誠ニ相済マヌ事ト思考シ居レリ（後ニ至リ陸軍ヘノ交渉ハ其都度行ハレタルヲ知リヌ結果ヨリ見レハ徒ニ宣伝ニ乗リタル事トナリ慚愧ニ不堪）然レトモ小官ノ独断専行ニヨリカノ騒擾時ニ於テ騎兵二〇名ノ派兵ヲ請ヒ又小康ヲ得テヨリ歩兵一六名並ニ霞ケ浦航空隊ヨリ出セル陸戦隊三七名ノ派兵ニヨリ警備ヲ厳ニセシヲ以テ村民ハ勿論所員モ亦漸ク安堵シ主任務タル通信ニ全力ヲ注クヲ得タリ

以下時日ヲ追ヒ其記憶ヲ辿ラントトス

一日　前一一―五五（**地震で連絡なし**）

大地震ノ為メ送受両所間ノ連絡全ク断タレタルヲ以テ規約通リ無線ニ依リ連絡ヲ図ラントセシモ更ニ応答ナキヲ以テ午後一時ヨリ主無電系ノ管制ハ船橋送信所ニテ之ヲ行フ事トセリ横須賀電信所ハ通信機関破壊サレタルモノノ如ク阿蘇之ニ代リ副無電所トナル

一日　後二―〇（**東京の応答なし**）

再ヒ東京受信所ヲ無線ヲ以テ連呼セシモ応答ナク又本所内通信局モ他トノ通信全ク絶エシヲ以テ東京方面ハ勿論各地トノ通信連絡全ク杜絶恢復ニ焦慮セシモ如何トモスヘカラス

一日　後三―〇（**東京の強震と大火**）

新聞電報ノ末尾ニ「東京一（ママ、著者注―二）今日暴風雨正午ヨリ強震連続横浜大火盛ンニ燃エツツアリ」ヲ放送ス

一日　後四―三〇（**海軍省へ公用使**）

各所ヨリ受信セシ電報ノ送達旁々偵察スヘク海軍省ヘ第一回公用使ヲ出ス（諸準備ニテ出発稍遅ル）

一日　後六―〇（**第二回の公用使**）

東京方面ノ火災愈々確実トナリシヲ以テ状況視察旁々受信文送達ノ為第二回公用使ヲ出ス

一日　後七―五（**通信しきり**）

別紙タナ一ノ電ヲ放送ス之ヨリ主無系ノ通信益々頻繁トナル

〔著者注　ここまでは常識的な処置だと思われる。〕

一日　後七―一〇（**佐世保へ返電**）

佐世保ヘ返電トシテタナ二ヲ送信ス

一日　後九―〇（避難民、続々来る）

通信社ノ新聞電報　報時等ヲナサス避難民続々来ル

一日　後一一―一三（震災の通報）

一般宛別紙タナ三ノ電ヲ送信シ震災概要ヲ通報ス（交付時間後一〇―四五）

〔著者注　船橋海軍無線送信所の多忙な有様がよくうかがわれる。〕

二日　前七―一五（第三回の公用使）

前日派遣セル公用使未タ帰投セサル為メ掛念ニ不堪ルヲ以テ更ニ自転車ニ熟達セルモノヲ選抜シ前夜来ノ受信文ヲ送達スヘク第三回公用使ヲ出ス

二日　前七―二五（状況の通報）

一般宛第二回状況ヲ通報ス（別紙タナ五）交付時間前五―〇

二日　前九―〇（再送す）

タナ五ヲ再送ス

二日　前一一―〇（公用使の消息不明）

主無系各所ヨリ多数ノ受信アルモ本所ハ之ヲ受信人（主ニ海軍省）ニ送達スルノ道ナク昨日来既ニ三回ノ公用使出セシモ消息不明ニ付一般宛別紙タナ六ノ電ヲ送信ス（交付時間前九―五五）

二日　後〇―四（返電）

佐電ヨリ電報輻輳ニ付毎偶数時間連絡サレタキ旨申越セルニ対シ別紙タナ四ノ如ク返電ス

二日　後一二―一五（第三回公用使帰る）

日本橋通り交差点の一角を占めていた白木屋呉服店は、かなり繁栄をきわめていた。

さすが善美を尽くした白木屋も、あわれ猛火に包まれては、わずかに残がいばかりをを残し、焦土と化した。

第三回公用使海軍省ヨリ多数送信電報ヲ持チ帰所ス之ニヨリ始メテ帝都ノ震災程度ヲ知リ通信交通機関ノ全ク杜絶セル今日愈々其責任ノ重大ナルモノアルヲ実感セシヲ以テ鋭意之レ等緊急電報ノ速達ニ努ム之ヨリ先避難民ヨリ得タル情報ニヨリ第三報ヲ巨細ニ亘リ放送スル予定ニテ原文ヲ交付セシモ緊急信多キヲ以テ中止シ奇数偶数時共連続通信スヘク決心セリ

二日　後三―〇（第一、二回公用使帰る）

第一、二回公用使帰所各方面宛ノ緊急信多数持チ来ル本所ハ之等緊急電報ヲ一刻モ早ク送達スルノ重大任務ニアルヲ自覚シ且本所送信勢力ト通信距離ヨリ推ス時ハ吾送信ニ対スル各艦所ノ受信容易ナルヘキヲ信シタルヲ以テ三時ヨリ七時七分迄K二ヲ以テ連続送信ス但シ三、四時ハ電球式送信機五時火花式送信機六、七時ハ電球式送信機ヲ使用ス

二日　後七―七（電報の一段落）

前公用使ノ持参セシ電報一先ツ片付キタルヲ以テ該時間ハ専ラ主無系ノ受信ニ努ム各所トノ通信順調ナリ

二日　後八―〇（敵愾心いよいよ高し）

海軍省ヨリ第一回陸軍伝令各所宛電報多数持チ来ル

大湊、父島及南洋方面行動艦船宛電報ハ混信ノ為解否不明ニ付至急ヲ要スル電報ハ時機ヲ得次第第二回放送シ後報解信トセリ（大湊、父島、舞鶴ハ混信少ナキ時ニ於テ直接交信セシ事モアリキ）送信電文、避難者、公用使、警察官等ニ依リ東京ニ於ケル鮮人ノ暴動ヲ知リ敵愾心愈々高シ

二日　後九―二（海軍省は無事）

別紙（タナ二七）ヲ放送シ海軍省ノ無事ナルヲ報ス

〔著者注　二日午後八時の電文中にある「東京に於ける鮮人の暴動を知り、敵愾心愈々高し」の一句は、軍人的、単細胞的な迷文である。〕

三日　前三—二〇（つなみ？）

附近村落（主トシテ船橋、中山、八幡方面）ニテ警鐘ヲ乱打スルヲ以テ海嘯ニアラスヤト思ヒ船橋警察署ニ問合ハシタルモ電話不通ノ為メ要領ヲ得ス

三日　前三—四五（総員の武装警戒）

海軍省ヨリ第二回伝令二名送信電文持参来着ス其ノ言ニ依レハ中山市川方面ニ鮮人暴動起リ漸次当方ニ襲来ストノ事ニ付キ直チニ総員ヲ集メ武装警戒ニ任シ海軍逓信両官舎居住者ヲシテ本所ニ収容ス爾後兵曹長ヲシテ通信監督ニ機関兵曹長ヲシテ警戒監督ニ当ラシメ小官ハ一般ヲ指揮監督シテ専心通信ノ迅速確実ヲ計ル傍ラ警戒ヲ厳ニセリ

三日　前九—一〇（騎兵二〇名派遣さる）

鮮人ニ関スル諸情報頻リニ至リ実際目撃者ノ談等ヲ綜合スル時ハ益々警戒ヲ厳ニスル必要アリ且所員ノミニテハ到底防禦不可能ナルヲ知リシヲ以テ陸軍兵力ノ分派ヲ請ハント決心シ所長ニ派兵ノ手続ヲ文書ニテナストト同時ニ差当リ次ノ処置ヲトリタリ即チ公用ヲ出シ市川砲兵旅団司令部ニ本所警衛ノ為派兵方依頼セシニ目下東京方面ニ出払中ニテ派兵ニ応シ難ケレハ大久保衛戍司令官ニ請求サレタシトノ事ニテ別紙甲ノ如ク照会シタルニ折返シ別紙乙ノ如キ返翰ニ接シ騎兵二〇名ヲ派遣セラル事トナレリ而シテ通信ハ益々輻輳スル一方ナルニ当時ハ夏季休暇中ニテ手不足ナルト且鮮人襲来ノ噂高キ為メ之カ警戒任務等ニテ寸暇ノ休養モ得ラレス所員漸ク疲労ノ色見ユ

三日　後一―一〇（送信所を爆撃の報）

第三回伝令送信電報持参午後三時三十分第四回伝令送信電報持参来着共ニ沿道ノ警戒振ヲ報シ本所爆撃ノ報ヲ齎スコト頻々ナリ

三日　後四―一〇（爆弾をもつ朝鮮人）

本所偵察兵帰所シテ曰ク「先程市川ニ二〇〇ノ鮮人来リ渡河ヲ防止セントシ格闘逮捕シタルモ其大部分ハ中山ヨリ法典方面ニ逃走セリト」尚印内青年団ハ「中山ニテ七名逮捕各々爆弾所持」トノ報告ヲナス船橋避難民収容所ニテ爆弾ヲ携帯スル鮮人ト格闘逮捕セシ警官本所警備ニ来ル

三日　後四―二〇（出兵を乞う）

伝令来所ノ度毎ニ文書ニテ陸軍若シクハ陸戦隊ノ出兵ヲ請ヒシニ之ニ関スル返信更ニナキヲ以テ甚掛念ニ不堪トコロ愈々危機ノ迫ルヲ知リ別紙タナ七五ウナタケヲ受信所宛送信ス

三日　後五―五〇（斥候を出す）

第五回陸軍伝令電報持参通信順調ニ進行セリ日没後警官地方青年団並ニ在郷軍人団ヲ以テ用地外壁ニ動哨ヲ主ナル交通路ニ哨兵ヲ配置シ所員ハ主トシテ構内ノ警衛ニ任スル傍ラ自転車ヲ以テ船橋八幡方面ニ斥候ヲ出シ情況ヲ偵察セシムルコトトセリ

〔著者注　このように根も葉もないウワサを信じて、大あわてにあわてふためき、デマを盛んに、日本全国にばらまいた腰抜け軍人の責任は、まことに重大といわねばならない、といわれている。〕

三日　後七―三〇（火薬庫を襲撃する朝鮮人）

翌志野騎兵学校ヨリ特務曹長ノ率ユル騎兵一小隊二〇到着本所員ト協力警衛ニ任シ騎兵斥候ヲ各方面ニ派シ

情況ヲ偵察セシム右小隊長ノ談ニ依レハ一、本日午前鮮人二〇名本校騎兵学校ノ火薬庫ヲ襲撃セシモ逸早ク急ヲ告ゲタル歩哨ノ為無事ナルヲ得タリ　二、鮮人所沢航空隊ノ附近某村落ヲ焼打チス之レ今回暴動ノ発端

当夜ハ空電激烈ニシテ通信困難ナリシモ四日午前二時頃ヨリ漸次減退シ大湊、舞鶴等ト交信シ放送電整理及主無系ノ受信等頗ル進捗ヲ見ル

三日　後八―一五（**状況は不穏**）

状況不穏ニ付別紙タナ八八ノ電ヲ所長ニ送信ス

三日　後一〇―一五（**爆弾の朝鮮人三〇名**）

印内村青年団ノ報告ニ依レハ八幡方面ニ鮮人三〇名現ハレ各々爆弾ヲ所持シ格闘ノ後七名ヲ捕縛シタルモ残リ二三名東方ニ逃走スト

四日　前七―〇（**襲撃目標に送信所**）

本所四周ノ村落（比較的遠方ヨリモ来ル）ヨリ消防隊在郷軍人（前夜警戒ニ当リタルモノ以来ノモノ）等手ニ手ニ兇器ヲ携エ一斉ニ本所へ集合「只今鮮人ノ一隊通信所ヲ襲撃スルカラ直ク応援ニ行ケトイフ命令ガアリマシタ」ナル報ヲ得即チ襲撃目標トシテ本所ノ名現ハレタル始メ

四日　前七―五五（**朝鮮人を追跡す**）

鮮人一名用地内西部ニ現ハレ警戒兵及青年団等ニテ追跡セシモ山林中ニ逃レ遂ニ捕縛スルヲ得ザリキ

四日　前八―一三（**援兵の急派を頼む**）

曩ニ所長宛文書ニテ歩兵一五〇出兵ノ交渉方願出デシモ返信ナク状況ハ益々吾レニ不利ナルヲ以テ更ニ所長宛援兵急派ニツキ別紙タナ一一二ノ電ヲ送信ス

〔著者注　いくら天変地異の非常時とはいえ、「朝鮮人の襲来」のウワサにちゃんとした一人前の職業軍人（しかも大尉）がおびえて、実情をろくに把握もせずに「援兵を急派」などという電文を打ちまくるなど、よくまあ恥ずかしくもなかったものだ、といわれている。これらの点は、後にも問題となった。〕

四日　前一〇―〇（**騎兵第十三連隊の小隊と交替**）

騎兵第十三聯隊ノ小隊（二〇）ト交代

四日　後〇―三〇（**朝鮮人の組織的暴動**）

受信所ヨリ伝令電報持参通信ハ順調ニ進行ス避難民ノ談ニヨリ彼等ニ対スル敵慨心極度ニ達シ又鮮人ノ組織的暴動ニ関シ油断ヲ許ササルモノアルヲ知ル

四日　後四―三〇（**警官服の朝鮮人**）

休暇中ナル本所兵員ノ目撃談、「一、甲州街道烏山附近ニテ貨物自動車（運転士邦人二名其上方ニハ警官ノ服装ヲシタル鮮人二一、警官ノ提灯ヲ打チフリナガラアブナイアブナイト連呼シ）ニ鮮人一六、各拳銃ヲ携エ恰モ米俵ヲ満載セシカ如ク装ヒ両側ヨリ銃口ヲ出シテ駛走シナガラ良民ヲ乱射スル処ヲ青年団在郷軍人団ニテ逮捕シ陸軍並ニ警官ニテ処置（中数名撲殺サレタルモアリ）セルヲ終始目撃シタリ

二、鮮人五〇〇人位宛一団トナリ多数ノ舟ヲ仕立テ、多摩川ヲ遡江二子ノ渡ヨリ上陸北上茲ニテ在郷軍人団青年団等ト格闘多数ノ死傷アリ彼ニハ有力ナル武器ヲ有スルヲ以テ竹槍鳶口等ニテハ到底敵シ難キコトヲ附近ニ居住スル実兄ヨリ聴取セリト

三、市内ニテハ石油ヲ満タシタルビール瓶並ニ爆弾ヲ所持スル鮮人各所ニ放火ヲナシ諸官衙ヲ襲フト」

二日以来送信ノ機会ナカリシ（至急ヲ要セストノ事ナルト又実際其機会モナカリシ故）外国行電報ヲ午後一時原ノ町ニ送信セシニ「K一」ニテ皆了解、以後毎日午前八時ト午後二時ニ連絡ヲトル様協定ス

四日　後六―〇（社会主義者と朝鮮人の連合軍）

受信所ヨリ一水一来所臨時勤務其頃本郷区長ヨリノ伝令トシテ青年団員来所「邦人社会主義者ノ一団船橋電信所破壊ノ目的ヲ以テ今朝東京ヲ出発セリト」

右状況ヲ判断スルニ鮮人ト称スルハ彼等ノミニアラスシテ主義者トノ所謂聯合軍ナリ然ルトキハ相当ナル武器ヲ有スヘク襲撃振リモ亦秩序的ナルモノト見サルヘカラス即チ連日東京方面ヨリ追ハレタル彼等ハ附近鮮人ト相提携シ一挙ニ襲撃スル計画ナラン是ニ於テ警戒ヲ益々厳ナラントセシモ昨夜来応援ニ来リシ青年団在郷軍人等ハ疲労ノ為メ五六名ノ外来ラス所員モ亦連日連夜不眠不休ノ警戒ニテ疲労甚シク特ニ電信員ニアリテハ之カ影響甚シク為ニ送信ニ際シ消字誤謬等続出スルノ状態ニシテ警戒ハ第二ノ問題トシ通信上甚不安ヲ感シタリ素ヨリ昼間用事ナキモノハ最小限度ノ警戒兵ヲ残シ成ルベク安眠セシメントセシモ連続至ル警報ト殆間断ナク乱打サルル警鐘トニ依リ彼等モ安閑トシテ睡眠スル能ハス結局銃ヲ執テ防禦線ニ就キ銃ナキモノハ日本刀、木刀若シクハ鉄棒ヲ奮ツテ自警スルノ止ムヲ得サル状況ナレハ小閑ヲ得テ潜勢力ヲ養ハントスルカ如キハ一モ見ラレス一同唯々援兵ノ来着ヲノミ鶴首シテ待チ居リシ次第ナリ

四日　後七―三〇（送信所を破壊の目的）

頃小官ノ間合ハセニ対シ船橋警察長ヨリ左ノ電話アリ「鮮人三〇〇船橋岸ニ上陸ストノ事ニテ目下取調中ナルモ不明、茨城県ノ鮮人団貴所破壊ノ目的ヲ以テ南下セリトノ報アレハ充分気ヲ付ケレタシ為念」

右ニ依リ船橋中山方面ニ自転車偵察兵ヲ出ス

四日　後八—〇（**朝鮮人三百名行徳に上陸す**）

頃騎兵ノ仮設セル軍用電話（千葉—船橋—本所間）ニテ小隊長ヘノ報告「鮮人三〇〇行徳ニ上陸船橋電信所ニ向フ」

四日　後八—五（**行徳は浦安の誤り**）

右電話ニテ「只今ノ行徳ハ浦安ナリ」

四日　後八—三〇（**われは寡兵なり**）

印内村ノ青年団ヨリ伝令自転車ニテ来リ左ノ報告ヲナスト共ニ兵力ノ分派ヲ歎願ス

「只今西海神ニ鮮人一五〇上陸セントス之ヲ上陸セシムル時ハ事重大ナルヘケレバ成ヘク未上陸ノ裡ニ撃滅シ度依ツテ兵力ノ分派ヲ願フ」ト

小官ノ状況判断

曩ニ行徳方面ニ上陸セシ鮮人団ハ行路上諸障害アルヲ以テ他ノ一団ニ対シ比較的障害（防禦）少ナク而シテ電信所ニ至ル最捷路タル西海神ニ上陸シ一挙ニシテ本所ヲ襲ハントスルモノノ如シ

決心

時間ハ不明ナルモ行徳方面ニ上陸セシモノハ先ツ一時間以内ニ到着スルモノト思ハサルヘカラス然シテ西海神方面ノ敵ニ対シテハ右伝令ノ言ノ如ク未上陸ノ裡ニ撃滅スルハ策ノ最上ナルモノナレトモ一方ニ衆敵ヲ控ヘナカラ我ハ寡兵ヲ以テシテ尚其中ヨリ守兵ヲ割クカ如キハ到底出来得ヘキ事ニアラス依テ該方面ノ敵ニ対シテハ所在青年団在郷軍人団等ニテ極力之ヲ防禦シ力足ラズンバ止ムヲ得ス両敵ヲ迎ヒ茲ニ戦ハント決心シ左ノ如ク申渡セリ

状況右ノ如クナレハ遺憾ナカラ兵力ノ分派ニ応シ難シ願クハ諸君ノ最良ナル手段ト報国的精神トニヨリ該敵

ノ殲滅ニ努メラレ度シ」ト

是ニ於テ更ニ騎兵斥候ヲ急派シ一方所員ヲシテ自転車ニテ急速偵察ニ当ラシメ同方面ニ対スル警戒ヲ益々厳ナラシメ他方警察ヲ介シ陸軍ト交渉シ援兵ノ増派ヲ請ヒシモ余力ナキ為応シ難シトノコトナリキ

四日　後八―五〇（行徳方面の朝鮮人の襲来）

行徳方面ノ鮮人襲来ニツキタナ一四六ノ電ヲ所長宛打電（但交付時ハ八時トス）

四日　後九―一〇（SOS援兵頼む船橋）

騎兵斥候帰着「鮮人ノ一団ハ西海神ニ上陸只今コチラニ向ヒマス」　決心　騎兵ヲシテ副塔外方ニ於テ側面ヲ攻撃セシメ銃隊（所員）ヲシテ垣外ニ於テ散兵ヲ敷キ残リハ垣内（主トシテ直接電信室電源室）ノ周囲ニ在リテ格闘ノ配置ニアラシム

惟フニ四五〇人ノ不逞団ヲ前ニ控ヘ我ハ唯騎兵二〇ト烏合ノ衆ニ近キ小数ノ電信所員トニテ如何ニシテ防御シ得ヘキ戦時敵地ニ於テ右ノ如キ運命トナラハ之レ軍人ノ本領何レモ国家ニ捧ケシ身ニシアレハ尽忠報国ノ好機会ナルヲ以テ死守之レ努メ力足ラサレハ潔ク戦死モ遂クヘケレ、帝都ノ近クニ在リ然モ平時ノ大任務ニ鑑ミ又防御ニツキ予メ各種ノ手段ヲ講シナカラ海軍逓信両官其他ノ避難民ヲ収容シナカラ何ントシテオメオメ彼等ニ破ラルヘキ兵ハ少ナリト雖武器ハ鮮ナシト雖茲一番人事ヲ尽シテ死守セサルヘカラス今ヤ陸軍モ来ラス民衆ノ応援モナシ若カス品川沖ニ碇泊セル艦船（陸戦隊ハ既ニ出航セル幻影ニアリタリ）ニ急ヲ告ケンニハト即チ持久戦ニ依リ或時間ヲ持シ陸戦隊ノ来着ヲ待チテ敵ヲ殲滅セントス而シテ演習ナラハ危急符ノ特約モアレ目下ハ之ニ代フキ該当符モナシサラハトテ停信符ノ使用モ当ヲ得タルモノニアラス即チ咄嗟ノ裡ニ思出セルハSOSニシテ陸上電信所ノ使用スヘキ符号ニアラサルハ万々承知シタルモ単ニ注意喚起ノ意味ヲ以テ左ノ如ク命令セリ

（小官ノ所在表門）「ＳＯＳ援兵タノム船橋」ヲ連送シ其ノ次ニ「今夜八時半鮮人三〇〇船橋ニ上陸危急迫ル」ヲ送信セヨ右終ラバ其儘送信号ヲ継続スヘシ然ルニ咄嗟ノ場合トテ援兵頼ムノ句ヲ欠セシモノナリ然レトモ通信ハ瞬間モ休マス悠容迫ラス泰然トシテ送信事務ニ当リタル賞讃ニ値スルモノナリ（当直者三曹佐藤重吉、土屋雄健）

要之当時錯乱セル小官ノ心情ヲ分解スレハ

一　当時ノ小官トシテハ無援孤立ニアル独立指揮官トシテ当時有線無線等苟モ電信界ニ於ケル誰一ノ通信機関タル本所ノ任務ト吾人ノ責任トヲ余リニ重大視過キタル事（人事ヲ尽サスシテ徒ニ殉職スルハ此場合不可ナル意）

二　避難民ヲ収容シタル関係上往年ノ尼港事件ヲ聯想シ前車覆轍ノ譏リ免レタク思考シタルコト

三　二日警保局長（或ハ警視総監ナリシカ内務大臣ナリシカ）ヨリ山口県知事宛鮮人暴動ニ関スル電其他ニテ横浜、東京ニ於ケル彼等ノ根拠アリ組織的ナル事ヲ聞知シタルヲ以テ事態容易ナラスト予テ自覚シタルコト

四　通信機関ノ杜絶セル関係上避難者ノ目撃談、警察官ノ実験談、所員並ニ青年団ノ報告等ハコノ場合真トセサルヲ得サリシコト殊ニ陸軍ノ斥候報告ニ至リテハ誰シモ疑ハサル所ナリ

五　電信所員トシテハ偵察、斥候等万全ヲ尽シタルモ当時以上探究スルノ余裕ナク従ツテ他ノ報告ノ組織的秩序的ニシテ且連続的ナルトキハ愈々真実ナリト思ハサルヲ得サリシコト

六　東京方面ニ於ケル宣伝等ハ事件一段落迄絶対ニ知ラサリシコト

七　劈頭ヨリ警備ノ手薄ナル為メ甚不安ナリシ事

八　出兵要求ニ対シ何等ノ返信ニ接セサルヲ以テ無援孤立ノ念ヲ更ニ深カラシメタル事

九　最後ノ騎兵斥候報告ハ危急放送ヲ敢行セシメタル直接原因タルコト

一〇　右ハ海軍陸戦隊ノ来援ヲ促カスト共ニ之カ実現迄極力死守スル決心ニシテ右危急符ヲ放送スルモ爾后通

信ヲ継続スレハ通信上何等ノ欠陥ヲモ来ササルモノト確信シタルコト等ナリ
通信状況ニ至リテハ寔ニ順調ニシテ曩ニ大湊、舞鶴等宛放送セシモノハ第一回送信ニテ了解シ居リシヲ知レリ
鳳山ハ日本ヨリ応答ナキヲ以テ同所宛電ハK二ニテ二回放送ノ上後報解信ノ旨指定セリ
昨日来受信所トノ無電連絡ニ注意スルモ先方ノ感ナシ
〔著者注　四日午後九時、とうとう「SOS援兵タノム船橋」を連送し、そのつぎに「今夜八時半鮮人三〇〇船橋ニ上陸危急迫ル」と打つつもりを「援兵タノム船橋」をあわてて打ちおとしたため、「SOS今夜八時半鮮人三〇〇船橋ニ上陸危急迫ル」と打ってしまい、騒ぎをなおさら大きくしている。指揮官の大森大尉も「当時錯乱セル小官ノ心情」と、自ら精神の錯乱ぶりを認めている。〕
五日　前五―〇
別紙タナ一八四ノ電ヲ打電ス
五日　前八―〇
通信ニ関シタナ一四九ノ電ヲ所長宛送信（了解セシモ時間不明）
五日　前九―三〇
別紙タナ一四七ノ電ヲ打電ス
五日　前一一―〇
海軍省ヨリ公用使電報ヲ持参
五日　前一一―一五（**騎兵の交代**）
騎兵第十四聯隊ヨリ一個小隊（二〇）来着第十三聯隊ト交代ス

五日　後二―〇（**笠井参謀来る**）

戒厳司令部ヨリ笠井参謀来所警備ニ付打合ハセヲナシ最大限度ノ出兵方ヲ約ス

五日　後三―三〇（**陸戦隊来る**）

霞ヶ浦航空隊ヨリ貞方中尉ノ率ユル陸戦隊三七来着タナ一五六ヲ所長横鎮参謀長宛打電

〔著者注　五日午前、騎兵第十四連隊より一個小隊（二十人）が来て、第十三連隊と交代し、また霞ヶ関航空隊より貞方中尉のひきいる陸戦隊三七名が来て、ノイローゼ気味の大森大尉殿も、ホッと一息ついたらしい。〕

五日　後八―三〇（**歩兵一六名来たる**）

歩兵学校ヨリ歩兵一六来着タナ一七三所長宛打電

五日　後一一―三〇（**横鎮の参謀長に打電**）

右横鎮参謀長宛打電（交付時後九時）

六日　前六―四〇（**通信状況は順調**）

受信所ト無電連絡可能トナル然レトモ時トシテ不通トナルコトアリ

通信状況一般ニ順調ニシテ曩（さき）ニ協定セル時間ニ於テ原ノ町トノ交信最順調ナリ

六日　前一一―〇（**藤原博士来る**）

中央気象台ヨリ藤原博士来所警報、報時事務ニ付打合ハセヲナス

六日　前一一―四五（**騎兵の交代**）

騎兵第十五聯隊ヨリ一個小隊（二〇）来着第十四聯隊ト交代ス

六日　後〇―一五（**電信員の派遣**）

水雷学校ヨリ電信員四名臨時派遣

六日　後一一一五（**連絡は確実**）

受信所トノ無電連絡確実トナリタルヲ以テ別紙タナ六六ノ電ヲ主無系宛送信ス

六日　後六一〇（**警報と報時事務**）

警報、報時事務ニ関シ別紙タナ二〇三ノ電ヲ所長宛送信ス

六日　後七一〇（**外国行きの電報**）

送受両所間ノ無電聯絡ハ主トシテ偶数時間ニ於テスルヲ以テ該時間ノ一部（前八一〇　後二一〇）ヲ対原ノ町通信ニ割ク時ハ部内（勿論外モアリ）通信ノ進捗上甚不利ナリ故ニ外国行電報ノ幾分ヲ銚子経由原ノ町ニ送信スル時ハ右電報ノ捌方上非常ニ有利ナルヲ以テ数日前ヨリ銚子船橋間ノ全力開通ヲ慫慂シタリシカ遂ニ実現セラレ爾後外国行電報ハ右経路ニ拠ル事トシ大ニ有効ナリキ

七日　前一〇一〇（**騎兵と歩兵の撤退**）

千葉衛戍司令官三好少将ノ交渉ニヨリ警備中ノ騎兵二〇並ニ歩兵一六撤退

八日　前五一〇（**陸戦隊の撤退**）

霞ケ浦陸戦隊撤退

八日　前一〇一〇（**通信線の完成**）

海軍省トノ通信線一本完成

八日　前一一一二三（**参謀長と所長に打電す**）

別紙タナ三二一ヲ横鎮参謀長及所長ニ打電ス

八日　後七―〇（管制電鑰線の完成）
管制電鑰線完成震災後始メテノ使用
八日　後七―五〇（警備隊の引きあげ）
警報並ニ報時事務ニ関シ別紙タナ三三七ヲ放送ス警備隊引揚ノ為本所兵員ノミニテ警戒ニ任ス
九日　前九―〇（受信）
通信ハ一直二名宛ヲ配シ努メテ受信（一台ハ主無系ニ　一台ハ横スカ方面ニ）ニ当ル
十一日　後二―五〇（電池室の瓦が破損す）
震災ノ為二次電池室瓦被損ニツキ電池保存上ヨリ直接修理ノ旨照会ス（別紙）

（日本旧陸軍海軍震災関係文書）

予審証人の訊問調書の抜萃（**千葉県法典村騒擾被告事件証人　船橋海軍無線電信所長大森海軍大尉**）

問　震災当時朝鮮人が襲来するという話を聞いたか、そしてどんな処置を採ったか。

答　二日避難者の話に依れば、朝鮮人が爆弾を投げ、警視庁、三越等を焼き、宮城も犯されたと云う話であったので、同日午後七時に全国へ送信して知らせ、一日に東京へ出した使い三人が前後して帰り、海軍、陸軍、内務、大蔵各省の救助電報、外務省より各国に居る大使に発する電報、外国人の電報等多くを頼まれて来た中には、警保局長から山口、福岡の両県知事に宛て朝鮮人が東京で暴動を起して居るから当分朝鮮から日本に来る者をば差止めよと云うらしい意味のものもあったので、之等緊急信を送信し、三日の午前三時頃附近の村で警鍾を乱打しますので守衛を自転車で情報探りに出し、警察へ電話で問合せました。船橋送信所と東京との間を砲兵がしきりに往復連絡を採ったが一砲兵上等兵の話に、只今朝鮮人の暴徒が襲来し、市川の鉄橋を破壊しようとして格闘の末殺されたと云う話があり、船橋送信所へでも襲来されてはならぬと思い、所員一同に武装させて警戒させた。

当日、日本の通信機関としては、船橋送信所は最も大切であるから、来襲されては大変と思った。それから東京の放火は鮮人学生が爆弾を投げ、六、七人の労働者が麦酒瓶に石油を入れて投げ歩いて居るのを取押へることが出来ないと云うことを聞き、漸次此方へ来ると云うのが確実の様に思われ、兵力で警備せねばならぬので市川旅団司令部へ口頭で申込み、大久保衛戍司令官三好少将の処へ添書を寄せて二十名の騎兵を寄越して貰った。送信所の近くに北総鉄道工事に従事して居る朝鮮人が数百名居ると云い、又東京の暴徒と北総鉄道に居る之等鮮人とは連絡があると云うことを聞き、又通信も絶えたので私は独立指揮官として警備に当り、警察に之等鮮人の検束をして貰わねばならぬと考えました。

問　朝鮮人の襲来に対する警戒は如何。

答　私は事態急と存じたから、海軍省に無電と文書とで出兵を再三乞うたのですが、何等返信がなく、漸く習志野騎兵旅団司令部に使を出して三日二十名出兵するとの通知を受けたが、兵力不足で不可能となり、塚田村長に交渉し、青年団、在郷軍人団の応援を得て警戒した。

三日午後五六時頃集った村民に対し、㈠朝鮮人暴動に対する一般状況並に送信所の任務の重要なること、㈡同夜送信所襲撃の目的を以て来る朝鮮人は殺しても差支なく、自分が責任を負うこと、㈢味方識別暗号として船と橋を定め、又白木綿を以て襷を掛けさせ、㈣味方の配備、㈤敵襲に対する訓示をしました。（大正12年11月20日附《法律新聞》参照）

又埼玉県に於ける騒擾の裏面には、次の如き事情が伏在して居た。即ち同県下に於ては、既述の如く九月二日以降鉄道又は徒歩により東京方面から避難民が陸続流入した結果、彼等避難民の口を介して不逞鮮人暴動襲来の流言が沿道一帯に喧伝され、住民をして極度の不安動揺に陥らしめ、忽ち自警団の出現を見るに至ったが、更に同県当局に於ては事が唐突であり、右流言の真偽を確知する遑がなかった為め、万一を慮り、内務部長の命を以て同日県下の各郡役所を通じて各管内の町村役場に対し、「予め在郷軍人分会、消防手、青年団員等首脳部と謀り、警察官と協力の上、不逞の徒の来襲に備えるところあり度き」趣旨の通牒を発して、県当局自から県民の自警行動を勧奨した事実があった。斯くて県下一円には更に自警団の続出を見たのみならず、殊に中仙道一帯には随所に之等自警団の警戒網が張られ、鮮人一般に対する県民の恐怖と反感は愈々激化される状況となった。然るに同県警察部に於ては、右の如き県民一般の鮮人に対する気合に漸次不穏の徴候があるのを察知した為め、県下各地に散在していた鮮人土工等を収容して、之を伝逓の方法に依り群馬県に護送するの方策を採り、同月三日以来貨物自動車数台に夫れぞれ十数名の鮮人を乗せ、若干の警察官が之に附添い、「埼玉県警察部」なる旗を掲げて中仙道を進発せしめた。之が為め之等の護送隊は忽ち沿道を警戒中であった自警団群衆によって、不逞鮮人の襲来と誤断され、遂に不祥事態を惹起せしめたのである。同県下の自警団騒擾が群馬県に近接する地方に勃発し、鮮人の被害者が死亡百名の多数に上った理由は、右の如き事情に基くものであった。

（吉河光貞『関東大震災の治安回顧』一九四九年）

爆弾と放火

神戸に於ける某無電信で三日接受した所に依ると、内務省警保局では朝鮮総督府、呉、佐世保両鎮守府並に舞鶴要港司令官宛にて、目下東京市内大混乱の状態につけ込み、不逞団一派は随所に蜂起せんとする模様あり。中には爆弾をもって市内に密行し、又石油罐を持ち運び混乱にまぎれて大建築物に放火せんとする模様あり。東京市内に於ては極力警戒中であるが、各地に於ても厳戒せられたいとのことであった。（神戸電話）

（《山陽新報》一九二三年9月4日）

北京でとらえた震災ニュース（高橋信一）

船橋海軍無線所と通信を開始して、大使館発着の官報を通信したのは翌二日の朝だった。この時だった、本所被服廠跡幾千の罹災者の死骸の惨状やその他不逞朝鮮人の一団が船橋を襲うとか、上野公園に避難している日本人を掠奪するとかのデマニュースもつぎつぎ入って来て、われわれ仲間での噂話の種となった。

（『逓信史話』上　逓信外史刊行会　一九六一年）

元帥と朝鮮人

八月中旬帰途につき、再度サイパンに二泊の上、泰安丸は真北に針路をとり、あす小笠島につくという九月一日の午後一時頃、不意に船内電信所は、在横浜の郵船コレア丸から次の無電を傍受した。

「京浜地方大震災。目下各所に火災発生しあり」これを第一報とし、ひっきりなしに情況が無電される。とくに災害を利用した在留鮮人の暴動が、頻々と放電され、遂には、「不逞鮮人三百船橋海軍無線所を襲う。至急救援を請う」との所長武官よりの発電が傍受され、海洋上に浮ぶ、たった一隻の汽船内人心に、多大の混乱を惹起した。

事務長が私と阿久津大尉のところにやって来た。

「三等船客五十数名中に、鮮人二名がおりますが、万一これが暴行をやりだしてはと、皆で監視し、すきを与えないようにしていますが、元帥の身辺にどうかお二人も、お気をつけ下さい」

「気をつけますが、そんな馬鹿な気づかいが、あるものですか。船員を加え、百人近い日本人が、たった二人の鮮人に何をおじけるのです。彼等二人に、〝日本人皆が自分たちを疑っている。内地につく迄にどんなことをやられるかわからない〟とでも思わせたら、窮鼠かえって猫をかむような、自暴自棄の行為に出るかも知れません。寧ろ二人を安心させるようにされるのが必要です」

かような感じを私は事務長述べた。

小笠原島につき、何か震災についての公電でも来ていないかと思い、私は早速に要塞司令部に行ってみた。しかるに一つの電報もはいっていない。司令官以下は私が船内で得た情報に唯おどろいている。陸軍省は何事も、外地の部隊には、通電していないらしい。


（今村均大将回顧録　第2巻『皇族と下士官』一九六〇年）

当局の取締方針

流言伝播ノ結果、人心ノ動揺甚シク、就中鮮人ニ対スル民衆ノ行動ハ常軌ヲ逸スルモノアリ、帝都治安ノ保持、或ハ之ガ為ニ破壊セラレントスルノ虞アルヲ以テ、赤池総監ハ九月二日午後三時ニ至リ、流言ノ防止ト、民衆ノ指導取締トニ関シ、左ノ方針ヲ決定セリ。

……………………

d　朝鮮人、内地人ノ如何ニ不拘、不逞行動ヲ為スモノハ厳重取締ルコト。

e　朝鮮人ノ収容保護ヲ迅速ニシ、且ツ内鮮人間ノ融和ヲ計ルコト。

……………………………

蓋シコノ時ニ際シ、鮮人ニ関スル流言ノ真相、ナオ未ダ明カナラザルガ故ニ、万一ノ変ヲ慮リテ、予メ之ニ備フルト共ニ、事実ニ対スル偵察調査ニ関シテモ亦十分ナル注意ヲ払ヒ併セテ、流言ニ基因スル人心ノ不安ヲ鎮定センコト本庁ノ最モ苦心セル所ナリキ。然ルニ民衆ノ傾向ハ漸次悪化ノ兆アルヲ以テ九月三日、総監ハ、流言ノ内容及ビ民衆悪化ノ実状ヲ水野内務大臣ニ報告シ、且内務大臣ト共ニ閣議ニ陪シテ其取締ニ関スル意見ヲ陳述シタリシガ、流言ハ概ネ臆測揣摩ノ結果ニ出デ、就中、鮮人ノ蜚語ニ至リテハ全ク誤解ニ過ギザルノ事実漸ク確認セラレタレバ速ニ善後策ヲ講ジテ、一ハ民衆ノ反省ヲ促シ、一ハ鮮人同化ノ障碍ヲ除カントシ、其後屢々政府ト交渉スル所アリ……。

（警視庁『大正大震火災誌』一九二五年）

流言に対する警戒配置と取締まり

二日午前「更ニ強震アルベシ」「海嘯襲フベシ」トノ流言ニ続イテ「昨日来ノ火災ハ多クハ不逞鮮人ノ放火、爆弾投擲ニ因ルモノナリ」トカ或ハ「不逞鮮人等不穏ノ計画ヲ為シツツアリ」ナト言ヘル風説何処ヨリトモナク起リテ忽チ四方ニ伝播シ民衆ノ之ヲ信ズル者亦尠ナカラズ、然レドモ未ダ確報ニ接セザルヲ以テ、本庁ハ極力之ガ調査偵察ニ従事セル折シモ、午後ニ至リテ浮説益々甚シク「各所ニ於テ内鮮人ノ間ニ争闘ヲ惹起シツツアリ」トノ報告ヲ始メ、三時頃ニハ「某警察署ニ於テ暴行放火鮮人数名ヲ検挙セリ」「神楽坂警察署管内ニ於テ民衆等不逞鮮人ガ放火ヲ企テ、又ハ井戸ニ毒薬ヲ投ジタル現場ヲ発見シテ或ハ之ヲ乱打シ、或ハ之ヲ追跡中ナリ」等ノ情報アリ、更ニ四時頃ニハ「不逞鮮人大塚火薬庫襲撃ノ目的ヲ以テ同火薬庫附近ニ密集シ来レリ」

トノ情報アリ、是ニ於テ警察本部ハ形勢ノ容易ナラザルヲ認メ、正力官房主事ヲ富坂署ニ急派シ、又大塚署ヨリ召集中ナリシ警部補、巡査十五名ヲ同署ニ帰還セシメ、且之ヲ陸軍省ニ通知スルト共ニ偵察班、諜報班ニ命ジテ流言ノ真相ヲ捜査偵察セシメ更ニ万一ノ変ヲ慮リテ警戒ヲ厳ニセンガ為ニ同五時各署ニ対シテ左記命令ヲ発セシメタリ。

不逞者取締ニ関スル件

災害時ニ乗シ放火其他狂暴ナル行動ニ出ツルモノ無キヲ保セズ、現ニ淀橋、大塚等ニ於テ検挙シタル向アリ就テハコノ際之等不逞者ニ対スル取締ヲ厳ニシテ警戒上違算ナキヲ期セラルヘシ。

然ルニ同六時頃ニ至リ、宮沢渋谷警察署長ヨリ「戎兇器ヲ携ヘタル鮮人約二百名玉川二子ノ渡ヲ通過シ市内ニ向ッテ進行シツツアリトノ風説アル」旨ヲ報シ来リ尋テ松本世田谷、金原中野署長ヨリモ同様ノ報告アリ、之ニ遅ルル事約十分ニシテ福原品川署長ヨリハ「銃器ヲ携行セル鮮人約二百名同管内仙台坂ニ現ハレ旺ニ暴行掠奪ヲ逞ウシ、自警団ト抗戦中ナリトノ情報ニ基キ、署長ハ万一ヲ慮リ全員ヲ率キテ同方面ニ向ヒツツアリ」トノ報告アリシノミナラズ、一般民衆ノ報告亦之ト大同小異ニシテ或ハ「目黒火薬庫附近ニ数百ノ鮮人現ハレ軍隊ト対戦中ナリ」ト言ヒ或ハ「爆弾ヲ投ジタル鮮人ヲ四谷ニ於テ逮捕シタリ」ト言ヒ、又或ハ「玉川沿岸ノ民家ヲ焼キ払ヒツツアリ」「拳銃・刀剣ヲ携帯セル鮮人各所ニ出没シテ危険コノ上ナシ」ト言フノ類殆ンド枚挙ニ遑アラズ、且現行犯ト称シテ鮮人ヲ逮捕シ、本庁ニ引致シ来ル者モ頗ル多シ、カカル折シモ江口日比谷署長ヨリ「不逞者ト覚シキモノ管内ニ出没シ丸ノ内避難者中ニモ多数潜入セルガ如シ」トノ報告ニサヘ接シタレバ、仮令事ノ真偽ハ詳ナラズトスルモ、変ニ処スルノ覚悟ヲ要スルヲ以テ、渋谷、世田谷、品川等ノ各署ニ対シテハ「若シ不穏ノ徒アラバ署員ヲ沿道ニ配置シテ撃滅スベキ」ヲ命ジ、愛宕署、外数署ニ対シテハ署員ヲ散乱セシメズ、要所ニ集中シテ之ニ備フベキヲ命ジ、鮮人暴動ノ情報ヲ齎シタル四谷、神楽坂、各署員ノ応援トシテ本庁ニ在ル者ヲ帰任セシメ、更ニ錦町、西神田、新場橋、北紺屋各署員ヲ本庁ニ召集シ、丸ノ内一帯ノ警備及ビ各方面ヘノ警戒応援ニ充当セリ。

鮮人暴動ノ流言一タビ伝播セラルルヤ、予テ不安ノ念ニ襲ハレタル民衆ハ警察力及ビ兵力ノ出動ナオ未ダ微弱ナルヲ見テ益々危懼ノ情ヲ抱キ、遂ニ隣保相倚リテ自警団ヲ組織シ、或ハ武器ヲ携ヘテ自ラ衛リ或ハ往来ヲ杜絶シテ通行者ヲ誰問スルナド漸ク秩序混乱ノ状態ヲ呈セルノミナラズ、危懼ノ念ハイツシカ激昂ノ情ヲ誘致シ苟モ鮮人ヲ見レバ事ノ是非曲直ヲ問ハズシテ直ニ迫害ヲ加ヘ又之ヲ捕縛シテ本庁ニ護送シ来ルモノ多ク忽チニシテ二百余名ニ達シタリ。然レドモ本庁ノ屋舎ハ既ニ焼亡シ留置場ノ設備ナキヲ以テ東京地方及区裁判所構内並ニ市ケ谷刑務所仮監ノ二ケ所ヲ借用シテ鮮人ヲ収容セリ。

（警視庁『大正大震火災誌』一九二五年）

「不逞鮮人暴動に関する件」と題する報告書

九月二日午後四時三十分、管下三軒茶屋派出所巡査より左の如き出署申報に接した。即ち管内玉川村沿岸部落民からの通報に依れば、その対岸なる神奈川県都築郡高津村方面に於ける不逞鮮人団が多摩川を渡って当管内に潜入して来る危険がある為め、相当警戒され度いとのことであった。署長は此の申報を受けるや、直に警戒員を引率して現場に出発した。その後午後五時五十分頃管内門寺派出所巡査が鮮人一名を本署に同行して来たのを筆頭に、玉川方面からは鮮人十八名を貨物自動車にて輸送し来り、更に五名乃至十名の鮮人を同行又は輸送して来るものが続き、午後八時頃にはその数五十八名に達した。然かも本署留置場は狭隘にて僅に三十一名を収容し得るに過ぎなかった為め、警部補指揮の下に演武場を仮留置場に充てて他の検束者を之に移し、看守として留置場に巡査三名、演武場に巡査五名を当てて専従せしめたが、その後も引続き鮮人を同行し来るものがあり、午後十時頃には総数八十三名を算するに至った。然るに先是午後八時三十分頃管内居住の陸軍歩兵中佐河本某が来署し、検束中の鮮人が多数なるに驚くと共に、演武場の構造上斯く多数の鮮人を同所に拘禁するは、少数の看守を以てしては万一の場合に応ずることが事実上不可能なるを感じたのであろうが、軈て同中佐の注意により野砲兵連隊から見習士官二名、軍曹一名、上等兵二名、兵卒五名が警備に来援した。尚当署巡査が警務部に対して報告した際、同巡査から応援隊の派遣方を申請したのに対し、警務部長に於ては即刻特派するやの口頭の指示があった趣であったが、未だその派遣がない折柄、管内なる陸軍目黒火薬製造所にも、多数の不逞鮮人が襲来するとの報頻々たる状態であった結果、午後八時頃不取敢巡査一名を急派して其の状況を偵察せしめる措置を採った。然るに右巡査が未だ帰署せず、右火薬製造所方面に対する警戒員派遣の要否未定なる時管内奥沢駐在所巡査からも亦、鮮人襲来の虞あり、至急応援員を派され度しとの申報頻りに至った。斯くて当署に於ては警部補指揮の下に隣接渋谷警察署に対し若干の救援員派遣方を交渉したが、不能との回答に接し、已むを得ず、前記火薬製造所方面には遂に一名の巡査すら派遣し得ない状態となった。尤も右火薬製造所方面は前記派遣巡査の帰署報告に依り、当時既に軍隊を以て相当警備されて居たのみならず、その外囲は消防組、青年団、在郷軍人等に依り適当に警戒されつつある状況であったことが判明した次第である。而して奥沢駐在所方面に対しては事急なりと認めて不取敢巡査部長二名、巡査一名を特派するの措置を講じた。最後に当署の留置場は前記の如く狭隘であったため、渋谷警察署に伝令を送り、一時拘禁鮮人の依託方を交渉したが、同警察署に於ても満員にて演武場を代用し居る故を以て、拒絶されるに至った次第である。

（九月二日午後六時頃の報告である—編者）

（吉河光貞『関東大災震の治安回顧』）

鮮人の暴行に関する実跡調査報告（神奈川警備隊司令官　陸軍少将奥平俊蔵）

横浜市南部における鮮人暴行に関する件、別紙の通り取りあえず及報告候也。なお引きつづき調査中。

市内八幡橋詰巡査の言によれば、巡査影山辰雄は、九月一日、市内中村町唐沢において放火中の鮮人を認め、これを捕縛せんとして左指を負傷せり。

市内根岸西部自衛団長清水清兵衛の言によれば、九月四日、夜鮮人数名根岸町字坂下六百五番地に来たり放火し、ついにこれを全焼せり。市内根岸町馬場六百四十六番地宮崎留五郎の言によれば、九月二日午後、二名の鮮人来り、一名は法被を着用し、他の一名は紺サージの上衣ならびに乗馬用天鵞絨ズボンを着用し、武器（一名は拳銃、一名は短刀）をたずさえ、飯を強要せしをもって、これを与えたるに、つづいて隣家にいたり、同様物品を強要せり。

市内根岸西部自衛団の言によれば、九月三日、根岸町坂下七十八番地の井戸に白色粉末の薬品を投棄して逃亡せる鮮人を認め、ただちに医師をして井水を検せしめたるも、確証をうるにいたらず。該井水は井戸替えしたるのち、目下使用中なり。

市内根岸町西芝生青年団小田切某の言によれば、九月八日、脱獄鮮人金張吾は該地付近において自転車ほか数種の物品を窃盗せり。

市内磯子青年団長の言によれば、該青年団は九月二日、鮮人六名よりなる或る一団の強盗を発見し、その内二名を捕縛したるのち斬首せり。歩兵第五十七連隊第二大隊長が、本牧町巡査より聞知したるところによれば、九月三日、一名の支那人本牧において、「鮮人の大部隊やがて来襲す」と叫びつつ疾走したるのち、船に乗り逃亡せりと。九月一日地震と同時に一名の鮮人（飴売り商人）は市内北方町において、傘製造業者の家屋に放火し、市民に逮捕せられたりとの風評を耳にす。これが事実を調査せしところ、同所は九月一日午後四時ごろ、火災のため類焼し、何ら放火の事実および市民に逮捕せられし事実なし。ただ風評に過ぎず。

九月一日夜、北方町に在住の鮮人十五、六名の中、四名は倒壊家屋の物資を窃取の目的にて、侵入せしを、市民の発見するところとなり、警官および在郷軍人等と協力これを逮捕し、殺害せりとの風評あるをもって、取り調べたるところ、鮮人の行動を確実に認めたる者なく、確証なし。

九月二日午後八時ごろ、年齢三十歳くらい土方風の一鮮人（男）は、横浜市中村町字打越石川小学校前道路にて、マッチ六、新聞紙五十枚を所持し、徘徊しいたるにより「何にするか」とたずねしも答えず。まもなく集まり来たりし群集のために、該鮮人は殺害せられたりと。（現認者中村町四五三、石塚亀太郎）

九月二日午前二時ごろ、中村町付近に挙動不審の鮮人徘徊せるむね、一常人の密告により、寿警察署巡査影山某が現場にいたりたるに、該鮮人は兇器を以て巡査の腕に切り付けそのまま逃走し、付近に集まれる群衆これを追跡したが、その後行方不明なり。（寿署長の言）

市内の風説によれば、震災の際、警察署より「鮮人殺害差し支えなし」との布告を発したりと。（市民風評）

本件の根拠不明なるも、巡査らが、朝鮮人放火等の風評を聞き、「朝鮮人は殺してもよい」ぐらいのことを言いたるに起因するものならんか。朝鮮人が不逞行為をなすとの風評の原因は、不詳なるも、本牧町付近にて鮮人震災の際、婦人を凌辱したりとかにて、これより鮮人の不逞行為の風評流布せらるるにいたりたるもののごとし。ゆえに風評ほどのこともなく、多少の事実はありたるものなるべし。（寿署長の言）

九月三日夜、中村町植木会社構内避難民、附近井戸ごとにのぞきいたる一鮮人を発見し、毒物を投入せるも**のと信じたる**附近住民は激昂のあまり、殴打、殺害せる事実あるも、毒物を投入したるや否や判然たらず。その後該井水を使用しつつあるも、何ら異状なきにみるも、まったく毒物の投入にあらずして、渇を覚え水を飲まんとして、井戸をのぞけるものと思惟せらる。

九月五、六日ごろ午前十一時前後、年齢二十八、九歳の鮮人服を着用せる商人体の鮮人男一名、横浜市山の手、根岸町字猿田において、路傍の井戸のふたを開き、井戸をうかがいおりたるを、附近の者の発見するところとなり、時節柄不逞の徒が井戸に毒物を投入せるものとして、附近住民集合して鮮人を逮捕し、身体検査をおこないたるも、何ら毒物を所持しあらず、また井水を分析試験せるも、毒物の混入せる状況なく、まったく誤解と思料せらる。市民はこれを山手署警官の手に渡せり。

（『横浜市震災誌　第四冊』）

（註　この報告は九月一一日から二〇日の間になされている。本文は現代かなづかいに直したところが多い。──編者）

警視庁を走らせた

朝鮮人来襲虚報には警視庁も失敗しました。大地震の大災害で人心が非常な不安に陥り、いわゆる疑心暗鬼を生じまして一日夜ごろから朝鮮人が不穏の計画をしておるとの風評が伝えられ淀橋、中野、寺島などの各警察署から朝鮮人の爆弾計画せるものまたは井戸に毒薬を投入せる物を検挙せりと報告し二、三時間後には何れも確証なしと報告しましたが、二日午後二時ごろ富坂警察署からまたもや不穏鮮人検挙の報告がありましたから、念の為私自身が直接調べたいと考え直ちに同署に赴きました。当時の署長は吉永時次君（後に警視総監）でありました。私は署長と共に取調べましたが犯罪事実はだんだん疑しくなりました。折から警視庁より不逞鮮人の一団が神奈川県川崎方面より来襲しつつあるから至急帰庁せよとの伝令が来まして急ぎ帰りますれば警視庁前は物々しく警戒線を張っておりましたので、私はさては朝鮮人騒ぎは事実であるかと信ずるに至りました。

私は直ちに警戒打合せのため司令部に赴き参謀長寺内大佐（戦時中南方方面陸軍最高指揮官）に会いましたところ、軍は万全の策を講じておるから安心せられたしとのことで軍も鮮人の来襲を信じ警戒しておりました。その後不逞鮮人は六郷川を越えあるいは蒲田附近にまで来襲せりなどとの報告が大森警察署や品川警察署から頻々と来まして、東京市内は警戒に大騒ぎで人心恟々としておりました。しかるに鮮人がその後なかなか東京へ来襲しないので不思議に思うておるうち漸く夜の十時ごろに至って、その来襲は虚報なることが判明いたしました。………

（正力松太郎「米騒動と大震災の思い出」「悪戦苦闘」所収一九五二年）

流言ばかりで事実無根

目黒方面でも玉川方面から多数の鮮人が避難民をおそい、盛んに掠奪、強姦、殺人をやっていたという声が高かったので、この方面も実地調査をやってみると、風説ばかりで事実は一つもない。そして上野、田端、千住方面でそういう惨虐が盛んに行われているそうだという風説の方が高かった。その他市郡各方面で苟くも鮮人襲来の噂のあった所はくまなく片っ端から調べてみたが、何処へいっても声ばかりで事実ではなかった。

（帝都復興協会『鮮人襲来流言の真相』一九二三年）

朝鮮問題に関する協定（警備部・極秘）

鮮人問題ニ関スル協定

一、鮮人問題ニ関シ外部ニ対スル官憲ノ採ルヘキ態度ニ付九月五日関係各方面主任者事務局警備部ニ集合取敢エズ左ノ打合ヲ為シタリ第一、内外ニ対シ各方面官憲ハ鮮人問題ニ対シテハ左記事項ヲ事実ノ真相トシテ宣伝ニ努メ将来之ヲ事実ノ真相トスルコト従テ(イ)一般関係官憲ニモ事実ノ真相ヲシテ此ノ趣旨ヲ通達シ外部ヘ対シテモ此ノ態度ヲ採ラシメ、(ロ)新聞紙等ニ対シテ調査ノ結果事実ノ真相トシテ斯ノ如シト伝フルコト

左　記

朝鮮人ノ暴行又ハ暴行セムトシタル事例ハ多少アリタルモ今日ハ全然危険ナシ而シテ一般鮮人ハ皆極メテ平穏順良ナリ、朝鮮人ニシテ混雑ノ際危害ヲ受ケタルモノ少数アルヘキモ内地人モ同様ノ危害ヲ蒙リタルモノ多数アリ、皆混乱ノ際ニ生ジタルモノニシテ鮮人ニ対シ故ラニ大ナル迫害ヲ加ヘタル事実ナシ、世上伝フル所ハ凡テ根拠ナキ流言浮説ニ過キス

第二、朝鮮人ノ暴行又ハ暴行セムトシタル事実ヲ極力捜査シ肯定ニ努ムルコト　尚左記事項ニ努ムルコト

イ　風説ヲ徹底的ニ取調べ、之ヲ事実トシテ出来得ル限リ肯定スルコトニ努ムルコト

ロ　風説宣伝ノ根拠ヲ充分ニ取調フルコト

第三　……………

第四　……………

第五　……………

第六、朝鮮人等ニシテ朝鮮満州方面ニ悪宣伝ヲ為スモノハ之ヲ内地又ハ上陸地ニ於テ適宜確実阻止ノ方法ヲ講スルコト

第七、海外宣伝ヘ特ニ赤化日本人及赤化鮮人ノ背後ニ暴行ヲ煽動シタル事実アリタルコトヲ宣伝スルニ努ムルコト

一、爾後鮮人問題ニ付各方面絶エズ連絡ヲ取リ協議ヲ行ヒ応急ノ措置ヲ進メ居リタルカ尚今後、措置ニ付九月十六日別紙諸項ニ就キ協議ヲ遂ケタリ

（日本旧陸軍海軍震災関係文書）

戒厳司令官の命令（大正十二年九月三日第一号）

本年勅令第四〇一号施行ニ関シ警視総監、関係地方長官及ヒ警察官並郵便局及電信局長ハ勅令第四〇一号施行地域内ニ於テ本司令官ノ管掌ノ下ニ左ノ諸勤務ヲ施行スヘシ但シ之ガ施行ハ罹災者ノ救護ヲ容易ニシ不逞ノ挙ニ対シ之ヲ保護スルヲ目的トスルヲ以テヨク時勢ノ緩急ニ応ジ寛厳宜シキニ適スルヲ要ス。

一、警視総監及ヒ関係地方長官並警察官ハ時勢ニ妨害アリト認ムル集会若クハ新聞紙、雑誌広告ヲ停止スルコト。

二、警視総監及ヒ関係地方長官並警察官ハ兵器、弾薬等其ノ他危険ニ亘ル諸物品ハ時宜ニ依リ之ヲ検査シ押収スルコト。

三、警視総監及ヒ関係地方長官並警察官ハ時宜ニ依リ出入ノ船舶及ヒ諸物品ヲ検査スルコト。

四、警視総監及ヒ関係地方長官並警察官ハ各要所ニ検問所ヲ設ケ通行人ノ時勢ニ妨害アリト認ムルモノ、出入ヲ禁止シ又ハ時機ニ依リ水陸ノ通路ヲ停止スルコト。

五、警視総監及ヒ関係地方長官並警察官ハ昼夜ノ別ナク人民ノ家屋、建造物、船舶中ニ立入検察スルコト。

六、警視総監及ヒ関係地方長官並警察官ハ本令施行地域内ニ寄宿スル者ニ対シ時機ニ依リ地域外ニ退去ヲ命スルコト。

七、関係郵便局長及ヒ電信局長ハ時勢ニ妨害アリト認ムル郵便、電信ハ開緘スルコト。

軍隊と警官が検問所

（警視庁『東京大震火災誌』一九二五年）

斯クテ赤池警視総監ハ九月四日田辺、泊両監察官ヲ戒厳司令部ニ派シテ検問所ノ開設並ニ検問実施ノ方法、兵員ノ配置等ニ関シ詳細ナル協議ヲ遂ゲシメタル後各署長ニ命シテ諸般ノ準備ニ従ハシメ翌五日午後五時ヨリ軍隊ノ協力ヲ仰ギテ検問ヲ実施セシガ軍隊ヨリ派遣セラレタル兵員ハ各検問所毎ニ下士以下約十名ナリキ。検問所設置ノ箇所及ヒ検問ノ方法ニ関シ定ムル所左ノ如シ。

㈠検問所設置箇所

(a)鉄道要所（但シ○印ハ当分開始セズ）

品川、○新橋、○東京、○上野、日暮里、田端、池袋、赤羽、新宿、飯田町、○両国、○浅草、押上駅

(b)陸路要所

八ッ山下、五反田駅前、目黒ガード上、恵比寿駅前、渋谷ガード下、神宮裏、青梅街道口、目白橋、大塚ガード下、巣鴨ガード上、駒込橋、千住大橋北詰、逆井橋東詰

(c)市内要所

新橋（芝口）、桜田本郷町、虎ノ門、赤坂見附、三宅坂、四谷見附（派出所前）、市ケ谷見附西詰、飯田橋西詰、水道橋北、御茶ノ水橋北、松住町北、万世橋北、和泉橋北、浅草橋北、両国橋東、新大橋東

㈡所轄署長ハ前記ノ検問所ニ巡査五名監督者一名ヲ配置シ軍隊ト協力シテ検問ニ従事セシムベキ事。

㈢検問ハ軍隊ノ援助ヲ得テ警察官之ヲ行フベキ事。

(四)検問ニ際シテハ通行人ノ服装、携帯品ニ注意シ夜間ハ一切ノ通行人ニ対シ、昼間ハ不審ト認ムル者ニ対シテ其住所、氏名、出発地、目的地、通行ノ要件其他ニ付充分ナル取調ヲ行ヒ、容疑ノ者アラバ直ニ検束ヲ加ヘ所属署ヘ送致スベキコト。

(五)検問ニ際シ兵器ヲ所持スル者アラバ一時之ヲ領置スベキ事。

斯ノ如クニシテ軍隊警察協同ノ警戒方法ハ漸ク完備スル事ヲ得タリ。

（検問所はのち更に増加した―編者）　　（警視庁『東京大震火災誌』）

政府当局の事実否認

しかも警察官の如きは公安保護の能力を欠き大道に疾駆して、「鮮人の暴行に対しては之れを殴殺するも亦た已むを得ぬ」と声言し廻り或は之れを告示に迄出したことは全市に公然なる事実である。

……今回の如き危急の場合に際し、警視総監の所謂鮮人暴行の風声鶴唳に驚き、殆んど其の常軌を逸した行動に出でたものは、我が国民にあらずして寧ろ警察官である。

……我が国民が自衛の為に不逞鮮人及び兇行支那人を殴殺したのも事実である。警察官及び軍隊が不逞鮮人を殴殺したのも事実である。此の事実は十指の指す所、十目の視る所、啻に我が国民の認むる所なるのみならず、一部の外国人も業に此の事実を認めて居る。米国人中に亦此の事実を目撃したものも少なくないのである。而して政府の当局者は独り此の明々白々掩ふ可からざる事実を否認して居るけれども……。

堅牢無比とうたわれた日本銀行の石造建築

地震では身じろぎもしなかった日銀の建築も、猛火が窓から侵入、内部はすべて燃えつくしたが、さすがに地下室だけは無事だった。

（黒竜会主幹　内田良平「震災善後経綸ニ就テ　社会主義者　不逞鮮人兇行ノ一班」一九二三年　9月）

朝鮮人は順良

昨日来一部不逞鮮人ノ妄動アリタルモ今ヤ厳重ナル警戒ニ依リ其跡ヲ絶チ鮮人ノ大部分ハ順良ニシテ何等兇行ヲ演スル者無之ニ付濫リニ之ヲ迫害シ暴行ヲ加フル等無之様注意セラレ度又不穏ノ点アリト認ムル場合ハ速ニ軍隊警察官ニ通告セラレ度シ。

九月三日　　　　警視庁

（警視庁『東京大震火災誌』）

不徹底な告示

殊に告示中「朝鮮人が全部悪いのではない」との不徹底なる字句と社会主義者暴行に関する浮説を打消さざりしとに依り、未だ一部の不逞鮮人又は不逞主義者の存在するやも測り難しとなし、種々なる流言浮説は連続的に市民の耳朶を脅かし、五日、六日に至るも人心更に安定せず……

（『大正大震火災誌』改造社　一九二四年）

バンザイで迎えられた騎兵の大活躍

「ときに（三日―編者）流言蜚語はますますさかんになってきた。本所深川は全滅したと言い、暴徒山の手に押しかけたなど、それからそれへと人心は刻々と不安におちいるばかりであった。しかしまだ応援の師団はいたらず、近衛、第一両師団だけではとても皇都の治安をまっとうすることができない情勢にあったので、内相後藤新平子から『この情勢がつづいたら、いかなる騒擾が起るかも測りがたし、兵の不足は知っているが、なんとか方法はあるまいか』との相談あり、大将はとっさに考えて、習志野からきている騎兵隊に全市をめぐらせて、軍隊がすでに入京したことを知らせようと、わずか二十騎余であったが、全市を馳駆せしめた。

恐怖と不安のなかへ騎兵の姿をみた市民の狂喜は、想像するにかたくない。猛火の惨害をまぬかれたばかりで、余震にさえおびえており、加うるに暴徒が襲うとの流言またおこなわれた際である。市民は『万歳』『万歳』と感喜熱狂した。」

（『福田大将伝』一九三七年）

虐殺された犠牲者六千人以上

前に述べたように、「大正十二年九月一日の夕方から夜にかけて、東京、川崎、横浜の一部に『朝鮮人や社会主義者の放火が多い』という流言がおこった。それは、またたくまに関東一円に三千六百八十九もの自警団を誕生させた。彼らは猟銃やピストル、日本刀、トビロ、棍棒、竹やりなどで武装し、町の要所に立って警戒にあたり、朝鮮人をさがしもとめた。

横浜では、ついに三日『警察部長から朝鮮人殺害差支えなし』との布告がされるまでにいたった。虐殺された実数は、関東地方一帯で六千人以上であったといわれている。」

（《潮》昭和46年9月号　斎藤秀男）

思い切った新聞のデマ報道ぶり

交通や通信がすべてとだえた当時であるから、東京や横浜の市民さえ、眼前のいたましい損害より他の一切はまったく知らなかった。まして他の地方の人たちはただただ驚くのみで、気だけはあせっても、その被害の状況を詳細に知ることができなかった。当時、各地方の新聞が号外、または本紙において報道したもののなかには、ずいぶん思いきったものがあった。そのなかから数種を転載して、流言飛語の乱れとんだ当時の暗黒状態を偲んでみたい。

火事から逃れてきた人々の情報によると、品川は津浪の襲来に遭って全滅したとのことである。（長野発電《福岡日々新聞》（文章のわきの○○○はすべて著者がつけたデマと流言を示す部分である。）

八田鉄道省旅客係長の談によると四日私が東京を立つ前に衛戍総督に聞いたところであるが神田の神保町から神田橋の間だけで死人が一万人ぐらいあるだろうとのことです。《伊勢新聞》

東京市は下谷中の一部を残してなお盛んに燃えつつあり宮城もなお焼けつゝあり（《大阪毎日新聞》）

東京刑務所の在監囚を解放した。《伊予新報》

麻布連隊一個小隊は、横浜方面より隊伍を組み進行してきた四百名の鮮人と衝突し、激戦の結果、少数にて全滅した。よってさらに一個小隊を派遣したが、その後の状況不明。《伊予新報》

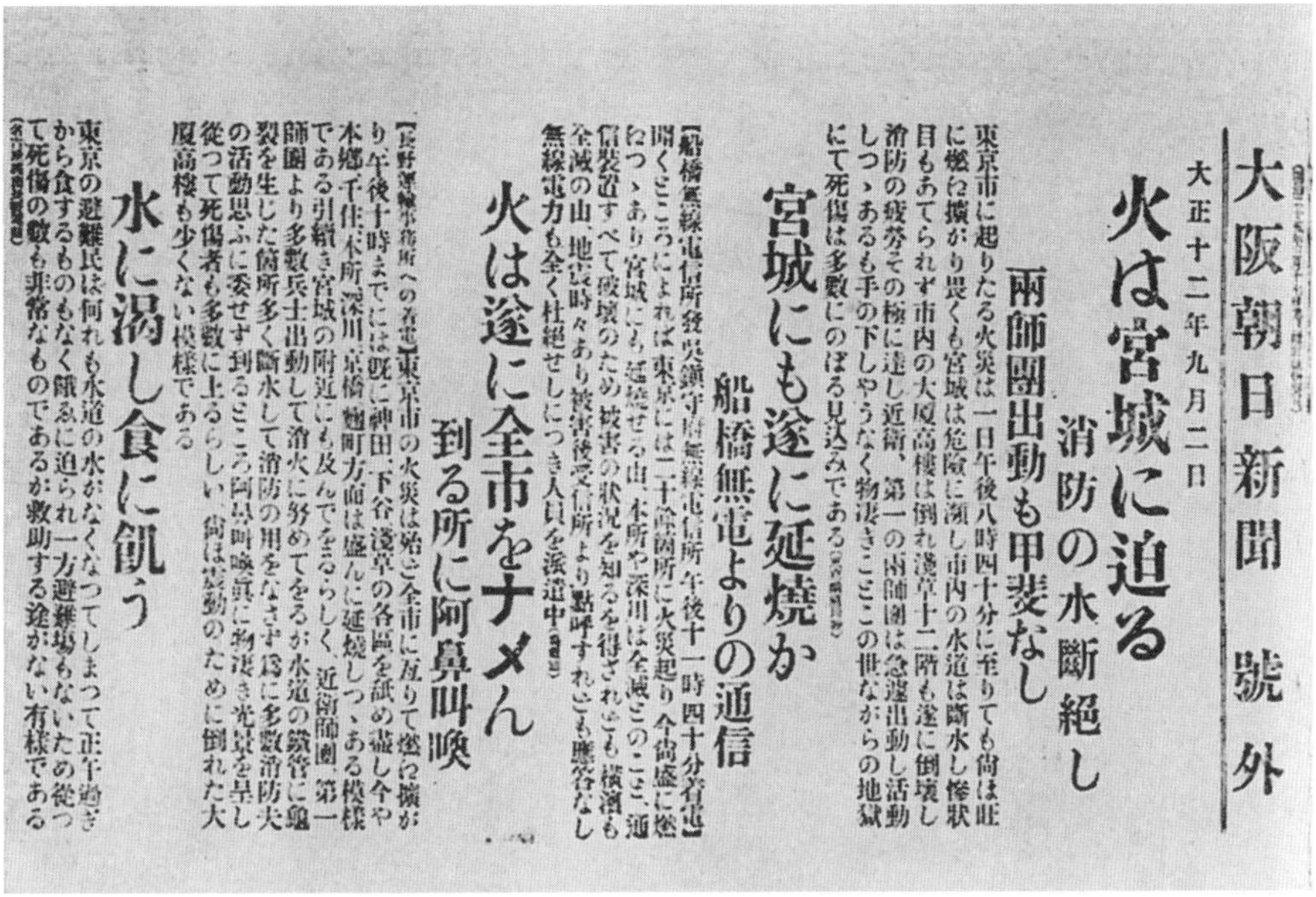

大阪朝日新聞 號外

大正十二年九月二日

火は宮城に迫る

消防の水斷絶し

兩師團出動も甲斐なし

東京市に起りたる火災は一日午後八時四十分に至りても尚ほ旺に燃え擴がり畏くも宮城は危險に瀕し市内の水道は斷水し慘狀目もあてられず市内の大廈高樓は倒れ淺草十二階も遂に倒壞し消防の疲勞その極に達し近衛、第一の兩師團は急遽出動し活動しつゝあるも手の下しやうなく物凄きことこの世ながらの地獄にて死傷は多數にのぼる見込みである

宮城にも遂に延燒か

船橋無電よりの通信

【船橋無線電信所發吳鎮守府無線電信所午後十一時四十分着電】聞くところによれば東京には二十餘箇所に火災起り今尚盛に燃えつゝあり宮城にも延燒せる由 本所や深川は全滅とのこと、通信裝置すべて破壞のため被害の狀況を知るを得されども横濱も全滅の由 地震時々あり被害後受信所より喚呼すれども應答なし無線電力も全く杜絶せしにつき人員を派遣中

火は遂に全市をナメん

到る所に阿鼻叫喚

【長野遞信事務所への着電】東京市の火災は殆ど全市に亙りて燃え擴がり午後十時までには既に神田、下谷、淺草の各區を舐め盡し今や本郷、千住、本所、深川、京橋、麹町方面は盛んに延燒しつゝある模樣である引續き宮城の附近にも及んでゐるらしく近衛師團、第一師團より多數兵士出動して消火に努めてゐるが水道の鐵管に龜裂を生じた箇所多く斷水して消防の用をなさず爲に多數消防夫の活動思ふに委せず到るところ阿鼻叫喚眞に物凄き光景を呈し從つて死傷者も多數に上るらしい 尚ほ震動のために倒れた大廈高樓も少くない模樣である

水に渇し食に飢う

東京の避難民は何れも水道の水がなくなつてしまつて正午過ぎから食するものもなく饑ゑに迫られ一方避難場もないため從つて死傷の數も非常なものであるが救助する途がない有樣である

問題の船橋無電を報道する大阪朝日新聞号外

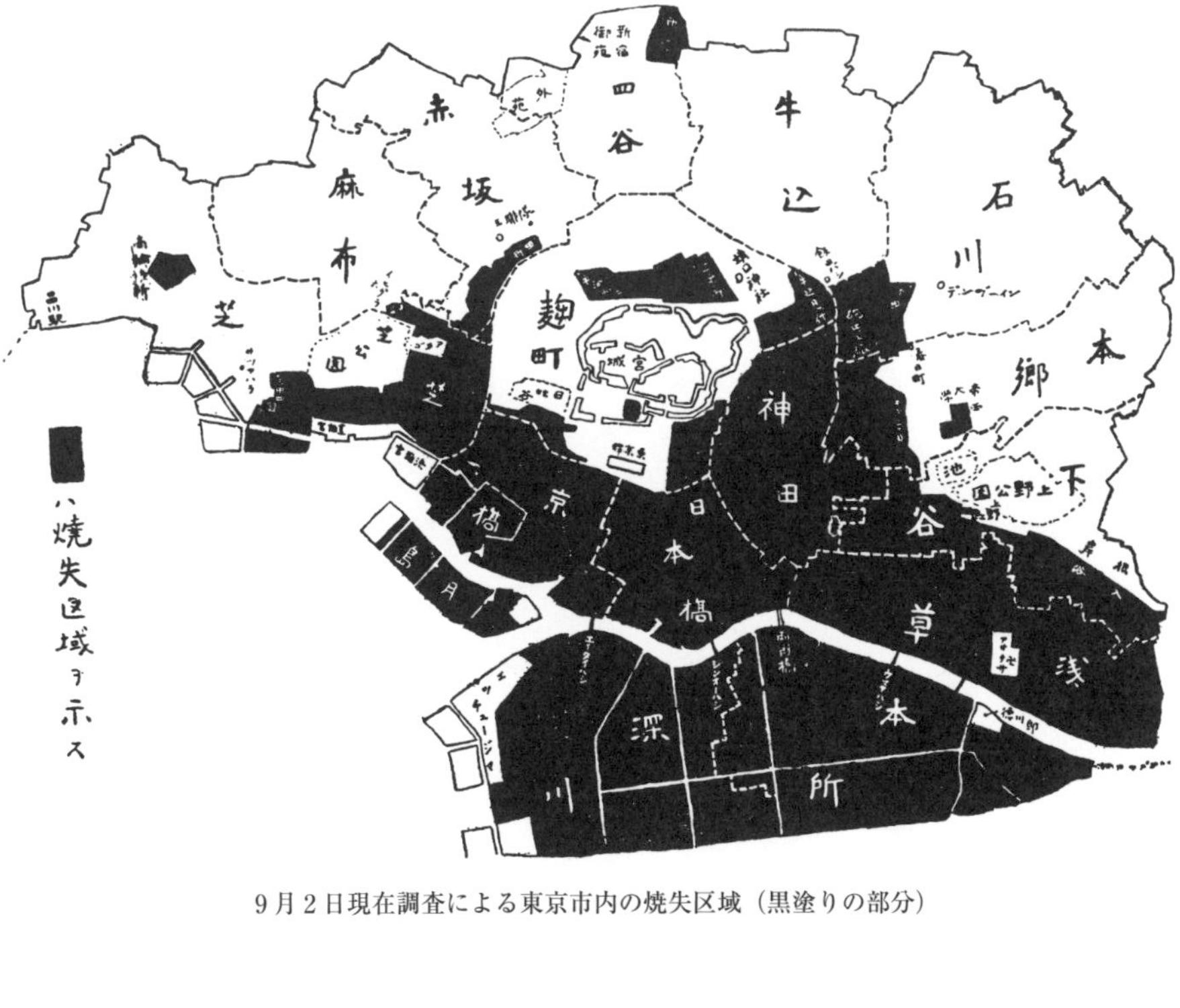

9月2日現在調査による東京市内の焼失区域（黒塗りの部分）

九月一日午前六時富士山爆発したるもの丶如し。《台湾日々新聞》

「政友会本部で高橋総裁以下二十余名の圧死」政友会本部に幹部会を開催して時局問題に関し審議中であった高橋総裁以下二十余名の幹部は本部の建物倒壊の為、避難のいとまなくついに圧死したとの説がある。（松本電話）《伊予新聞》

数百の不逞鮮人隊伍を組みて蜂起　暴動
軍隊と大衝突激戦を交ゆ
嗚呼！　砲火の巷と化した京浜地方の凄惨
二日午後五時大森方面より約四百名の不逞鮮人隊伍を整えて前進し横浜に現われ更に隊伍を整えて東京方面に向い進行し来りわが防禦軍たる歩兵一小隊と衝突し彼等の間に戦闘を開始したが一小隊では不利にして苦戦の結果麻布連隊より更に一箇中隊の応援隊を出動せしめ激戦を交えたるが鮮人の数は約一千名と算せらる。
（仙台電話）（《伊勢新聞》九月四日）

鮮人二千御殿場襲撃
　四十九聯隊中途に要撃す
公報＝約二千名の鮮人は御殿場に向って襲撃しつつあり第四十九連隊は富士吉田口篭坂峠の二ヶ所に武装兵を待ち構えつつあり（《樺太夕刊》）

（内務省社会局『大正震災志』上　一九二六年）

芝浦に海嘯（著者注、津浪）襲い一千名行衛不明となった。《伊勢新聞》

叡慮畏こし宮城を開放して罹災民収容　《伊勢新聞》

「諸島海に没す

何処へ隠れたやら」（宇都宮電話）

小笠原伊豆諸島は全く消息皆無であるが、海上視察者の談によると、同所附近の一帯は海中に没し総ての島はなかったと。《岩手新聞》

「秩父連山の噴火

沖天の噴烟壮観を極む」（長野電話）

震源地はその方面か

秩父連山は八月三十日噴火を始め、九月一日正午に至り噴煙天に沖し、大爆発をしたらしく、これを高崎方面で眺めれば、むしろ壮観で今回の大地震は秩父連山の爆発によるものであろうと伝えられている。《上陽新聞》

「関東平野は火の海」

東京方面大地震の状況視察のため急行した列車は、九月一日午後八時軽井沢に到着した。同地より見れば関東平野紅蓮の如く火焔天に沖し秩父の連山もまた猛火に包まれている。その光景はむしろ悲惨というよりも

全く言語に絶している。《台湾日々新聞》

「宮城も半焼（東京電話）
芝の一部を残し全東京を焼きつくす」
東京内の火事は九月二日午前三時半に至るもなおやまず、浅草、下谷、神田方面をなめつくして四方に燃えひろがり全市火の海となり芝の一部を残し、ほとんど全東京を焼きつくした形勢である。なお宮城もついに半焼した。市民は逃げ場を失い、焼死したものおびただしい模様である。《北国新聞》

「浅草観音堂（高崎電話）
牢として倒れなかったが、猛火裡に焼失六百名、下敷三百名焼失」
丸ビルおよびその附近の各大建築高いビルをはじめ三越・白木屋・松坂屋・外国語学校・商科大学・日本歯科大学・浅草観音堂を焼失し、十二階墜落のさいは六百余名その下敷となりて惨死し、浅草観音堂焼失のさいは三百余名猛火に包まれて焼死した。なお靖国神社方面は無事らしいとの情報があった。（九月三日午後五時着）

「戒厳令突破のために銃剣で刺される者多数
火災の火気で炎熱実に百五十度
高貴の方々は山の手方面に避難」
九月二日午後三時上野駅発、同十時長野着列車で避難してきた一旅客は語る「避難者中には高貴の方々が多数あってそれらの方々は山の手方面にご避難遊ばさる事とて、同方面には戒厳令布かれて一人も近づくことができない。しかるに、それをおかして銃剣で刺されて血まみれの死体となって倒れているものも多数見うけた。もっとも悲惨なのは崩壊した家屋の間にはさまれて半死半生泣きながら救いを求めていたが、誰も助けるものもないことである。ことに九月二日は晴天に加えて大火の火事で炎熱が百五十度に昇り、避難者中にはその暑さに倒れたものもあった。《愛知新聞》

「摂政宮殿下は飛行機にて
何れへかご避難」

摂政宮殿下には飛行機にお乗り遊ばされ何れへかご避難遊ばされた。(九月五日午前十時真岡着電)《樺太夕刊》

「皇宮を一時京都に移すことに決定す」

震災のため皇宮を一時京都に移す事に決定された。《樺太夕刊》

「在京各宮殿下北海道へ避難
軍艦に召されて」

在京各宮殿下にては危険多きをもって、こぞって軍艦に召され北海道に向けご避難あらせらるる模様なるが北海道にもまた不逞朝鮮人の多数あるより、道庁当局は万一を慮り厳重なる警戒を行いつゝありと《樺太夕刊》

「東京駅も全焼す
　死傷約　三千五百」
東京駅は九月二日昼ごろ大火のため全焼した。同所にありし者は狼狽をきわめ死傷約三千五百名を出した。《樺太夕刊》

「上野から長野まで一望の焼野原」
東海道の復旧は少くとも二カ月以上かゝるであろう。清水港との連絡船は早く実現すべき見込である。上野から長野へは一望の焼跡のみなり。目下市中は兵力により秩序を保ちつゝある。夜間の通行は危険で外出者はない。ガソリン欠乏、自動車みな徴発され、徒歩のほかなし。《京城日報》

「上野山下に津浪
　物凄く渦まいて襲来、南無阿弥陀仏を唱うる声天地に満ちて凄惨」
九月二日午後には上野駅も全滅し、上野の山は火の海にかこまれた。安政の大地震のみにても上野の山までは浪が押し寄せたことがあるからきっと上野にも津浪が来るぞと人々は皆口々に叫んでいたが果せるかな物凄く渦巻立てた大津浪が山麓へ襲来した。私はその時上野の山にいたが、上野の山に避難した約百万の人は口々に一斉に南無阿弥陀仏の名を唱えている有様は、実に悲惨極まるものであった。上野公園の銅像は皆倒れ、枯木は皆ねじられたようになって倒れているが、夏の暑い盛りであり、地震の起った際は昼であったから、襦袢のままや湯上りを引掛けた人が多く、それらの人々が右往左往しながら、親を呼び妻を探し、子供の名を叫んでいる様は、この世からなる地獄の有様であった。九月二日の午後時分上野の山へ集った避難民は百万人に達した。上野公園の入谷車庫は半焼したまゝ残っていて、そこにも二三百人の避難民がウロ〳〵していた。そこでは珍しくもタバコを売っていた。私は五十銭銀貨を出してエアーシップ一個を買い、釣銭を受取ったが、その釣銭は銅貨ばかりで、いずれも黒く焦げアメのようになっている。

日本橋・京都・銀座の被害は実に惨澹たるもので、言語を絶しているが、何しろ急なことゝて人は皆逃場を失い、見る〳〵間に潮の如く押しよせ吹きつける猛火のために進退を失い、何れも汚ない溝のなかに飛びこんで杭につかまり頭ばかり出して、一夜をすごして生残ったものもある。または不運にも川の中で頭を出したまゝ黒こげとなって横死をとげている者もある。浅草橋の川は子供の屍でひどい状態で、人は皆死屍を顧みる者もなく、建物の焼失するにおいと、死屍から発する臭気に眼も鼻もあてられない。

市中到るところ自殺する者あり発狂するものあり、阿鼻叫喚の悲痛な叫びと、家屋の倒壊する物凄い地響と、爆発する音とで一大阿修羅場を現出した。私は九月二日の夜単独で東京を逃れ、川口駅から汽車に乗ったが、もちろん切符も買わない。その時切符発売の騒ぎ所でなく、避難民はすべて無賃乗車である云々。《樺太夕刊》

「朝鮮人二千御殿場を襲撃
　四十九連隊、中途に要撃す」

公報＝約二千名の朝鮮人は御殿場に向って襲撃しつゝあり。第四十九連隊は富士の吉田口と駕坂峠の二ヵ所に、武装兵を待ちかまえつゝあり。《樺太夕刊》

以上、先に述べたように、文章のわきに。。。。。をつけた所はすべてデマや虚報にすぎないが、これらが堂々と各新聞にそのまま掲載されたことは、当時いかに交通や通信網が破壊されつくし、また人心が大動揺をきたして、一種の暗黒時代を現出したかを、雄弁に物語っている。

これらはやがて朝鮮人襲来の流言飛語を生み、六千人(推定)におよぶ朝鮮人の大虐殺を招いた。

武装した集団ヒステリー

住むに家なく、食べるに食なく、広場に満ちあふれて疲労と飢とになやまされながら不安と心配とに堪えかねていた避難民は、また九月二日から流言飛語のために、それでなくてもいらだっていた神経をいやが上にも昂奮させ、戦々競々の状態であった。流言飛語については、どこより伝わったか、もとより混乱の当時であったから、甚だ確かでないが、ここに警視庁内の自警会より発行する雑誌自警第五巻第五十一号より「不逞鮮人襲来の飛報」と題する一項を抜粋して、しばらく当時の事情を推察する手がかりとしたい。――（以下の「見出しの文」は著者の注、また引用上、前に述べた事実や事件と重複するところがある点をあらかじめお含み願いたい。）

人心の動揺に火をつけたデマ

余燃尚やまず、然も「更に強震あるべし」乃至「海嘯来る恐れあり」「不逞鮮人襲来す」等の流説盛に行はれ、人心の動揺其の極に達す。警戒班に在りては此の間に於ける秩序維持の至重至難なるに鑑み、一方市内厳戒の方途を講ずると共に、他方之等の流言浮説を取締り、努めて人心の鎮静を計らんことを期せるも、通信の方法絶え、各方面の真状判明せざるを以て手配上至大の困難を感ぜり。

本日（九月二日）午前中より昨日来の火災は多くは不逞鮮人の放火に依るものなり、若しくは不逞鮮人不穏の計画を策しつゝあり等の風説道塗に盛に喧伝せらるゝに至るも、未だ確報に接せざるを以て、浮説益々甚しく、各所に於て内鮮人間に争闘を惹起しつゝありとの報を受くるに至り、午後三時頃、富坂署に於ける暴行放火鮮人数名検挙せるの報に接す。官房主事、同署に急行す。之と殆んど同時刻頃より、神楽坂署其他より不逞鮮人放火の現場を民衆が発見し、之を乱打しつゝあり、或は井戸に毒薬を投入せるを発見追跡中なり等の報告あるに至る。次で午後四時頃大塚署長より特使を以て「只今不逞鮮人大塚火薬庫襲撃の目的を以て同火薬庫附近に密集し来りつつありと人民よりの訴に接す。万一に備ふるため、至急応援派遣を乞ふ」旨の通報に接し、事態容易ならざるを認め、とりあえず同署より司令部に召集中なりし警部補巡査十五名を同署に帰還せしめ、尚此旨戒厳司令部に通報したり。茲に於て司令部は鮮人に対し、厳重警戒を要すと認め、同五時各署に対し鮮人の行動を警戒すべき様命令を発せり。

鮮人中不逞の挙に次で放火其他強暴なる行為に出づるものありて、現に淀橋・大塚等に於て検挙したる向きあり、就ては此際之等鮮人に対する取締を厳重にして警戒上違算なきを期せらるべし。

乱れ飛ぶデマに半狂乱

同六時頃に至り渋谷署長より、「銃器兇器を携へたる鮮人約二百名、玉川二子の渡を渡りて、市内に向って進行しつゝありとの流言あり」次で世田ヶ谷署長、中野署長よりも同様流言に関する報告あり、之に遅るゝ約十分にして、品川署長より、「人民よりの訴へに依れば、銃器を携行せる鮮人約二百名、仙台坂に現はれ、熾に暴行掠奪を逞うし、自警団と抗戦中なりと、署長は万一を警戒するの為めに署員を率いて同方面に向ひつゝあり」との報あり。之に類する流言飛語に関する申報、一般民間よりの訴出切りに至り、或は目黒火薬庫附近にも数百の鮮人現はれ、軍隊と対戦中なりとか、或は四谷に於て爆弾を投下せる鮮人を逮捕したりとか、或は玉川沿岸にて民家を焼き払ひつゝあり、其他随所に拳銃刀剣を携帯せる鮮人現はれ危険此上なしとの流言の飛報あるのみならず、犯人として鮮人を司令部に逮捕引致するも頗る多く、日比谷方面に於ても「不逞鮮人と覚しきもの出没し丸の内避難者中に多数潜入の模様ある」趣の流言に接し、渋谷・世田ヶ谷・品川等の各署に対しては万一事態容易ならざる場合に至らば、署員を集中して沿道を警戒すべきを命じ、尚愛宕署外数署に対してもなるべく署員を散乱せしめず、要所に集中して万一に備ふべきを命じ、尚錦町・西神田・新場橋・北紺屋の署員を召集し、丸の内一帯の警備及各方面への警戒応援に充当せしめ、同時に司令部に応援として召集したる、四谷・神楽坂署員も亦其署に帰還せしむ。蓋し未曽有の大惨害に逢着し、関東一帯の交通全く杜絶し、電燈はなく、真に暗黒なる帝都に於ては随所より至る流言飛語も時として真理の如く人の心理を支配し、又流言飛語に対しても之に対する策を講ぜざるを得ざる実情なりし。同七時頃、地震再来、鮮人襲来の流言多く、人心恟々として丸ノ内・日比谷公園附近の避難民は第二の避難地を求むべく大混乱の状にあるの報に接したるを以て、已に多数の軍隊出動し居ることとなれば危険なきを以て安静すべき旨極力宣伝に努む。

手のつけられない武装集団

然も極度に昂奮せる民衆は各自皆戎器兇器を提げて自衛に任じ、一般通行者を査問し、盛に鮮人を捕護し（ママ）本部に拉致し来るの状況にして、同夜より三日払暁に掛け、警戒員及之等民衆の手により本部に同行した

空襲さながらの廃墟と化したメインストリート

天災・人災の恐ろしさをマザマザと覚えさせる廃墟

る者実に百六十余名の多きに達せり。之等は一先づ裁判所の留置場を借受け収容することとし、早稲田及び新場橋署員をして之が看守勤務に応援せしむ。
各方面の余燼今尚暗夜を照し、路上には兇器戎器を提げ殺気立ちて警戒に任じ居る壮者の喧騒と、地震再来と鮮人襲来に脅かされたる老幼婦女子の泣き叫ぶ悲鳴と相交り、実に悽惨たる光景を呈せり。深夜に至りては自警団の為、自動車の通行すら全く阻止せらるゝに至る。

なお一般民衆がどれほど動揺していたか、その一例をつぎに示す。

警察官まで調べられる

なお朝鮮人中、警察官に変装せる者ある旨風評せられ、伝令任務の警察官に対し、民衆において査問を行ふものすらあるに至れり。

やがて世情が落ち着くと共に、朝鮮人に対する警戒と保護とが徐々に行なわれるようになった。
九月二日に戒厳令はしかれたが、民衆の自警団は到る所に設けられ、刀を持ったり、棍棒を握ったりして、関所を作って通る人を呼びとがめ、朝鮮人をくるしめ、しいたげるばかりでなく、興奮しすぎて何の罪とがもない一般民衆を殺したり傷つけたりする者さえ少なくなく、物情騒然としてほとんど無警察の有様であった。このため警視庁は九月三日につぎのように一般へ公告した。

昨日来一部不逞鮮人の妄動ありたるも今や厳密なる警戒に依り其の跡を絶ち、鮮人の大部分は順良にして何等兇行を演ずる者に無之に付濫りに迫害し暴行を加ふる等無之様注意せられ度、又不穏の点ありと認むる場合は速に軍隊警察官に通告せられ度し。

なお各警察署長に対しては、

鮮人に対する反感益々甚しく理由なき暴行を加ふる者頻出の状況に付此際鮮人に対しては極力保護を加へ可成一箇所に収容し、安全の地域に置かるゝ様努力せらるべし。（原文は片カナ）

と云い、つづいてつぎの命令を発した。

今後の警戒は専ら警察官及軍隊之に当り、在郷軍人団・青年団等には専ら救護事務に当らしむると共に軍隊警察官以外の者に短銃・刀剣・其他戎器兇器を携帯せしむるは避難民相互に於ける争闘殺傷其他頻々として弊害尠からざるに付軍隊と協力し、之が携帯を禁じ、肯ぜずして携帯するものあるときは領置を為す等相当なる措置を講じ、警戒上遺憾なきを期せらるべし。（原文は片カナ）（警視庁内自警会発行《自警》第五巻第51号）

朝鮮人の保護状況

朝鮮人の保護に関しては警察官も随分苦心したが、なにぶんにも通信がとだえたため、各署の保護状況は全く不明であったが、九月四日の早朝、市内西部の淀橋警察署ほか二十四署について調査した総数は左のとおりである。

	収容鮮人数	留置種別		計
		被疑者	被護者	
本署	二九四	六	二八八	二九四
淀橋外二十四署	二、〇一七	一二二	一、九九五	二、〇一七

翌九月五日早朝に引つづいて、市内の東京水上署ほか十五署について調査した結果は、

で、このほか郡部の各警察署に収容した朝鮮人であって、後日に調査してわかったものは、小松川ほか九署の一千六百八十九人である。

	収容鮮人数	被疑者	被護者	計
水上外一五署	一、二二二	三七	一、一八五	一、二二二

以上の合計は五千二百二十二人に達し、その後、各署の収容は増加して、九月六日ごろの現在総数は六千百十八人の多数となった。これら収容朝鮮人中には学生あり、労働者あり、行商人あり、女性や子供もこれにまじっており、そのなかには日本語を理解するものも、理解しないものもあって、入りまじってやかましかった。

しかし、人心はなかなかおちついて静かにならず、朝鮮人に対しては恐怖もしくは憎悪をもって接し、これを保護する警察官に対して反感を有するものさえあったので、小松川署などは、いち早く軍隊に交渉して五日より十日にわたり収容した朝鮮人をことごとく千葉の習志野に移しおくり、亀戸署・寺島署もまたこれにならって九月七日、八日の両日にその大部分を移しおくり、警視庁は九月九日の早朝に、その収容していた朝鮮人三百五十一人を、青山署その他よりたのまれた百八十七人とともに騎兵第十六連隊に引ついで、そちらへ移し、他の各署は適当に、朝鮮人を解放したり、収容したりして、九月十日の総数は、習志野へ移し送った三千五十人を除いて、総数三千百七十七人であった。

その後、人心の平穏となるに従い、各署は再び解放を開始し、九月十八日における総数は一千九百八十三人となった。これより先、九月十一日、朝鮮人を目黒競馬場に収容したが、警視庁の鑑識課長および目黒勤務員が誤解を解くに努めた結果、前日の反感はかえって美しい同情となり、目黒町内の自警団や消防組合などの各団体より続々慰問品の寄贈があったので、朝鮮人は喜んだりあるいは深く感じて泣きだす者さえあった。また一方では

千住署内に保護収容された朝鮮人

目黒競馬場内の朝鮮人収容状況

朝鮮人に対して保健衛生の点でも十分に注意を払った。九月二十五日には、朝鮮総督府より朝鮮人引取の交渉があって、目黒収容所の朝鮮人を引渡し、各署に対しても被疑者を除き、さしつかえのないものは朝鮮総督府に引渡すべき旨を指示したから、九月二十五日には各署に残留するものは百二十四人となり、そのうち六十一人の拘留者を除くと、残りは六十三人となり、朝鮮人の収容事務はここに一段落をつげたのである。

人々はなぜ流言に踊らされたか

こんなでたらめなうわさを、なぜ人々は信じたのか。（著者注、まえにも述べたように）「そのカギの一つは、流言が警察と軍隊の通信網で伝えられたこと」と穐山貞登東京工大助教授はいう。地震の翌日、内務省の警保局長は船橋送信所から、地方長官らに打電した。

「震災を利用し、朝鮮人は各地に放火し不逞の目的を遂行せんとし……朝鮮人の行動に対しては厳重な取締りを加えられたし。」田辺青年が〝井戸に毒〟説を聞いたのも警官からだった。

デマに踊らせられやすい人は、権威のあるものを無条件に信ずる人、情報の内容そのものより、情報の出どころが気になるタチの人が多い。つまり善良な〝正常人〟である。だから流言をきまじめに信じ、行動に移したのだ。

「ひごろ、朝鮮人、朝鮮人とバカにしていて、反発を受けない方が不思議だ。いつ仕返しをくうかもしれない、という無意識の恐怖や不安も、朝鮮人暴動説を、やっぱり、と信じさせた」と安倍北夫東京外語大教授は分析する。

こういう気持を利用し、政府に対する民衆の不満とにくしみをすりかえる心理戦もある。震災の混乱の中で

その夜の原宿（『大震災画集』より）

下谷根岸方面の夜警団（同上）

も、民衆の不満や不安が政府や支配階級に向けられる恐れがあった。「それを防ぐために、計画的に流言をつくったという確証はない。が、権限も責任もない自警団づくりを奨励すれば、結果はわかり切っています」と穐山氏はいう。無責任、匿名性は群集行動を激化させる。

自警団の公然たる殺人行為

震災のパニックの中で流された朝鮮人暴動の流言は、眠れぬ恐怖の夜を明かした人々の耳にクローディアスの毒薬のように流し込まれた。もはやその真偽を冷静に判断するだけの理性は失われていた。通信報道手段のほとんどが破壊された状況の中で、信ずべき情報は官製情報であり、多くは警察の流すものであった。「不逞鮮人暴動」の警察情報は市民を恐怖のドン底におとしいれた。自警団が組織され、それは憲兵・警察の黙認による権力が付与された。権力と恐怖はごく普通の平凡な市民を蛮行に走らせた。

だが、この「暴動」のための準備は、朝鮮人の側ではなく、社会主義革命を病的に恐れた日本の支配階級官憲の側で整えられたものであった。戒厳令は二日午後六時に公布されたが、元来、戒厳令発動のためには、内乱または暴動の発生が認定されなければならない。かくて朝鮮人「暴動」が捏造される必要があった。二日五時には「暴動」厳重取締りと朝鮮人「保護」収容命令が各署に伝達された。また五日、戒厳司令部警備部では「朝鮮人の暴動事実を極力捜査、肯定に努むること」の極秘指令を出している。まさにこれは官民共同の国家犯罪であり、その意味で何よりもまず民族問題、国際問題として意識されねばならない問題であった。

関東の震災そのものは天災だったが、それに付随して起った朝鮮人に対する虐殺、蛮行あるいは社会主義者の惨殺は、そのほとんどが支配層の民衆の反抗に対する恐怖からでたものだったといえる。

大杉栄たちアナーキストと、南葛労働者のようなボルシェヴィズムの立場に立つ者とは、いっしょにして考えることはできない存在である。アナーキストは利用すれば労働者の戦線統一を破壊する役にも立つし、労働者を極左冒険主義にみちびいて、弾圧の口実を作らせる役にも立つ。しかし、震災という異常なできごとの下では、本来、頭脳明晰で判断力に富む当時の支配層も血まよったのだと思われる。

関東の震災は天災のおそろしさと共に、軍隊と警察が強大な力を持って支配する国のおそろしさを、明白にする出来事だった。

自警団による朝鮮人への蛮行もひどかった。自警団は市民が自発的に作ったことになっているが、戒厳令と符節を合わせて各所に結成された所を見ると、警察から街のボスにその結成が示唆されたので、すぐに手はずがととのったのだと思える。

（加太こうじ『日本人の百年』第11巻）

ところで殺人罪の犯人である自警団員も、裁判で大半が執行猶予となり、たとえ実刑が課せられた時も、最高刑は懲役四年ぐらいだった。

死体置場から生き返った朝鮮人の体験談

朝鮮大学校で出した本のなかに「朝鮮人虐殺の体験談」があるので、その一部をつぎに紹介する。

私は、一九二三年八月二〇日、日本観光の目的で、十五名の同胞と共に、下関に上陸しました。そして、関西方面を廻り、八月三〇日、東京に着き、上野の昭和旅館に泊りました。

九月一日、昼食をとっている最中に、地震に会いました。生れて始めての経験なので、階段からころげ落ちるやら、わなわなふるえている者やら、様々でした。私は二階から外へ飛びおりました。一面、火の手が広がり、道も分らなくなり勿論食べ物を売っている店などありません。そこで、私達は向島の吾嬬町で飯場を経営している尹在文氏を尋ねることにしました。やっとの思いで、夜遅く吾嬬町へ着きましたがそこも一面火の海でした。しかし、尹氏の家附近まではまだ火が回っていなかったので、その晩は尹氏の家に泊めてもらいました。翌二日は、火の手を逃がれてあちこちと避難するのがやっとでした。兵隊の配ってくれた玄米のにぎり飯で、飢えをしのぎました。

三日の夜、九時頃になって、「津波がやってくるぞ…」と怒鳴り合う声が、あちこちで聞こえ、人々は、その辺では一番高い荒川の堤防へ避難しました。私達が行ったのは、京成電車の鉄橋のある近くでした。堤防の上は、歩くことも困難なほど避難民がいっぱいでした。私達は、いつのまにか鉄橋の中程の所まで、人波の為に押し込まれてしまいました。結局、津波はやってきませんでしたが、疲れたので私達は、その儘線路を枕にしてやすみました。

四日の朝、二時頃だったと思います。うとうとしていると「朝鮮人をつまみ出せ」「朝鮮人を殺せ」などの声が聞えました。私には、どうして朝鮮人を殺すのか、さっぱり見当がつきませんでした。朝鮮人が悪いことをしたと云うけれど、地震と大火の中では、逃げまどうのがやっとで、中には焼け死んだ人もずい分いたのです。こんな時、人間は生きのびることだけが精一杯で、悪いことなど出来る筈がありません。間もなく、向うから武装した一団が寝ている避難民を、一人一人起し、朝鮮人であるかどうかを確め始めました。私達十五人の殆んどが日本語を知りません。そばに来れば、朝鮮人であることがすぐ判ってしまいます。武装した自警団は朝鮮人を見つけるとその場で、日本刀をふり降し、又は鳶口で突き刺して虐殺しました。一緒にいた私達二十人位のうち自警団の来る方向に一番近かったのが林善一という荒川の堤防工事で働いている人でした。日本語は殆んど聞きとることができません。自警団が彼の側まで来て何か云うと、彼は私の名を大声で呼び「何か言っているが、さっぱり分からんから通訳してくれ」と、声を張りあげました。その言葉が終るやいなや自警団の手から、日本刀がふり降され彼は虐殺されました。次に坐っていた男も殺されました。この儘坐っていれば私も殺されることは間違いありません。私は横にいる弟勲範と義兄（姉の夫）に合図し、鉄橋から無我無中の思いでとびおりました。

とびおりてみると、そこには、五、六人の同胞が、やはりとびおりていました。しかし、とびおりた事を自警団は知っていますから、間もなく追いかけてくることはまちがいありません。そこで私達は泳いで川を渡ることにしました。すでに明かるくなり、二〇〜三〇米離れた所にいる人も、ようやく判別できるようになり、川を多くの人が泳いで渡っていくのがみえました。さて、私達も泳いで渡ろうとすると、橋の上から銃声が続けざまにきこえ、泳いで行く人が次々と沈んでいきました。もう泳いで渡る勇気もくじかれてしまいました。銃声は後を絶たずに聞こえます。私はとっさの思いつきで、近くの葦の中に隠れることにしました。しかし、ちょうど満潮時で足が地につきません。葦を束ねるようにしてやっと体重をささえ、わなわなふるえていました。しばらくして気がつくとすぐ隣りにいた義兄のいとこが発狂し妙な声を張りあげだしました。声を出せば私達の居場所を知らせるようなものです。私は声を出させまいと必死に努力しましたが無駄でした。離れてはいてもすでに夜は明け、人の顔もはっきり判別できる程になっています。やがて三人の自警団が伝馬船に乗って近ずいてきました。各々日本刀や鳶口を振り上げ、それはそれは恐しい形相でした。死に直面すると、かえって勇気が出るものです。今迄の恐怖心は急に消え、反対に敵愾心が激しくもえ上りました。今はこんなに貧弱な体ですが、当時は体重が二十二貫五百もあって力では人に負けない自信を持っていました。ですから「殺されるにしても、俺も一人位殺してから死ぬんだ」という気持で一ぱいでした。私は近ずいてくる伝馬船を引っくり返してしまいました。そして川の中で死にもの狂いの乱闘が始まりました。ところが、もう一隻の伝馬船が加勢に来たので、さすがの私も力尽き、捕えられて岸まで引きずられていきました。

びしょぬれになって岸に上るやいなや一人の男が私めがけて日本刀をふりおろしました。刀をさけようとして私は左手を出して刀を受けました。そのため今見ればわかるようにこの左手の小指が切り飛んでしまったのです。それと同時に私はその男にだきつき日本刀を奪ってふりまわしました。私の憶えているのはここ迄です。

それからは私の想像ですが、私の身に残っている無数の傷でわかるように、私は自警団の日本刀に傷つけられ、竹槍で突かれて気を失ってしまったのです。左肩のこの傷は、日本刀で切られた傷であり、右脇のこの傷は、竹槍で刺された跡です。右頬のこれは何で傷つけられたものか、はっきりしません。頭にはこのように傷が四カ所もあります。これは後で聞いたのですが、荒川の土手で殺された朝鮮人は、大変な数にのぼり、死体は寺島警察署に収容されました。死体は、担架に乗せて運ばれたのではなく魚市場で大きな魚をひっかけて引きずっていくように二人の男が鳶口で、ここの所（足首）をひっかけて引きずっていったのです。私の右足の内側と左足の内側にある、この二カ所の傷は私が気絶したあと警察迄引きずっていくのにひっかけた傷です。私はこのように引きずられて寺島警察署の死体収容所に放置されたのでした。

私の弟は、頭に八の字型に傷をうけ義兄は無傷で警察に収容されました。どれほど経ったかわかりませんが弟達に「水を呉れ」という声が、死体置場の方から聞こえたそうです。弟は、その声がどうも兄（私）の声のようだと思いその辺を探してみたけれど、死体は皆泥だらけで、判別がつきませんし、死体の数も大変多く魚を積むようにしてあるので、いちいち動かして探すこともできなかったとのことです。その後豪雨が降り、その為め死体についた泥が、きれいに落ち始めました。三、四時間後弟は水をくれという声を再び聞いて、又死体置場に行き、とうとう私を探し出し、他の死体から離れた所に運び、ムシロをかぶせて置きました。弟達も私の身体を見て、余りの傷に生き還える筈はないと、あきらめていました。しかし「水をくれ」という言葉が気になって、せめて願い通りにしてやらねばと水を飲まそうとしましたが、始めは全然飲まなかったそうです。弟達はそれでも、私に無理して水を飲ませました。ところが巡査は、治療対策はおろか水を飲ませる事まで妨害しました。口実として、水を飲ませると死んでしまうからと云いましたが、実は警察の中で飲水を得るのは難かしく、死人同様の私に水を与えるのは、勿体ないということだったらしいです。それでも弟は、四、五日間は空しい努力だと思いながらも、水を飲ませました。その後奇跡的にも、日、一日と好転してきたので、続けて必死に水を飲ませたそうです。こうして、人の言葉がやっと聞きわけられ、弟や義兄が、側に居る事がわかるようになりました。眼が見え始めたのは、一週間程たってからです。この間私は水しか飲めませんでした。意識がはっきりしてくると、自分の身体が全く自由にならないことが判りました。両足はふくれあがり、何かできつく縛りつけられたようですし、左腕は全然感覚がなく、右手は少しでも動かすと、脇腹がひどく痛みました。身体は自由にならないけど、玄米飯もなんとか食べられるようになりました。私も必死になって食べました。しかし、警察側は依然として私に、何らの手当もしてくれませんでした。

九月末になって、自分で歩ける者は千葉の習志野収容所に移され、私のような重傷者は残されました。弟とは別れの言葉も交わすことができませんでした。残された人は三十余名でした。中でもより傷のひどい者は留置場にねかされ、いくらか軽い者は通路にねかされました。寺島警察署には、十月末迄居ましたが、やはり傷の手当はしてくれませんでした。十月下旬頃総督府の役人がやって来て私達に、これから日赤病院に私達を移すこと、そこに行けば充分手当も受けられること、又この度の事は、天災と思ってあきらめるように等、くどくどと述べたてました。この時、三十余名の重傷者中、日本語が判るのは私だけだったので、皆に通訳しました。私は寝た儘で言葉の内容を、隣りの者に伝え、次々とこのようにして、皆に知らせました。

こうして私達は日赤病院に車で送られました。私の入れられた病室は、十六個のベッドが二列に並べられ、みな私のような重傷者でした。日赤にくれば充分な手当をしてもらえ、気分的にも楽になるだろうという私の想像は完全に、裏切られました。

看護婦は私達を看護するのではなく、監視することが主な任務のようでした。顔の知らぬ者どうし、同じ部屋に収容され又傷を受けた場所も、違うので当然、各々の体験談がでるものです。ところがこのような話が少しでも出ようものなら、看護婦はすぐ婦長の所へ行き早速婦長がとんできて、大変な見幕で患者どうし間の話を禁ずるのでした。隣りに人が居ながら何の話も出来ないのは、傷以上に苦しいことでした。手当といっても始めの二カ月間は赤チンキを日に、一度ぬってくれるだけでした。左肩は骨が砕かれているので、少しでも手を動かすと、肩の骨がとび出すのです。病院側は、腕を付け根のところから切り落せば、なおりが早いからとしつっこくいいましたが、私はもし切り落すような事をしたら国にも帰えれないし、自殺するといいはりましたのでやっと腕を切りおとすことからは、免がれました。しかし手術が大変でした。麻酔薬もなく薬も良くなかったせいか手術中舌をかみ切って自殺してしまいたいような気持ちに何度かなりました。顔や頭の傷はわりと早くなおりました。苦労したのは右脇の竹槍で刺された傷口です。息をするとそこから空気がもれるような、状態でしたから治療が長びきました。

左手の小指は荒川堤防で日本刀でスッパリと、切り落されたせいか、傷口はわりときれいになっていましたが、日が経つにつれて痛みが増してきました。始めは痛いと、看護婦や医者に訴えても相手にしてくれません。しばらくしてから、えらい医者が見廻りに来た時、痛くて、我慢できないから、何とかしてくれるようたのみました。するとその医者はその場でホウタイを切る鋏をもって、痛む所をブスッと切り裂いてしまいました。ずいぶん乱暴で、全然人間扱いしているとはいえません。裂いた傷の中から、大きいウジ虫が何匹かでてきました。虫を取り出してからは、嘘の様に痛みも止まり傷はよくなりました。日赤病院といっても私達はこのように、非人間的な扱いをされて居ました。ですから、病室の十六名の患者中生き残った者は九名だけでした。私がこんな重傷で、生きられたのは手当というよりも私自身の体力のおかげと思っています。

日赤病院からは、一年六カ月ぶりに退院しました。朝鮮に帰ってみると、私の故郷（居昌郡）だけでも震災時に十二名も虐殺された事が判り、その内私の親戚だけでも三名も殺されました。

とにかく亡国の民というのはみじめなものです。私はこの事をいつも息子達に云い聞かせてきました。あれだけ惨酷な虐殺にあっても、国がないために抗議一つできませんでした。

私の身体を一生涯不具にさせ、多くの同胞の生命を奪った日本帝国主義に対する憎しみは、一生忘れることはないでしょう。

（千葉県松戸市　慎昌範　李珍珪編『関東大震災における朝鮮人虐殺の真相と実態』一九六三年　朝鮮大学校）

手のヒラ返したような警視庁

水野や赤池は、長く朝鮮にいて深い怨みを買った為に、内地に転任してからも、悪夢に襲われて寝覚めが悪るいと想いやられます。地震に狼狽へて不逞鮮人××（虐殺―編者）の惨劇を演出した張本人は誰であったか。

其水野が内務大臣、赤池が警視総監に平気で居直っているのは、しかし世間を馬鹿にした仕業であるが……。

（小泉策太郎『日本経済変革論』一九三一年）

前内閣、すなわち加藤首相の死去後、内田臨時首相のもと、水野内相、後藤警保局長、赤池警視総監らが、「朝鮮人来襲デマ」の責任者であるといわれていることは、先に述べたとおりである。このタカ派の連中の後に登場したのが、大正十二年九月二日午後七時四十分、赤坂離宮で余震、劫火中に、親任式を挙行した山本内閣である。彼らとてハト派とまではいかなかったが、それでも、さすがに「朝鮮人デマ」の行きすぎを認める良識はあった。内相の後藤新平のもと湯浅警視総監が任命された。効果てきめん！　湯浅警視総監が変わった九月三日の警視庁の発表は、前日の九月二日には「不逞鮮人の放火」といっていたのに、一夜明ければ手のヒラをうらがえしたように、ガラリと一変して「朝鮮人暴行の談は流言にすぎないと判明」と公表している。しかし前の赤池マッチがつけてもえ広がった火はこの湯浅ポンプの威力をもってしても容易には消えなかった。しかしこの事実は、前内田臨時内閣の方針とは、まるでちがう山本内閣と、後藤内相、湯浅警視総監らの新しい方針をハッキリと示している。もちろん、警視庁の態度も、朝鮮人に対して変化を示している。朝鮮人デマについて「前内閣説」（すなわち前内閣のマッチ説、山本内閣のポンプ説）の今に至るまで、ひそかにささやかれる所以である。

山本首相が苦心の告諭

朝鮮人に対する流言がしきりに行なわれたころ、山本首相は左の告諭をした。

今次の震災に乗じ一部不逞鮮人の妄動ありとして鮮人に対して不快の感を抱く者ありと聞く。鮮人の所為若し不徳に亘るに於ては速に取締の軍隊または警察官に通告してその処置にまつべきものなるに、民衆自ら濫りに鮮人に迫害を加ふるが如きことは、固より日鮮同化の根本主義に背戻するのみならず、また諸外国に報せられて決して好ましきことに非ず、今次の唐突にして困難なる事態にに際会したるに基因すと認めらるゝも、刻下の非常時に当りよく平素冷静を失はず、慎重前後の処置を誤まらず、以て我国民の節制と平和の精神を発揮せしむることは、本大臣の此際特に望む所にして、民衆各自の切に自重を求むる次第なり。

大正十二年九月五日

内閣総理大臣　伯爵　山　本　権　兵　衛

右は九月六日緊急勅令として発布された。

虐殺事件の責任は誰がとる?

虐殺事件の責任について吉村昭氏は「関東大震災」のなかで、つぎのように述べていられる。

朝鮮人来襲説は、横浜市内で発生し、それは強風にあおられた野火のように東京府から地方の市町村へすさまじい速度でひろがった。それは、政府、軍部、警察関係者にも信じこまれて各種の通達等によって裏づけられたため、庶民はその流言を事実と思いこみ、朝鮮人をはじめ、日本人、中国人の虐殺事件をひき起した。

その後、政府は朝鮮人に関する風説が全く根拠のないものであることを確認して、流言を打ち消すことにつとめ、殺害事件の発生を防止することに努力した。

しかし、大災害後の混乱で理性を失っていた庶民は、官憲の注意にも耳をかさず凶行をつづけていったのである。

責任の根源は、政府、軍部、警察関係者にあったが、同時に騒擾を好む一部日本人の残虐性が悲惨な事件を続発させたのである。

（《諸君！》昭和48年1月号　二七二頁）

このように、朝鮮人虐殺の責任が、政府、軍部、警察、自警団そして一部日本人など、デマを流したり、デマに脅え、デマに踊った人々にあることは、史実にてらしても、明白である。罪は罪を、罰は罰をよんで、やがて「剣をとる者は、剣にて亡びる」ことを、その後の歴史は示している。

7　虐殺の謎？ 二人か一万か？

震災前内地に在留した朝鮮人の数は少なくとも八万以上に達していたことは明らかである。

（姜徳相、琴秉洞編『現代史資料』6　四五四頁）

震災前、東京に在住した朝鮮人の数は移動甚しき為、正確には知りがたいが官憲の調査に拠れば概数九千で、うち労働者約六千人、学生約三千人である。

（同前掲書　四五九頁）

殺された数字はどれがほんとうか？

官憲の調査によると、東京在住朝鮮人の数は約九千というのに、東京府だけで「保護」された朝鮮人はこれを三千人も上廻って約一万二千に上ったというから不思議である。なお全国三十府県を合せると二万三千七百十五名の朝鮮人が、十月末まで人身の自由を奪われた。

（松尾尊兊『国民の歴史』21　三〇七—三〇八頁）

自警団に殺害された鮮人の数は混乱の際であり死体は一般の死体と共に火葬に附せられたから死因も弁別せ

東京の文化を代表する京橋・日本橋方面のビジネス街で、右の７階建のビルは第一相互館である。

同上、震災後の京橋から日本橋方面を望見した光景で、その悪夢のような変化は〈惨〉の一字につきる。

ず従って的確なる数を得ること困難であるが朝鮮地方官憲で精細に調査した結果に依れば圧死者焼死者被殺者及行衛不明となった鮮人は総体で八百三十二名である、鮮人の居住場所と焼死者の多かった事実に徴し自警団に殺害された者はその二三割を超過することはあるまいと推定せられるのである。

（同前掲書　四六二頁　朝鮮総督府官房外事課　朝鮮総督府震災関係文書）

鮮人の殺された数は幾らがホントであらうか。斎藤朝鮮総督によれば、確実の処は合計二人だそうだ。司法当局が取敢ず発表した処によれば、南葛を除いてザット千人はある。南葛は千人と云ひ或は二千人とも云ふ。此千人二千人は、新聞に所謂永久に発表出来まいとあった事件を包含して居るか否か判らない。鄭然圭氏の弔文には三千人とあり、習志野帰りは各地の情報を綜合して、優に四五千と新知識を振廻すが、生命辛々上海に帰った者は確かに万を越へると云ってる。兎に角二人以上一万人以下なる事は確からしい。

（同前掲書　五八四頁　山崎今朝弥『地震憲兵火事巡査』）

上海独立新聞社特派員のルポ

四二五六年癸亥（一九二三年）九月一日、東京附近一府八県に大地震、大火災が起り、家屋被害六〇余万、人命死傷二四万に達し、余震は幾日も続き人心は極度に恟々とした。

当時の内務大臣水野錬太郎は三・一運動後、日本総督斉藤実の政務総監として一九一九年九月二日京城南大門駅に下車したところを姜宇奎によって爆弾狙撃をうけた者である。彼は災変の責任を転嫁する奸計なのか朝鮮人が社会主義者達と連絡して放火、殺人等変乱を助長する無根な妄言を官辺から流出伝播させ、震災区域の日本人達が自衛団を組織して銃剣、竹槍等を所持し、朝鮮同胞を手当り次第残虐にも殺害をほしいままにした。婦人を凌辱し小児を殺害する等、言語道断な惨虐が敢行され、被殺の数は万を越えるほどになった。

この虐殺は、中世紀に欧州におけるユダヤ人虐殺よりもひどい蛮行として日本人の残虐な本性を赤裸々に現わしている。このような残虐が幾日も継続されたところを外国派遣団の警告により数日後、形式的ではあるが禁令を下したが、事実は依然として継続され酸鼻な光景が到る処でくりひろげられた。

この事実が伝えられる中で、故国同胞の憤怒は勿論であり、敵側官辺も頗るあわてて良心ある者達は慨歎して「このような怨因悪業をした以上両国の和合は永遠に無望である」といい、通信と写真が伝えられるにしたがい世界の非難が沸とうし、或は己未（三・一運動）当時の水原事件を連想し、朝鮮人の独立を要求する理由が絶対に当然であると慨論する外国人も多かった。

この真実を実地に調査した上海独立新聞社特派員の報告は次のようである。

金　希山先生

先生と別れて私ども千辛万苦、十日目に焦土化した日本の首都につき、すぐ責任を負わされた地方に各々向いました。しかし先生も想像できると思いますが、詳細な調査が終るのは極めて困難です。ですから秋も過ぎ白雪がふりしきるこの時期になってやっと各地の報告を綜合して、第一次として概報を送ります。これ以上詳細なことは次の便を待つことにして、必要とされるものからお読み下さい。

果せるかな、私たちの生活は甚だ不自由であり、定った居場所もなく通信は不便で、長く報告する便宜がないので、これを深く諒承して下さるように願います。

先生！　敵京の惨酷な姿は、可憐だというよりは賀すべきだと思います。奴らがわが同胞を虐殺したことを考えれば腹だたしく、歯ぎしりがし、敵土が全滅しなかったことを恨みたいくらいです。

先生！　私は血が逆流し体がふるえ胸がつかえて、涙で眼前がかすみ、筆をとってこれを書くのが耐えられません。

これを見る私たち同胞はみなそうでありましょうが、残酷に殺された屍体をみるとき気がめいり、両眼の焼け残った魚のよう惨めな姿をみるとき、身ぶるいがします。

ああ、天がさばいてくれようとも、私たちのつもり積った怨みを晴らす時がくるでしょうか。

悲しいこの怨みを誰が返してくれましょうか。

一空山明月夜、三更に杜鵑の悲しく鳴くとき、七千の私たち同胞の孤魂を忘れられましょうか。

降りつづく雨や雪は、日本で無実に死んだ七千の同胞、否七千以上の魂の哀哭であるように思われます。

ああ春風、秋雨がこれからいく度繰り返されようとも、ただ私たちの一片のまごころがあるだけであります。

報　告

（被殺地）	（被殺人数）		
亀　戸	一〇〇人	小松川附近	二人
小松区内	二七人	三　戸　地	二七人
亀戸停車場前	二人	三戸地附近	三二人
大島六丁目	二六人	亀戸警察署演武場	三六人
大島七丁目	六人	向　島	四三人
大島八丁目	一〇五人	寺島清地	一四人

平川	七人
清水飛行場郊	二七人
八千代	三人
寺島署内	一四人
月島	一一人
深川	四人
埼玉県北葛町稲村幸房	一七人
品川停車場	二人
茨城県東那須野	一人
宇都宮	三人
埼玉県芝公園	二人
〃 熊谷	六〇人
〃 本庄	六三人
千葉県船橋	三七人
千葉県法殿村、塚田村	六〇人
〃 南行徳	三人
千葉県流山	一人
〃 佐原	七人
千葉県馬橋	三人
群馬県藤岡警察署	一七人
埼玉県寄居	一三人
〃 妻沼	一四人
東京府下	一人
世田谷	三人
府中	二人
千葉市	三七人
成田	二七人
浅草	八〇人
埼玉県神保原	二五人
赤羽巌淵	一人
埼玉県大宮	一人
荒川附近	一〇〇人
波川	二人
我孫子	三人
長野県界	二人
荒川	一七人

馬　橋	三人	神奈川	一、七九五人
千　住	一人	合　計	三、二四〇人

（以上は死体の見つからない同胞）

以下の記録は死体が発見された同胞たちで、その数は一、五〇〇に達しますが、私（特派員）が実地に見たのは一、一六七人であり、あと三三三人は現在調査中であります。

（発見場所）	（死体数）		
神奈川県浅野造船所	四八人	新子安町神奈川駅	一五〇人
神奈川警察署	三人	神奈川鉄橋	五〇〇人
土方橋から八幡橋まで	一〇三人	久良岐郡金沢村	一二三人
山手本町立野派出所	二人	川　崎	四人
本　牧	三二人	戸　部	三〇人
若屋別荘	一〇人	水戸上鴨山	三〇人
根　岸　町	三五人	東海道茅崎町駅前	二人
山ノ手県堺地	一人	鶴　見	七人
御殿町附近	四〇人	久　保　町	四〇人
程　谷	三一人	津　間　町	四〇人
井　戸　谷	三〇人	習志野営林廠	一三人

合　計　一、一六七人　以上累計　四、四〇七人

上記の第一次調査終了後、十一月二五日に再び各県より集った報告は次の通りであります。

（被殺地）	（被殺人数）		
東京府	七五二人	千葉県	一三三人
神奈川県	一、〇五二人	埼玉県	二九三人
群馬県	一七人	栃木県	四人
茨城県	五人	以上累計	六、六六一人

大韓民国五年十一月二十八日　血の涙で　〇〇〇上

（愛国同志援護会編『韓国独立運動史』所収　一九五六年　ソウル刊）（編者註　大韓民国五年は一九二三年）

東北弁の日本人も殺される

当時私は学生だったが、天人共に許すことの出来ないこの一大惨事を調査するために燃え上る感情を殺して、同僚朴思稷、閔錫鉉、李昌根、崔承晩、李根茂など十人ばかりで調査会を作ったが警察当局が絶対にこれを許さなかったので、仕方なく慰問団というものを作って、方々の遺家族を訪問し、傍ら惨殺された死体や、あちこち散らばっている骸骨や或は墓―墓などとは云うものの多勢の死体を一緒にして死体丸出しのまま埋めてあるのが幾つもあった―など詣で乍らいろんなところを見聞したが、その惨状たるやどうして一々語ることが出来ようか。

一例を挙げれば埼玉県本庄というところでは、警察の演武場に集めてあった朝鮮同胞約三百人を地元の民衆

が押しかけて来て、棍棒、竹槍、刀などをもって手当り次第これを惨忍極まる方法で鏖殺したのである。我々は慰問団が当地を訪れたのは多分十一月頃だと思うが、その死体を埋めてある墓地に行って見たところ、墓というのは名ばかりであってろくに埋めてあるわけではなく、ただ雨風にさらされて死骸が方々に転がり散らばっていて、その附近は野良犬だけがあちこちうろついている始末であった。

この外にも虐殺の最も酷かったのは、本所の錦糸堀、亀戸それから渋谷、横浜、千葉の野田などであった。

我々は慰問活動をしている傍ら、わが同胞の被殺者数をも調べてみたが、それによると六千余名も殺されていることが判った。しかしこれは我々が調べた東京、横浜、埼玉、千葉などの一部だけの数字が斯うなんだから、若しこれに他の地方でやられた虐殺者やそれに負傷者数などを加えるとすればその数何万何千になるか見当もつかない。

このように一番多く殺されたのは我が朝鮮同胞であるが、しかし殺されたのは朝鮮人だけではなく、中国人や日本人も相当に殺されたのである。というのは日本人でも東北地方などの田舎出の人で濁りの発音などが旨く出来ないものは支那人か朝鮮人に見違われて殺されたからである。

震災の歳の十二月か或はその翌年の一月頃だったかはっきり覚えてはいないが、神田の基督教青年会館で震災事件の講演会があった時、吉野作造氏が「大体日本人は朝鮮を知らなすぎる。歴史から見て朝鮮は日本よりも兄貴分である」と述べたことがあり、また永井柳太郎氏が「朝鮮人があんなに沢山殺されたのはあれは民衆の責任ではなく、それは寧ろ政府の責任である」云々と、演説したところ臨場の警官から中止を食うた。すると氏今度は警官に反駁して曰く「ここでは私の演説を中止することも出来るだろうが、君達は議会でもこの演説を中止することが出来るか。」といったことを今でもありあり想起することが出来る。

（李欽「関東震災白色テロルの真相」所収 一九四七年）

軍隊に死体焼却の指令

今回の震災対策を講ずる為の政府は、毎日午前九時及び午後四時の二回閣議を開催し、善後策を協議決定することになったが、四日は午前九時より永田町首相官邸で、臨時閣議を開き、山本首相以下各大臣出席の上災害善後策を左の如く協議決定した。

一、不逞鮮人は警察力を以て一纏めとして収容すること。

一、東京市長は臨時火葬場を軍隊の手にて設置し速かに死体の焼却に従事すること。

（《山陽新報》 一九二三年九月六日）

九月九日警備部協議会打合事項

一、朝鮮人ノ異動ニ関シテハ従来ノ方針通リ之ヲ制限シ如何ナル官憲ノ証明書ヲ持来スルモ阻止スル事

（日本旧陸軍海軍震災関係文書）（李珍珪編『関東大震災における朝鮮人虐殺の真相と実態』六〇頁〜六五頁）

虐殺数と保護検束数

内務省警保局の調べた刑事事件関係つまり犯人のわかっている被害者数は、死者が朝鮮人二三一人、中国人三人、日本人五九人であるが、実際に殺害されたのは、これに十数倍するであろう。吉野作造が、朝鮮罹災同胞慰問班が十月末までに調査した数だと伝えているところでは、殺された朝鮮人の数は二、六一三にのぼる。中国人も、中国公使館の調査では行方不明が約百六、七十名にのぼった。

（今井清一『日本の歴史』23　大正デモクラシー　三九〇〜三九一頁）

東京在住の朝鮮学生で幸いに難を免れたものは、十月上旬、東京地方罹災朝鮮人救済会を結成し、弁護士布施辰治を加えて、虐殺の実態調査をはじめた。その結果の数字は資料によりまちまちであるが、二六〇〇から六〇〇〇までの間となっている。もとより正確な数がわかるはずもない。しかし数千の朝鮮人が虐殺されたことだけは疑う余地のないところである。

（松尾尊兊『国民の歴史』21　民本主義の潮流　三一一〜三一二頁）

朝鮮人殺害と併行して多数の朝鮮人が警察や軍隊によって「保護」された。その数は十月末までに全国三十府県で二万三七一五名にのぼった。保護といっても、じつは暴動をおこすのを防ぐための検束であり、いったん危険と判断されれば、亀戸署のばあいのようにいつ殺されるかわからぬ不安な状態におかれた。しかも九月中旬には、日本人の朝鮮人にたいする悪感情をなくすという理由で、収容朝鮮人を焼け跡の道路整備に従事させた。名前は「社会奉仕」であったが、その実は強制労働にほかならなかった。

（今井清一『日本の歴史』23　三九一頁　中央公論社）

8　内外人の論評と反省

地震・憲兵・火事・巡査

今度の地震は社会主義者と朝鮮人と組んだ陰謀だという風説は、地震学の泰斗何々博士等が漸く一致して、震源地は反て他にあり、事実は大島と相州との間、海底陥落の地辺ならんと発表して以来全く其跡を絶った形跡がある。併し火事に付いては尚諸説紛々で流言蜚語が盛んに飛んでる。しかし全国の内鮮人が地震を合図

三ノ輪付近の罹災者の仮小屋

四谷十日町付近の罹災者の仮小屋

に、一斉に蜂起して、火を放ち毒を投じ、人を殺し財を掠め、日本を乗取らんと企んだのだ、社会主義者は予め図て之を煽動したのだ、という点は一致して居た。

この流言蜚語当然の結果、愛国の熱情に燃ゆる憂国の民衆は期せずして奮然と起ち、只一杯のバケツの水よく之を消し得た火事などには目もくれず、大国民の襟度を以て遠く一目散に逃げ出した。

之では堪らんとあって戒厳令は布かれる、軍隊は出る、銃丸は飛ぶ伝令は走る、演説はやる掲示は貼る、内訓も出る公報も出る、自警団も出来れば義勇団も出来る、在郷軍人も青年団員も凶徒も暴徒も皆一斉に武器を執った。そこで朝鮮人の大虐殺となり、支那人の中虐殺となり、半米人（ママ）の小虐殺となり、労働運動者無政府主義者及日本人の虐殺となった。従って大杉事件でも亀戸事件でも、自警団事件でも朝鮮人事件でも支那人事件でも日本人事件でも、直接の下手人は悉く個人としての暴漢兇徒に相違ないが、深く其由て来る処に遡れば、秘大至急である。戒厳令であり其当局官憲である、其無智であり流言蜚語である、仮りに地震がなく火事がなかったら廻章も伝令も無線もなく流言蜚語も起らず戒厳令もなかった。戒厳令もなく軍隊も出なかったら機関銃も大砲もなく、銃剣も鉄砲も出なかった。人気も荒まず、大和魂も騒がず、流言蜚語も各々其範を越へなかった。暴徒も兇徒もなく、自警団も在郷軍人も起たなかった、そして総ての問題も自然起らなかったに相異ない。

○

門前の小僧習はぬ経を読むという歌留多を読んで孟子の母は三度其店を移したといふ、村の有志家は何時でもソンナものを学校の近所に置いては学生の為にならないといって、遊廓や兵営や待合や芸妓屋の設置に反対する、人は到底環境の支配を免れ得ない動物である只でさえ気が荒み殺気が立って困っている処へ、剣突鉄砲肩にしてのピカピカ軍隊に市中を横行濶歩されたでは、溜ったものでない。

戒厳令と聞けば人は皆ホントの戒厳と思ふ、ホントの戒厳令は当然戦時を想像する、無秩序を聯想する、切捨御免を観念する。当時一人でも、戒厳令中人命の保証があるなど信じた者があったらふか。何人も雖も戒厳中は、何事も止むを得ないと諦めたではないか。現に陛下の名に於てという判決に於てすら、無辜の幼児を殺すことも、罪となるとは思えない当時の状態であったと説明して居るではないか。営内署中どこでも、苟くも拘束された者の語るを聴け、彼等も、又彼等も、戒厳令を何んと心得て居たかがわかる。到る処で巡査兵卒仲間同志の話す処を立聴くがよい。今でも血に餓えた彼等は憚る処なく、当時の猛烈なる武勇と其役得や貢献数の多かった事を自慢するではないか。今になって追々行衛不明者の、身の毛も竦つ悲惨なる末路が漸く分明して来るではないか。実に当時の戒厳令は、真に火に油を注いだものであった。何時までも、戦々恟々たる民心を不安にし、市民を悉く敵前勤務の心理状態に置いたのは慥かに軍隊唯一の功績であった。全く兵隊さんが、巡査、人夫、車掌、配達の役目の十分の一でゞも勤めてくれて居たら、騒ぎも起らず秩序も紊れず、市民はどんなにか幸福であったらふ。

しかしこれは、やはり一種の「結果論」にすぎないかもしれない。何故なれば、その当時、現実に、あの恐るべき戒厳令はすでにしかれており、剣つき鉄砲、または実弾をこめて、何時でも発射できるようにした兵士たちが、東京市中および関東の近県を横行していたからである。抜刀した剣を持ち、発射準備の整った鉄砲または機関銃を持ち、しかも上官の命令があれば、戒厳中の兵士は、武器の使用を、ためらうものではない。

たしかに当時の東京市および関東の近県には、軍隊たると、一般市民たるとを問わず、今の平和時におけるわれわれの想像をこえた敵前勤務の心理状態が支配し、一種の兇暴な殺気が充満していた。そして、社会主義者や朝鮮人などが、不幸な犠牲に供されてしまったのだった。

古来馬鹿と狂にはつける薬がない。で、朝鮮人を殺すもよい。我慢にも懲らしめにも、筆にするに忍びない無残の殺し方も仕方がない。

只何故吾々は之れを秘くそうとするか。秘くし果せるものならそれもよいとする。どうしてそれが隠蔽し了せると考へるか。立て、座れ、ドン〳〵、ピリ〳〵、南葛で機関銃を見た者は千や二千の少数ではない。否、其地方で之を知らない者はあるまい。帰順した如く見せかけて帰国を許された、金鄭朴李の人々も、百や二百ではあるまい。僕の処へ寄って直ぐ上海へ行った人でさへ四五人はある。

僕には之を其筋へ密告したり、突出したりする大和魂はなかった。秘くさう蓋をしやうはまだ無智の類、馬鹿の類で、聊か恕すべき点がある。理が非でも、都合があるから何処までも無理を通さう、悪い事なら総て朝鮮人に押付けやうとする愛国者、日本人、大和魂、武士道と来ては真に鼻持ならない、天人共に容さざる大悪無上の話である。

日本人は尼港の虐殺ですら憤慨はしなかったか、米支の排日運動を考へては見なかったか、英国の印度人米国の布哇人をどう見たか、無理を通して非を遂げようとする事より癪に障るものはない。

一寸の虫にも五分の魂があるなら朝鮮人にも日本人の骨がある。僕なんかは露国が大庭柯公君を殺したと聞いてすぐ国士となり、ヨッフェ監禁の議も建て、露西亜問責の師も起した。間違ったのである、誤ったのである申訳がない、勘弁して呉れと平たく明かに陳謝りでもするなら又何とか考へようもある。が、出たの、帰ったの、病死したのと、飽くまで日本人と侮り、人を愚弄し、其非を遂げんとするに於ては、もう勘弁はならない。僕の目玉の黒い間は日本人は孫子末代安心するがよい。

日本の安否は諾矣。僕が引受けた。赤化は日本の地に一歩も入れない。レーニン、トロツキー糞でも喰へ、日本には日本の国情がある。

そうかと思へば外二名では法治国の為に直に売国奴となり挙国一致で堅く隠蔽を決心したものを、掌を反すが如く米国大使館から痛快に暴露するの止むを得ざらしめた元兇となった。僕の此憤慨は無理だらふか、嘘だらふか間違ってるだらふか、僕が偉人でもなく気違ひでもなく動揺常なき確乎不動の感情に拠るという正直の凡人であって寧ろ斯くなり果てるが理の当然なら、朝鮮人問題に対する日本及日本人の態度を見た世界の人が、全部僕のようになるのも当然であらふ。『文化運動』正月号から、流言蜚語に関する感想と児童に対する説明如何とあったとき、僕は、今度愈々愛想もこそも尽き果てて、手に糞の着いた程、厭になり、嫌になったは、低能でバカで、オマケに意気地のない日本人と社会主義者、国士と遺族、朝鮮人と大和魂です。

小供が朝鮮人ゴッコをする度に、死ぬ程ウント、ヒッパタイてやります。

小供が、今度は朝鮮人になって、日本人を鏖殺しにします、と泣いて陳謝すれば、其都度すぐ許してやります、と答へた。

何と云っても生れ落るから楠正成と大石良雄、誠忠無比復讐美談の日本で育ち、稍長じては保守国粋の民法と目は目鼻は鼻の刑法とを学び、愈々となればお里が知れ、古い愛国心と徹底的復讐の外何物も持たない僕ですら、尚且然りである。之れが朝鮮人だったらどうだらふ。日本人だったら尚どうだらふ。

日本人にはなぜ愛国心のある奴が一人もないか、ナゼ目先の見へる者がないか、なぜ遠大の勘定を知らないか、ナゼ早く悪い事は悪いと陳謝って仕舞はないか、当時の詔勅を読むがよい、日韓併合は日本ばかりの為ではなかった。単なる領土拡張の為にする帝国主義から来たものでもなかった。民法でも府県制でも果た又市町村制でも読んで見るがよい。自治も独立も意味は同じで異る事はない。
鮮人問題解決の唯一の方法は、早く個人には充分損害を払ひ、民族には直ちに自治なり独立なりを許し、以て誠心誠意、低頭平心、慰藉謝罪の意を表するより外はない。（一二、一四）

朝鮮問題の問答集

㈠

今、日本が米国に併呑され、米国人が日本及日本人を軽蔑し又は虐待するなら、僕はキットその時、日本の独立運動に狂奔するに相違ない。印度や愛蘭以上の深刻激烈のものであるに相違ない。さうして、先づ第一に独立運動を国家主義だの愛国主義だのと嘲笑する日本人に向って、生命がけの戦争を開始するに相違ない。解放運動が有らゆる桎梏から逃れることが目的である以上、民族的隷属に基く軽蔑や虐待からも解放さるべく、先づ独立運動を捲き起すのは当然だ。僕は今、朝鮮問題を考えて真に『自分を抓って人の痛さを知れ』と云ふことをシミ〴〵日本人として感ずる。

㈡

実に甚だ遺憾ながら、東洋第一の文化を誇る日本内地と雖も、信濃川電化工事に際し鮮人虐殺頻々と起らば、死体陸続信濃川に浮ぶ位は朝飯前のことゝ存候。
此の事が東洋第一の日本に起りたること、電化工事に際し起りたること、鮮人に関し起りたること位では遺憾ながら少しも小生に興味も歓喜も起り不申候。切に貴社の奮起を祈る。

㈢

過般の震火災に際し行はれたる鮮人に関する流言蜚語に就いては、実に日本人と云ふ人種はドコの成下りか知らないが、実に馬鹿で臆病で人でなしで、爪のアカほどの大和魂も無い呆れた奴だと思ひました。その後のことは切歯痛憤、身震ひがします。

㈣

朝鮮人に参政権を与ふるの必要なきかとのことですが、日韓併合の御趣旨に基き、とうの昔に自治独立を許すべきだといふが私の持論で、数回公表主張して居ります。況んやです。

選外壱等

吾々は昨年九月の震災を、この一週年に当り、如何に記念すべきか、といふ読売新聞の課題に対し、選外壱等に当選さるべきものとして大正十三年八月十日書いた原稿。

(一) 朝鮮人の殺された到る処に鮮人塚を建て、永久に悔悟と謝罪の意を表し、以て日鮮融和の道を開くこと。然らざる限り日鮮親和は到底見込みなし。

(二) 司令官本部に宗一地蔵を建立し、永遠に無智と無謀と幼児の冥福とを祈り、以て排日問題の根本口実を除去すること。米国排日新聞の日本に対する悪口は悉く之に原因すればなり。

(三) セッテンデー若くは亀戸労働祭を挙行し、亀戸警察で軍隊の手に殺された若い労働者の魂を猛烈に祭ること。日本の労働者だからよいようなもの丶、噴火口を密閉したのみで安泰だと思ってるは馬鹿の骨頂だ。何時か一時に奮然として爆裂するは当然過ぎるほど当然である。

(山崎今朝弥『地震憲兵火事巡査』)

これはあの有名な弁護士・山崎今朝弥の名著『地震・憲兵・火事・巡査』のなかの一節である。あまりうまく当時の有様を論評しているので、いまさら、これにつけくわえることもない。ただ文中には「立て、座れ、ドン〳〵、ピリ〳〵、南葛で機関銃を見た者は千や二千の少数ではない。否、其地方で之を知らない者はあるまい。」と、意味ありげに述べている。

鮮人騒ぎの調査

一

昨秋の変災中に於ける鮮人殺害問題は、激震劫火、海嘯の襲来に惨死した、自然の罹災者よりも、人為の兇刃に斃された襲撃であった丈け真に私の心を傷ましめた悲惨事件の大悲惨事である。

夫れ故、私共の自由法曹団では、九月二十日第一回の変災善後策総会で、「変災中に於ける鮮人殺害の真相及其の責任に関する件」の調査を付議し、着々調査を進めたのであるが、どうしたものか当局官憲では、私共に調査の便宜を与へないばかりか、却て之れを妨害して居るような感があるので、確定的事実の調査を発表する程度に至って居らない。

従って、私は今ここに所謂鮮人殺害問題の真相を「斯ふ」と定めて発表する事は出来ないが、当時官憲当局の発表した所謂鮮人殺害問題の顚末は、あまりに杜撰で又あまりに卑怯な発表振りである事は、之れを断言し得る。

故に私共の調査方針として居る(1)殺害せられた鮮人の数幾千、(2)殺害せられたる原因如何＝即ち単に鮮人なるが故に殺害せられたるや、又は、真に不穏危険の暴行ありたるが為めに殺害せられたりや、(3)殺害下手人の種類如何＝即ち軍人か自警団の民衆か、(4)殺害の方法如何＝即ち真に殺害の止むを得ざる事情に出でたる殺害方法なりしや、又は残忍苛虐の殺害方法なりしや、(5)殺害死体の顛末如何、(6)殺害下手人の責任に関する捜査検挙処罰の実状如何の各項に付き、官憲当局の発表した「鮮人殺害問題に関する顛末」を批判して、当局官憲の反省一般の参考に供し且つ当時を聯想しやう。

二

先づ第一、官憲当局の発表にかゝる殺人被殺害者の数三百位と云ふのは、あまりに寡少過ぎる。私は、震災当時所謂鮮人殺害の罹災区域なる、東京、神奈川、千葉、埼玉、群馬一府四県に在留した鮮人の数が幾千か、変災後夫れらの罹災区域から退去したものと今尚ほ基の区域に残存するものゝ数とを除いた数が(1)悉く殺害せられたものか、(2)災死したか或は真に行衛不明と為って、居るものかの問題数に属するのであるが、私共の調査した処では、変災区域に在留した変災当時の鮮人数は少くも二万を下らないらしい。而して変災後或は帰国し、或は在留して、其の所在の判かって居るものが、多くて一万二三千を出ないらしいから、尠くも六七千の問題数が残る事に為る数字を如何ともする事が出来ない。

尤も其の中には、真の災死者も、真の行衛不明者も相当にあるに違ひないが、既に鮮人の殺害せられたのを見聞したと云ふ罹災区域数十ヶ所に亙る「彼処で何人」「此処で何人」の計数を合せて行くと、当局官憲発表の数が一ト桁上る事になりはしまいかと思ふ。

第二は、鮮人殺害の原因であるが、其の原因は須らく遠因と近因とに別けて見なければ為らない。そして其の遠因を与へたものは更めて云ふまでもない、所謂鮮人暴動の流言蜚語を放った、鮮人以外の誰れかでなければ為らない。故に所謂鮮人殺害問題の発表としては、左様した流言蜚語に誤られたものゝ軽率は兎も角、此の流言蜚語を放ったものを突き留る事が最も肝腎な当然の注意点でなければ為らない。然るに官憲当局の発表が少しも此の点の調査を突き留めて居ないのは、あまりに不徹底である。此の点は鮮人殺害問題の重大を感じて居るもの〻総てが調査研究せんとして居る処でありながら、どうした訳か此れに触れ得ない感があるから尚更ら面白くない。

之れ恐らくは、変災直後の人心恟々たるに乗じて、案外組織的な鮮人暴動襲来と云ふ妄想敵国の流言蜚語を放ったものがあった正体の暴露を虞るるが為めではあるまいか。私共の調査は、是非共此の点にも触れて見たいと思ふて居た。

三

次は、鮮人殺害問題の近因であるが、官憲当局の発表に依ると、一二狂暴の鮮人に暴行脅迫放火強姦等の行為があったので、多数善良の鮮人迄も誤解せられたのだと云ふて居るが、此の発表も又あまりに架空過ぎる。現に震災中の鮮人犯罪として検挙せられたものは、美梅模(マヽ)の爆発物取締規則違反位のもので、他に変災中の鮮人事件はないと思ふ。当局の発表した狂暴鮮人の暴行脅迫、放火強姦と云ふのは、被害者の名前も判らなければ、被告の名前も判らない流言蜚語其の侭の訛伝が、死人に口なき被害者に鞭打つものではあるまいかを疑はなければ為らない。位い(マヽ)に一二狂暴不逞鮮人があって、不穏危険な変動に及んだとしても、夫れが果して鮮人自発の犯罪であったか、又は鮮人暴動襲来の流言蜚語に挑発せられた犯罪であったかも考へて見なければ為らない。既に栃木県下で鮮人と誤られた日大の学生でさへも、あまり非道い鮮人的虐待に憤慨し、自ら鮮人だと名乗りて殺せるなら殺して見ろ、ほんとに殺すなら俺にも覚悟があると叫んださうである事を考へて貰ひたい。況んや、一二の狂暴者があった為めに善良な多数の鮮人迄も誤解せられた結果の鮮人殺害ありとしても、矢張り其の責任が誤解せられた多数の善良な鮮人に移る訳がない。然るに、殺害を加へられた鮮人仲間の中に悪い人間があったからだと云ふ如き当局の発表には、聊かの誠意をも認むる事が出来ないのを遺憾に思ふ。私は鮮人殺害の遠因を与へたものが誰れであらうと、又一二狂暴な鮮人があって善良な多数の鮮人を誤らしめたものであらうと、官憲当局は、善良な多数鮮人の為に、一切の誤解を解いて、生命の保護を完了する事が官憲当局の責任である事を切言して、更らに誠意ある鮮人殺害問題の真相発表を望んで止まない。

四

第三は、鮮人殺害下手人の種類であるが、官憲当局の発表に依ると、、其の殺害下手人は悉く自警団員であって、当局官憲のものには何等関係がない事になって居る。けれども現在鮮人殺害事件の被告人は、自警団員が自ら進んで鮮人の殺害を企てたと云ふ訳のものではなくて、総てが警察官憲の教唆か、使嗾か、指揮かに基いたものであると云って居る。私の友人で在郷軍人分会長をして居る弁護士さへも、幸ひ鮮人に出合はなかったから殺さずに済んだが、二日の晩に一人の警察官が、今朝鮮人が来るから各自武器を持って警戒せよと云ふて来たので、自分等は警察官の云ふ通りに日本刀を提げて戸外へ出た。其処へ又一人の警察官が来て、鮮人が来たらばヤッツケてもカマワないと云ふて来たので、鮮人が来たら暴行の有無如何に拘らず、之を斬るつもりだったと云って居た。又現に警察官や軍隊の或る者が手を下して斬り殺したり、銃殺したりした鮮人の殺害が尠くないと云ふて来る者がある。然るに、鮮人の殺害が全部自警団員の所為であって、苟くも官憲に在職するものは、全然之に関係しないと云ふ当局の発表は、あまりに非道い白々しさであった。

五

第四に問題に為るのは只単に殺害せられたと云ふ言葉丈けでは、所謂鮮人殺害の真相が悉くされて居ない。殺害にも方法があり種類がある、誤って射殺された殺害も殺害なれば故意に惨酷にナブリ殺しに殺した殺害も又殺害である。従って同じ殺害と云ふ言葉に表はれたる殺害でも、其の殺害の手段方法如何に依って、所謂殺害事件の批判が自ら異ならざるを得ない。処で所謂鮮人の殺害方法は果してどうだったか、鮮人と誤認されたものゝ殺害でさへも随分惨酷を極めたものである事は、埼玉、群馬、千葉の法廷に展開せられた通りである。更らに真の鮮人の殺害された状態は、私の筆にするも忍びない。鳶口、針金、拳銃、竹槍、日本刀などの武器が、どう使はれたかは、今尚身震るいして現状の目撃者の語る処である。更らに、殺害された後屍体焼却に至っては、当局官憲の認むる処でありながら、此の事実を正直に発表しないのは甚だ卑怯である。

六

最後の問題は、殺害下手人の責任に関する捜査、検挙、処罰の実状であるが、私共は是非の批判よりも先づ厳粛なる事実の前にヒレ伏す敬虔な誠意を以て鮮人殺害問題の真相捜査にも検挙処罰の前後策にも臨まなければならない。左様して敬虔な誠意があってこそ、禍を福に転ずる事も出来るのである。然るに官憲当局の此点に関する態度も発表も、殆んど為って居ない。私共は人の過ちは其の人が自らの過去を改むる事に依りて之を許したい。

又、人の悪事は其の悔い改めに任せたい。従って鮮人殺害の真相がどんなに非道くとも夫れが過ちであるならば其の過ちを改めて之を再びする事の無いように、又夫れが故意の悪事であったら、真に心からの悔い改めに依る其の罪を償ふ事を以て其の前後策としたい。（具体案は後日述べる）夫れにはどうしても先づ第一に真相を調査確定する必要がある。之れは私共自由法曹団で着々鮮人殺害問題の真相調査を進めて居る所なのである。

官憲当局は須らく臭いものに蓋の事実隠蔽や発表の胡魔化しを計るような従来の態度を更めて、私共の調査に便宜を計って貰ひ度い事を希望する。

（布施辰治『日本弁護士協会録事』大正13年9月）

朝鮮人を自由人たらしめよ！

朝鮮及び朝鮮人の問題を如何にすべきか、是れ総ての識者の心を苦しむる所であり、多くの日本人が此問題に対して、恰も腫物に対するが如く、只管触れざらんことを努めつゝある有様である。記者も幾度か躊躇した。併し言はで止むべき事でない。

＊

震災後の流言蜚語は何処から起ったか、何人が之を起したか、今尚お不明である。吾等は当局者がこれを不明ならしめつゝあるのではないかとさえ疑ふ。出所は不明であるけれども、此の流言に伴って、随所に朝鮮人に対する殺傷が行はれた、虐殺さへも行はれた。此の不祥事は蔽はんとして蔽ふ能はず、明々白々、現に法廷に於て裁判進行中である。

＊

裁判の結果、加害者として検挙された者が相当の処分を受けるに相異ない。其れで此の問題が総て片付いたものと考え得るであらうか。我等の同胞の一部の者が朝鮮の人々に加へた迫害は、裁判の結果だけで取返しが付くであらう乎。政府当局者は、或は左様に希望して居るかも知れない。彼等は黙々として手を束ね、此の問題に就て、何等の対策を講じやうとしない。勿論講じ得ないのである。

＊

我等は決して当時の暴民の無智無謀を寛容する者ではないが、其れよりも更に大に、政府当局者並に警察官憲の責任を問はねばならぬ。流言蜚語の伝播者が警察官であった事は蔽ふべからざる事実である。殊に警察官が、自警団の暴行を眼のあたり見て、之を看過し、毫も遮止戒諭せず、寧ろ暴行を奨励したる形跡さえある。

殊に我等の怪訝に堪えざるは自警団のみが検束されて、未だ曽て警察官の暴行が摘発されない事である。甘粕大尉事件の如きは、偶々軍隊と警察の二大権力の軋轢の結果火の手を挙げたものであって、それさへ無ければ、大杉は今尚ほ暗から暗に葬られてゐたに相違ない。要するに同じ非行を行っても、権力ある者は逃れ、権力なき者は捕はるゝ。過誤失錯さへも、権力なき者は追窮さるゝが、権力ある者は知らぬ顔である。免れて恥なしとは、特に彼等の為に製造された言葉であらふ。

＊

殺傷事件の頻繁に伝へられた当時、心ある人々は此れが如何に日本の国策に悪影響を及ぼすかを憂慮した。我等の臨時編輯机上に於ても話題は常に此事に及び、最早や取返しが付かぬと悲観する者さへあった。当局者に此の心懸けの百分の一でもあったら、疾風迅雷的に大取締策を講じ、禍を未然に防ぎ得ざるまでも、最小限に止め得たに相違ない。

＊

併し過ぎた事は仕方がない。我等は善後策を講ぜねばならぬ。害を加へた者は、仮令一部無智なる市井の徒であったとは云へ、其れは正しく日本人である。害を受けたる者は、不逞の者もあったとは云へ、東京横浜及その附近の朝鮮人である。即ち簡明に云えば日本人が朝鮮人を迫害したのである。明かなる一種の民族争闘である。記者は之を明言する事を大なる苦痛とする。併し事実は事実である。我等は平生同化主義を抱き、日鮮の渾然たる融和を望み、民族意識に立脚する所の朝鮮独立運動に反対しつゝあった。然るに此の思想は明かに日本人自身によって裏切られた。我等は今更に民族意識の根強いものであることを思ひ知らされたのである。

本文の記者は日本の立場から、現在の世界の軍事関係の下に於ては、朝鮮を独立せしむることを不可とするものである。併し朝鮮に於ても、日本に於けると同じく、人として自由を享くる権利がある。
朝鮮人を自由人たらしめよ。而して朝鮮に自治を行へ。吾等は此外に朝鮮及び朝鮮人の問題を解決する適当の策はないと思ふ。而して此際特に必要ありと信じて之れを言ふ。（石川）
（日本政府震災朝鮮人関係文書）

事実は何よりも雄弁だ

震害地に於ける朝鮮人の問題は、流言蜚語として政府側から取消しは出たけれども、当時の青年団その他の、朝鮮人に対する行為は、厳として存在した事実である。悲しむべき事実である。呪咀すべき事実である。憎悪すべき事実である。拭ふても拭ふても、消すことの出来ない事実である。

震災と共に起った、こうした事実を眼のあたり見せつけられた僕達は、出来るだけ冷静に、批判、考究、思索の上、僕達の立場からして敵味方を明確に凝視する必要を感ずる。

果してあの、朝鮮人の生命に及ぼした大きな事実は、流言蜚語そのものが孕んだに過ぎないのだらうか？流言蜚語そのものの発頭人は誰であったか？　如何なる原因で、その流言蜚語が一切を結果したか？　中央の大新聞は、青年団の功をのみ挙げて、その過を何故責めないか？　何故沈黙を守らうとするか？

事実そのものは偉大なる雄弁である。此の偉大なる雄弁に僕達プロレタリヤは、あくまで耳を傾けなければいけない。そして僕達は、此の口を縫はれても猶かつ、抗議すべき目標を大衆と共にあきらかに見きわめなければいけない。
（《種蒔く人》帝都震災号外）

わが国民性の二大欠陥

青年団運動の創始者の一人である田沢義鋪は、大正十二年の関東大震災直後、行なわれたばかりの朝鮮人大虐殺に触れて、協調会発行の雑誌《人と人》に、次のような文章を発表した。

「この事に関して事実を事実とし、戒慎すべきを戒慎するは、今回の震災が与えた最大なる教訓と思うが、今これを記述する自由を有せざるを悲しむ。只私は読者に向かって訴える。流言蜚語による被煽動性と、他民族に対する慈愛の欠乏、これこそわが国民性の二大欠陥として、国民が心肝に銘じなければならぬことであろう。深くこの点に戒慎する所なければ、せっかく大震災が下した天の教訓は徒爾に終わるであろう。

（下村湖人『この人を見よ』）

このような保守的民主主義者が大正期の文化にたいしてもっていた意味は、今日も記憶にあたいする。

（鶴見俊輔　岩波講座『日本歴史19』現代2　三三二頁〜三三三頁）

日本人の集団ヒステリー性

(1)　群がって目的に猪突猛進する集団ヒステリー性

(2)　思考の原点を欠いた無節操な振舞

(3)　その画一性と強烈な帰属意識

などが、日本人の震災時における行動から特徴づけられる。

（《朝日新聞》　昭和四八、一、一二）

青い眼に映じた関東大震災

第二三三〇号

東洋一のデパートとして壮観をきわめた三越呉服店は、この前年、新館も落成していた。

震害を免れた三越も忽ち猛火の餌食となり巨万の物を焼きつくし、各窓が紅色の炎を出した焼跡を示している。

大正十二年十月二十四日

松平外務次官

内務省　塚本次官殿

鮮人問題に対する外人の感想態度に関する件

鮮人問題に対する外人の感想態度に関し九月二十二日附貴信警第二三の二号を以て御申越有之候処本件に関し当方に於て入手する在外公館よりの諸情報は其都度御送付置候付已に御了知の事と存じ尚本邦在留諸外国人の感想態度に関し当方に於て得たる情報を総合すれば大体に於て一、かの非常混乱の際無理ならぬこととして之を軽く取扱うもの二、邦人の鮮人に加へし迫害の事実を指摘して之を非人道なりとして非難するものの二様に分れ居る様見受られ候尚今後共本件に関する在外公館よりの報告は随時写御送付可致候条右様御了承相成度此段御回答得貴意候也

九月一日より同八日迄横浜港碇泊の「エムプレス、オブ、アウストラリヤ」号に在りて惨状を目撃せる一独逸人の談として十月十日当地 VOSSISCHE ZEITUNG に掲載せられたる記事要点摘訳左の通。

一、戦慄の町

九月一日十二時過ぎ地震起り、横浜全市火災に罹れり。

二、地震、火災、暴風、海嘯

十二時十五分第三回の激震と同時に暑風、海嘯起りこれが為め碇鋼を切られたる日本船「リヨン」丸と「エムプレス、オブ、アウストラリア」号と衝突し推進器破損せり。

三、運河は人を以て埋まれり

死体発掘に際し幅五十米の運河に死者五層をなして重なれり。

四、外国船の救護事業

翌朝第一回の避難者を甲板に迎へたり。多くは大火傷を負へり。乗客は全力を尽して彼等を救護し衣服繃帯医薬を給せり。英人船及船医は間断なく働きたり「エムプレス、オブ、アウストラリア」号は同港に在りし五艘の日本船よりも遥かに早く第一に救助船を下ろせり、而して同船は人種の区別なく各避難民を収容せり然るに日本船は白色人種及支那人は先づ後廻しとせり。日本新聞はこの事実を胡麻化したりしが欧洲人の非常なる非難のため遂に事実を報道せり。依て再び此に英人の行動の公正なりしことを断言する次第なり。

五、海中の人垣

船員が陸との連絡を為すに当り水中の死人多き為め「オール」を使用し得ずして竿を用ひざるを得ざりき。

六、樹上の争

横浜公園に避難したる群集は同所を貫く水道鉄管破裂し熱湯迸出したるため樹上に逃れんとして相争ひ、落ちたる者も樹上の者も熱のため死に至れり。

七、朝鮮人虐殺

日本政府は震害の報に接するや秩序維持、掠奪防止の目的を以て軍艦、軍隊を派遣せり。其以前横浜監獄開放せられ三千の囚人は竊盗掠奪を働かんとして残骸の市中に殺到せり。此等日本人中には数名の鮮人の掠奪者も居りたるは勿論なるべし。於是軍隊は活動を開始せり。即ち朝鮮人が放火し、井戸に毒を流し、彼等こそ掠奪者なりとの風評を立てたり。其結果惨酷なる鮮人虐殺を見るに至れり。獣の如き軍人は鮮人を見付け次第「リンチ」に附せり、されど其後軍人も遂に彼等を隔離（SCHUTZHAFT）し駐屯所に収容せざるを得ざるに至れり。此の隔離が如何なる隔離なりしかに付き余は或る独逸人の目撃者より聞くを得たり。即朝鮮人の睡眠せる間に之を射殺し起上る者あらば更に惨酷に取扱はるる迄のことにして、隔離せられたる一万五千名の鮮人中生還者は極めて僅かなりき。彼等は機会さへあれば鮮人を根絶せんことに腐心し居れり。

此れに反し日本人民は献身犠牲に於て其足らざるを恐れ孜々として努力し、罹災者救援に当り彼等の為す所は蓋し想像外なり。此点に於て彼等は当に欧洲人に比敵す。

八、震災の後

日本政府は政治上及朝鮮暴動の懸念より有線無線の発電を禁止せり従て欧洲人は親戚友人に其安否を伝ふるを得ざりき。九月六日に至り漸く米国領事の好意と尽力とに依て解禁せられたるも其後長く日本政府は全部の郵便を監督し、地震に関する報道殊に写真は没収焼棄せられ為めに外国に於ては永くこの全惨害につきて明確なる観念を得る能はざりき。八日間碇泊の後出港したるが横須賀港前を通過するには非常なる迂廻をなさしめられたり。望遠鏡を通し余は約二十艘の軍艦が火災に罹り又は岸に打上げられ居るを見たり。日本は軍備に於て非常なる打撃を受け二等国に落ちたり、米国人も亦斯く感じ居るが如く大平洋上の争は最早問題に非ずと云へり。

日本の円が世界市場に於て震災のため何等影響を受けざるも多分之が為めなるべし。

（日本政府震災朝鮮人関係文書）

なお、くどいようだが、前項の最後の一句、すなわち

「日本は軍備において非常な打撃をうけ二等国に落ちた。アメリカ人もまたこのように感じているようで、

太平洋の争いはもはや問題ではないといった。

日本の円が世界市場において震災のため、なんら影響をうけないのも、このためであろう。」といっているのは、まさに「歴史は繰り返す」であって、戦後の憲法で『戦争の放棄』をうたい、「前項の目的を達するため、陸海空軍その他の戦力は、これを保持しない。国の交戦権は、これを認めない。」とうたった「日本の軍備」と「日本の円」の今日の運命を、あたかも予言する歴史の合せかがみを見るようで、まことに興味深く思われる。

外人記者の見た朝鮮人問題

(一) 米国通信員の分

(イ) パブリック・レヂャー

九月四日

(原文) 極端なる民心の動揺は東京に於ける鮮人暴動に基因す。爆弾投射、放火現行犯の為め捕縛せられたる者百五十名あり。

(訂正文) 不逞鮮人の為め民心に動揺を来せり。爆弾投射、放火現行犯の為め捕縛せられたる者百五十名あり。

九月五日

(原文) 労働者、青年団員等は鮮人放火の風評に悩まされつつあり。在京鮮人の生命は恐らく数日間を出でざるべし。

（訂正文）労働者、青年団員等は過般来在京せる鮮人に依る放火の風評に悩まされつつあり。

九月六日

鮮人二百名は東京を距る二百哩の地点に在る船橋無線電信所を爆破せんと試みたるも軍隊の為に阻止せられたり。政府は鮮人云云の風説を非常に憂慮し日本人側に於ても鮮人側に於ても此上とも暴動又は殺戮等の事件起ることなしと声明せり。

(ロ)　アッソシエーテッド・プレス

九月四日

（原文）震災地域に於ては鮮人の暴動、日本人に対する虐殺準備に関する風説盛なるも全然根拠なし。

（右全部削除）

(二)　英国通信員の分

(イ)　アクション

九月五日

鮮人が頼なき民衆襲撃を企つとの風説に対し市民は恐怖に襲はれ洋杖、槍、木刀を提携し終夜街路を警戒しつつあり。

九月六日

朝鮮人二百人爆弾を以て東京を去る二百哩の地点に在る船橋無線電信所を破壊せんと試みたるも軍隊の為阻止せられたり。

(ロ)　倫敦タイムス

九月六日
鮮人に関し多少の紛擾起りたるも世間流布の風説は頗る誇張に過ぎたり市民が徒に恐怖の念に襲はれたる結果官憲の承認なくして虚妄の風説に基き個人に対し暴力手段を採りたるものあり。被害者中には事実日本人たるものもあると同時に無辜の者もありたり。（本文中に暴力手段を採りたるものありとあるを之か処置を講じたるものありと訂正したり）

㈢　露国通信員の分

ロ　ス　タ

九月七日
九月五日国際通信に依れば鮮人二百名船橋無線電信所破壊の為習志野騎兵隊の軍器、弾薬、掠奪を企てたるも失敗に了れりと云ふ。
大島町一帯に於ては鮮人及支那人の掠奪依然行はれつつあり。軍事当局は鮮人の放火頻々たりしも戒厳司令官は充分なる処置を講じたる趣声明せり。
九月七日
九月六日外務省は鮮人の拘束は一に其の生命身体保護の為に外ならざる旨を公表せり余は所謂鮮人中には現在の政治組織に反対する者全部を包含するものと了解す。

（日本政府震災朝鮮人関係文書）

鮮人問題に関し、政府当局者より外国通信員に対する説明
In regerd to the Koreans under arrest, the Information Bureau of the Foreign Office has ascertained

that the following measures are being taken by the authorities concerned : —

1. Koreans under arrest will be kept under the custody in the military and police authorities for several days for their personal safety.

2. As an emergency measure for the personal safety of the Koreans about 200 of them have been sent to Narashino where they are guarded by the troops.

3. Those found guilty will be strictly punished.

Information Bureau
Foreign Office
Sept. 3rd. 1923.

（日本政府震災朝鮮人関係文書）

特高第一七八五
大正十二年九月八日
京都府知事　池　松　時　和
内務大臣　後　藤　新　平　殿
外務大臣　山　本　権　兵　衛　殿
指　定　各　庁　府　県　長　官　殿
避難外国人の言動に関する件

横浜居住会社員（バンタイン会社）

英国人 ブリトン
当四十五年

右者今回の変災より避難し妻子同伴神戸経由本月四日午後六時三十分入洛都ホテルに投宿滞在中なるが震災の状況に関し所轄松原警察署員に対し左記の如く語れり。

右及申(通)報候也

私は横浜市街に居住のものですが災害第一日に自宅は殆んど破壊され私は一夜庭隅に露を凌ぎ翌二日海岸に避難の途中赤旗を携帯せる不逞鮮人の一団は吾等を襲ひ二回迄身体を探査しましたが私は金品を所持して居なかった為其場を脱出して漁船から救助船に避難しました而して本月四日神戸経由当ホテルに来たのですが不逞鮮人は兇器を以て到る処に避難せる人々より強奪掠奪をして居ります尚監獄より出た囚人や鉄道人夫の様な土方等は不逞鮮人と結束して暴掠を逞ふして居ります殊に鮮人は飲料水井戸等に毒薬を投入して日本人を殺す計画をして居ましたが其惨状は言語に堪へません。

不逞鮮人の惨虐なる行為は外国人も等しく認めて居ります故に如何なる処置をしても問題を起す余地はないと思ひます尚此等の鮮人は土方と共に爆発物のある場所を知て之を取出して居ることを日本海軍の陸戦隊に知らせる者が有って既に一大争闘となる刹那火薬は爆発して其破片は私の居た所へも飛散して来ました実に恐るべき戦場と変りはありません。

(日本政府震災朝鮮人関係文書)

外人宣教師の批評

九月十日東京基督教青年会宗教部石田友治氏亜細亜局長を来訪し左の通語れり。

大震災当時軽井沢に滞在せる木村牧師の談に依れば同地に於ける外国人宣教師は震災当時に於ける鮮人被害事件を聞知し邦人が鮮人に迫害を加へたるの事実を指摘し邦人の非人道的なる事を非難し居りたるに付同牧師は鮮人側に暴行の事実ありたる事を述べて震災当時邦人の激昂せるは已むを得ざるに出てたるものなる事を弁明せるも外人宣教師等は木村牧師は果して鮮人の暴行《マヽ》を実現せりやと詰問し此を信ぜず鮮人の被害を受けたる事実のみを語合ひつゝ在りたりと謂ふ。

右外国人宣教師等の感想は直に諸外国にも伝はるに至るべきに付此際日本としては鮮人の暴行、邦人の迫害に関する事実を的確に調査し之を中外に発表し鮮人被害事件の真相を瞭かにすること緊要なるに付当局は其方針を以て進まれ度く吾々宗教家の立場よりも事実闡明の上は在米宗教団体の力を借る等の方法を講じ誤解を釈くに努むべし云々。

（日本政府震災朝鮮人関係文書）

大正十二年九月十六日

戒厳司令部

古城少佐

芦田課長殿

坪上課長殿

去る十四日裸の侭鮮人（男）一人後手を麻縄にて縛せる死体芝浦沖に浮遊、米国軍艦ランチ上より撮影せる事実あり同死体は其後警察署にて処分せりと。

右御内報迄

（日本政府震災朝鮮人関係文書）

一般外人の感想と反応

外秘乙第三号

極秘　大正十二年九月二十一日

バーネット大佐の震災感想談並に
米大使館員の事務分掌に関する件

米国大使館附武官
陸軍大佐　バ　ー　ネ　ッ　ト

右は昨年二十日午後七時赤坂区桧町英国人スレーター方に於て（バ大佐は震災後避難同居す）司令官「マックイー」少将及同副官に語れる処左の如し。

今度大震災の為め全市民の人心大に動揺せる時に当て完全に人心は安定せしめ得たるは全く在郷軍人団、青年団、自衛団等が最善を尽して働いた事に依る外はない。あの当時は警察官は青年団に指導せられ軍隊は在郷軍人に導かれた有様で市内に集中せる数万の現役軍隊も勿論各方面に大いに働いて居るが在郷軍人、自衛団、青年団等が無かりしならば斯の如き大変災に対して完全に平和に民心を導く事は出来得ざりしならん。無数の在郷軍人、青年団の自己の郷土を守ると云ふ恐るべき力は吾人の意外とする所である。

今回の事例に徴するに日本は一旦大事変ある時には現役軍隊より、より以上精鋭なる軍隊を数倍、或は其以上に直ちに集め得るからであらうと信ずる。見よ平時何等の教練を為さざる市民が此度の様な不意に突発した事件に対しても少しも誤る事なく総てが軍隊的に進行した事は最も吾人の注意を要する所である。斯の如き国家は完全なる国民皆兵、精鋭なる軍人と見て誤りでないのである。

其れ故に僅かに十数件の放火が鮮人により行はれた事に依り（色々の方法で取調べたが鮮人の放火は二十件以上はないことは事実である）千人近くの鮮人が市民の団体に依て私刑された事実があるに軍隊と雖も之れを止める事の出来ざりしは何を説明するか、市民の集団には驚くべき力のあることを忘れてはならぬ。

日本人は不思議な国民で有る。如何に昂奮した青年団でも彼等の信頼する指導者が命ずれば直ち最も冷静なる青年に帰る不思議な国民である。

此度の事件で日本の隠れたる国民性を見る事が出来た。実に感心な国民であると同時に又実に恐るべき国民である。

我が米国が採った今度の方法は最も将来東洋に発展する上に於て必要且つ有利な事で有った云々。


（後藤新平文書）

在帝国ホテル米国大使館事務所通訳官「コールドウエル」室に於て発見したるリスト及書類に依り米国大使館員の震災に関する分掌事務左の如し。
一、「ウイルソン」参事官「メーアー」書記官は従前通り大使館事務を執り外務省等の交渉に当り
二、「コールドウエル」氏「グレー」氏は交通、通信事務を受持ち（自動車雇入れ及買入れ）

外秘　第六四二七号
大正十二年九月二十三日

大阪府知事　土　岐　嘉　平

内務大臣子爵　後藤新平殿
外務大臣男爵　伊集院彦吉殿
各庁府県長官殿

震災並に朝鮮人問題に対する
外国人の態度感想等に干する件

這般の震災に対する外国人の感想に関しては数次通報せる所なるが尚当時一部に唱へられたる所謂朝鮮人問題に対する在管下主なる外国人間の態度並に其感想等は大要左記の如く頗る区々に渉り皈一する所なきも中にも「ロスター」東京通信員たる要注意露国人「アルセンウオズネセンスキー」は既報（指定庁府県のみ）の如く引続き滞阪這般の災害に処する我国策、民心の傾向並に、朝鮮人問題等に関しても亦其の真相を審にすべく細心の注意を払ひ夙に諸般の資料蒐集に没頭せるの証跡蔽ふべからざるものありて本人は最も巧妙に各方面に情報を発し日鮮人間の離間策に資せむとするの疑なく周密注意中なるが其他に於ては概ね変災時の混乱状態として日鮮人両者の暴挙の行はれたる事実を伝聞一班の事情を知らざるに非ざるも左程重大視し居るものは尠きが如し今各人別に意嚮の大要を挙ぐれば左の如し。

大阪駐在英国代理領事
バットラー
B. G. Butler

震災地の混乱は想像の及ばざる状態なりしが如く其の間公力の保護を俟つことを得ないと共に実力を以てする防衛対抗となるは自然の数であって其間暴挙の行はるゝは世界孰れの地も其軌を一にし敢て不思議ではな

い。東京は逸早く戒厳令施行せられたから左程と思はざりしも横浜は平日一兵の駐屯がないからいざ戒厳令と云ふても実施を見るに至る其の間多少の遷延を免れず其の隙に乗じ悪漢の横行の東京より甚しき模様なり。然し大袈裟のものとは思はれず某英人間にも鮮人が日本人より虐待せらるゝ現状を目撃せりと称するものもあったが咄嗟の間の出来事にして緊急避難時に於ける実力の使用より自然日本人同志間に於ける格闘や殴打はありしならん。其等は別に社会の視聴を引かざるに遇々対者が鮮人と云ふことであれば直に日鮮人間の一問題となるのは甚だ奇怪である右様のことは免れざる事にして夫れは要するに非常時の産物である云々と婉曲に語れり。

大阪ホテル滞在国際通信社通信員
英国人　スウヰート
Sweet

東京横浜方面の惨害状況を現実に目撃せば何人も悚然たらざるを得ない。一朝にして廃墟と化したる都市の復興は恐らく全世界の注視の焦点であらう。当局に於ても其の復興策を進め居れるが其の際特に考慮すべきことは現状に超越せる積極的対策の復興の基礎を置き再び斯る悲痛の惨禍を繰返さゞることを図るに非ざれば日本が大地震国として普く世界に与へたる印象は軈て世界市場に於ける日本の為替相場は勿論経済的不利は到底免るを得ざる事実ならんと前提し鮮人の暴行に対する虐殺事件は果して事実とせば由由しき問題にして如何に変災時とは云ひ乍ら惨虐を極めたる趣にて日鮮の融和否人道上諾さるべきことではない乍併自分としては直接之を目撃もせず又確証をも得ないから、事実なりとの推定の下に軽率なる妄評を敢てするを好まない尚吾等外国人は日本官民の慰問救済の周到にして熱誠なることに心から感謝している。

大阪ホテル滞在三井物産社員
英国人　ソースビー
Sosbey

自分は所持せる何物をも焼失し全く身を以て遁れた今次の震災は日本の経済界は多少の動揺は素より免れない所なるも之に対する対策の機宜と日本国民の堅忍持久の人力とは碁年（ママ）ならずして之を恢復することと信ずるものであって殊に吾々外国人の眼より観て最も痛切に感ずる所は日本か上下渾然融和一致して国難に処するの実を示して居ることである如斯は日本の為め意を強ふするに足る。鮮人の暴動と虐殺、随分と風聞に接したが其等は事実目撃せぬ以上何等云ふ事の言葉を持たぬが斯る風説あること、夫れ自体を以て日本の為甚だ吝む所である。

在東京ヒイリング会社技師罹災避難中
英国人　ゼオン・レオナー・グレーム
John Leonard Gream

鮮人問題は一般人士が兎角の風評を伝へているが併し世人畢竟社会主義者や何事か為にせむとする人士の揚言せる浮説であって事実は斯く大袈裟に伝へらるゝ程ではない。自分は震災当時乗車の為め新橋駅プラットホームに於て罹災し止むなく徒歩にて葉山の自宅に難を避けた。然るに翌二日数名の鮮人は一艘の小舟により葉山に上陸するや某米屋を襲ひ主人夫妻を殺害掠奪を縦にし引上たるが兇暴の行はれたる噂は町から町へと伝はり、恐慌を来たし土地の青年は自衛団を組織する等、人心か不安の頂点に達した。然るに件の強奪団は又もや上陸して来たから数名の者は忽ち之を包囲し竟に之を殺戮した趣。後にて聞けば右強奪団は横浜監獄より解放せられた囚人であって食料を獲むが為め葉山に至り掠奪したもので彼等は皈路の海上、横須賀より鎌倉へ避難の貴顕を迎ふべく廻航の駆逐艦に出会、自分共を取押に来るものと速断し再び上陸せるものにて該団は全く鮮人に非ずと判明した。併し其れは余程後刻の事であった。如斯噂が更に噂を産み鮮人の暴行等吹聴せらるゝも事実は右様の事情に基く誇大なるもので決して伝ふる程のことに非らず云々と流暢なる日本語にて其の感想を語る。

大阪外国語学校教師
羅災露国人　オレスト・プレートネル

今回の大震災の混乱時に乗じて不逞鮮人が随所に蜂起し暴挙に出たことは事実である。此に到った原因は実に現総督の施政に飽て更迭を望み居る矢先前加藤首相の訃あり之が後継者如何に依り総督の更迭を促し従て施政方針も一変することゝ私に期待して居た処が山本伯に大命降下した。同伯は現斎藤総督とは特殊の間柄なるを以て朝鮮は一層現総督の意の如くせらるゝものと失望して居た。折柄会々今回の震災あり当時東京在住の鮮人に対する当局の取扱振りは全く常軌を失したる憾があり。彼此突発的に彼等の反感を誘発して遂に暴挙に出づるに至ったもので其の責は固より朝鮮人のみに科する訳に行かない。今少し慎重なる態度を執って望んだなら斯る遺憾の事柄は惹起せなかったであろう。

大阪中華総商会長
支那人　張　友　深

今回の震災に際し東京、横浜方面に於ける鮮人が暴動に出たのは詢に奇異の感を催さざるを得ない。世界の各国が挙げて同情と援助を捧げて居る秋に当りて之を耳にするは甚だ遺憾である。日本は朝鮮併合以来之が開発に多大の犠牲を払ひ其の結果は亦大いに見る可きものがあるのは世界周知の事実であって其れは帝国日本の利益のみでなく鮮人の幸福を進めたものである。然るに這般未曽有の大惨事に方り暴動を敢て為すとは人道上許す可らざるものであって日本当局が其等の者に断乎たる措置を取ったのは止むを得ない所で毫も非難の余地はない。唯其の混乱に際し吾国民が鮮人と誤認せられ刺殺されたる者ありしを聞くは仮令当時の混乱から之を判別し難かりしとは謂へ聊か軽挙と云ふの外はない両国交誼の為吝む所である。然し悪意の結果でないことは爾後日本国民が我国罹災者に対する救援振りを見ても諒なる所である云々。

在大阪貿易商
支那人　玉　大　華

了

（日本政府震災朝鮮人関係文書）

右は大要張友深の感想と大同小異に付省略す。

外高秘　第三七九八号
大正十二年九月二十二日

長崎県知事　平　塚　広　義

内務大臣伯爵　後　藤　新　平　殿
外務大臣子爵　山　本　権　兵　衛　殿
各庁府県関東、朝鮮、台湾警務局

右及申（通）報候也

朝鮮各道長官殿

震災に起因する鮮人問題に関する件

本件に関しては屢次既報せし所にして其後引続き注意中なるが流言蜚語取締の厳なるに及び本件に関しても云々する者なり従て内容ある感想等は発表する者なきも警保局長電照の次第も有之尚ほ注意中なるが御参考迄左記申（通）報候也

一、一般社会の感想態度

震災勃発の電報に次で鮮人の暴行に関する報道拡布せらるゝや一般社会に於ては振古未曽有の災害に乗じ不穏の行動をなすは実に度し難き野蛮人なりとの相当有識者間に於ても論議したるものゝ如きも元来当地方に於ては鮮人が果して如何なる行動に出でるや其の実状を知らず最初新聞等に依りて其の一部を承知せしのみにて真疑を生ずるの状態にありしが其後曩に新聞等によりし報道は荒唐無稽に近きものなるを知るに至り鮮人に対する反感も緩和し従て其の態度に於ても殆んど事前に異なることなきの状態なり。

一、社会主義者、労働運動者水平社員の感想態度

本県には水平社員在住せざるが其他社会主義者等に於ても別に纏りたる感想等発表するものなきが彼等は鮮人に対し諭告を発せられたるは或は鮮人にして何等か不穏の行動ありたるにあらざるやを容疑せらるゝが若し果して事実なりとせば平素に於ける鮮人の内地人に対する態度より推察し予想以上の盲動を敢てし居るにあらずやと観察し居るものゝ如きも一種の所謂揣摩憶測に外ならずとし此際鮮人と脈絡を執り不正の計画をなすが如き模様更になし。

一、外国人の感想態度

当地在留又は一時滞在者等に関し事件に関し内偵するも殆んど彼等鮮人の行動並に之に対する内地人の態度等に関しては之を承知するものなく従て別に感想等発表せざるが横浜香港上海支店員にして当地に避難し来れる葡萄牙人「エス、ゼー、デー、スーザー」は曰く鮮人にして暴行掠奪等をなし又日本内地人にして彼等に迫害を加へたるやの風評を耳にしたるも恐らくは流言に過ぎざるべし仮りに事実なりとするも彼の混乱の際に当り人心は殆んど正邪判断をなすの隙なき状態に於ては蓋し已むを得ざる処なるべしと称し居たり。

一、支邦人の感想態度

東京帝国大学大学院研究生当時当地支邦領事館書記呂永康は当時在京親しく東京横浜方面に於ける惨状を踏査し目下当市滞在中なるが同人は曰く本二日なりと記憶するが自警団と称する青年団が「メガホン」を使用し焼残りの市街及び避難民の蝟集せる場所に来り鮮人の団体が放火、掠奪をなしつゝ横行しつゝあるを警戒すべしと注意したるを始めとし其後絶へず此種の流言蜚語行はれさなきだに人心をして不安ならしめ或る青年団の如きは支邦人と朝鮮人と行動を共にしつゝありと虚構の説をなしたる者ありし趣なり。状況如斯なるも当時警察は人員過少にして其の用をなさず軍隊も未だ出動し居らざりしを以て各方面に於て青年及在郷軍人等より成る自警団なるものを組織し武装して自衛の挙に出でたる以来鮮人にして殺戮せらるゝもの相当の員数に達したりとの風評を耳にしたるも其実状を承知せざるが予の推測する所によれば京浜地方に於ける鮮人の一部少数が日本の主義者等と通じ不正行為をなしたるもの有之りしかも計り難き所なるも大災をして(マヽ)市街に放火したる等の如きは到底想像するを得ず此の流言の発祥地は惟ふに官憲及新聞記者等であらざるや何となれば九月一日は日韓合併の調印を了したる日に相当し鮮人中の不逞の徒輩は其二三日前某所に会合し何等か秘密協議をなしたる由にて此の事実は官憲に於て探知し居たるに相違なく又官憲に於ては当時の大混乱に乗じ社会主義者等が不安に陥れる人心を煽動して暴動を惹起せんことを恐れ一般の注意を鮮人に向け以て鮮人の取締をなすと同時に一般民をして主義者等の煽動に乗ぜざらしむる苦肉の策に出でたるにあらずやと思量す勿論官憲としては如斯結果を生ずべしと、予想し居らざりしならんも全然対思想なき自警団員等によりて不測の結果を招致したるは一般日本人間に潜在せる対鮮人反感が此の天災を機会として発露したるものと云ふべく日本の為め真に遺憾に堪へざる処なり之が為め日本は今後治鮮の上に非常なる困難を感ずるに至るべく又在外不逞鮮人等は之を針小棒大にし唯一の「プロパガンダ」の材料となすべし云々。

一、朝鮮人の感想態度

本件に関しては本月二十日本号申（通）報中に記載せし如く特記すべき感想を発表する者なく今日に於ては其態度等に於ても常時に異なる所なし。

（了）

（日本政府震災朝鮮人関係文書）

（姜徳相、琴秉洞編『現代史資料・関東大震災と朝鮮人』五九二頁～六〇一頁）

朝鮮人暴動デマの真犯人は？

このように中国人（東京帝国大学大学院研究生、当時長崎支那領事官の書記、呂永康）が、朝鮮人暴動デマの発祥地は、思うに「官憲および新聞記者であらざるや」といっているのは、「当たらずといえども遠からず」で、かなりいい線をいっていると、思われる。あるいは、おかめ八目というように、案外、真相をついているのではなかろうかという気さえする。

第5章　復活する軍国主義

1　牙をむきだした軍部

戒厳令の発動と内容

「戒厳令」とは、いうまでもなく、戒厳を宣告する命令である。そして「戒厳」とは明治憲法のもとにあった制度であって、戦時・事変に際し、軍司令官に全部または一部の地方行政権・裁判権をゆだね、兵力をもって全国もしくはある区域を警備することである。

〔参考〕戒厳令の摘要

第九条　臨戦地境内ニ於テハ、地方行政事務及司法事務ノ軍事ニ関係アル事件ニ限リ、其地ノ司令官ニ管掌ノ権ヲ委スルモノトス。故ニ地方官地裁判官及ヒ検察官ハ、其戒厳ノ布告若クハ宣告アル時ハ、速カニ該司令官ニ就テ其指揮ヲ請フ可シ。

第十四条　戒厳地境内ニ於テハ、司令官左ニ列記ノ諸件ヲ執行スルノ権ヲ有ス。但其執行ヨリ生スル損害ハ、要償スルコトヲ得ス。

第一、集会若クハ新聞雑誌廣告等ノ時勢ニ妨害アルト認ムル者ヲ停止スルコト。

第二、軍需ニ供ス可キ民有ノ諸物品ヲ調査シ、又ハ時機ニ依リ、其輸出ヲ禁止スルコト。

第三、銃砲弾薬兵器火具其他危険ニ渉ル諸物品ヲ所有スル者アル時ハ、之ヲ検査シ、時機ニ依リ押収スルコト。

第四、郵信電報ヲ開緘シ、出入ノ船舶及ヒ諸物品ヲ検査シ、並ニ陸海通路ヲ停止スルコト。

第五、戦状ニ依リ止ムヲ得サル場合ニ於テハ、人民ノ動産不動産ヲ破壊スルコト。

第六、圍囲地境内ニ於テハ、晝夜ノ別ナク、人民ノ家屋建造物船舶中ニ立入リ検察スルコト。

第七、合圍地境内ニ寄宿スル者アル時ハ、時機ニ依リ、其地ヲ退去セシムルコト。

〔参考〕　関東戒厳司令部編制沿革

九月三日、分擔。

一、参　謀　部
　1、警　　備　　歩兵大佐武田額三外二名
　2、補　　給　　歩兵中佐森五六外二名
　3、救　　護　　騎兵少佐坂本健吉外二名
　4、交　　通　　歩兵大尉堀又幸外一名
　5、庶　　務　　歩兵大尉田辺盛武
二、情　報　部　　歩兵大佐三宅光治外四名
三、副　官　部　　歩兵中佐中井武三外二名

九月四日、補給部編成（補給業務拡大）。

九月五日、後ノ編制。

- 司令官
  - 参謀長
    - 参謀部
      - 警備部（兵力使用、行政司法事務救護事務管掌）
      - 交通部
      - 補給部
      - 航空部
      - 庶務部
    - 副官部
  - 宣伝部長
    - 宣伝部
      - 情報部
      - 宣伝実行課

九月十一日、後編制担当。

- 司令官―参謀長
  - 参謀部
    - 警備課
    - 情報課
    - 交通課
    - 補給課
    - 航空課
  - 副官部

担任業務

一、参謀部

1、警備課

イ、指揮下軍隊ノ使用ニ関スル事項、ロ、海軍トノ連絡、ハ、諸命令通報告ノ授受、ニ、行政及司法ニ関スル事項、ホ、通報報告類ノ整理、ヘ、上聞案ノ起草、ト、其他参謀部管掌ノ一般庶務、チ、隷下各部隊ノ保健衛生材料ノ補給ニ関スル事項。

2、情　報　課

イ、部外宣伝ノ為情報ノ蒐集及通報、ロ、戒厳地域内（外）ニ對スル宣伝、ハ、通信員及外国人トノ接衝。

3、交　通　課

イ、交通通信ニ関スル情報ノ蒐集、ロ、交通通信施設並工兵及鳩ノ使用ニ関スル事項。

4、補　給　課

イ、隷下各部隊ノ補給（航空器械及衛生材料ヲ除ク）ニ関スル事項。ロ、隷下各部隊ノ会計経理ニ関スル事項、ハ、司令部直属貨物自動車ノ管理。

5、航　空　課

イ、航空通信連絡及隷下航空部隊ノ使用ニ関スル事項、ロ、隷下航空部隊器材補給ニ関スル事項、ハ、航空部本部長及其隷下航空部隊学校等トノ連絡。

二、副　官　部

イ、受附文書ノ往復ニ関スル事項（特別ノモノヲ除ク）、ロ、図書ノ保管授受ニ関スル事項、ハ、人事ニ関スル事項、ニ、日々命令起案、ホ、司令部警戒内務及給養其他会計経理ニ関スル事項、ヘ、司令部直属乗用自動車ノ管理、ト、人馬現員表ノ調製。

十月二日、情報課閉鎖。

十月下旬、補給、交通、航空課閉鎖。
十一月十五日、関東戒厳司令部解散。

（東京市役所『東京震災録　前輯』）

警備に関する陸軍の活動

大正十二年九月一日災害が起こると、東京衛戍司令官代理の石光第一師団長は、ただちに近衛師団および第一師団に、警備区域を指示して全部の警備にあたらせ、とくに皇宮、宮邸、諸官庁、大公使館、刑務所などに兵力を配置し、また火災のため危険な方面に救援隊を派遣した。しかしながら震災範囲の拡大は、在京部隊のみではとても処理できないから、陸軍当局は憲兵隊に補助憲兵を増加し、またとりあえず教育総監、近衛および東京第一師団長の隷下部隊であって東京以外にいる部隊を早く帝都に招き、東京衛戍司令官の指揮下に入らせた。

夜になると火災の延び広がることいよいよ急で、帝都は火の海となり、市中の混乱はますますひどく、さらに通信・交通ともに絶えて、あたりの有様は混雑をきわめた。陸軍当局は事態が非常に重大で、万一民心が動揺し不平分子たちの乗ずる所となるとすれば、帝都の治安がそのために破壊されるであろうことを心配し、九月二日さらに高田第十三および宇都宮第十四両師団の歩兵各二連隊、仙台第二、弘前第八、金沢第九、高田第十三および宇都宮第十四師団の各工兵大隊に東京への出動を命令し、また航空本部長をして航空諸隊を区分して指揮・監督し、帝都と地方との連絡飛行を行ない、諸命令の伝達、災害のしらせ、被災地の範囲および被害程度の確認など万難を排して活動を開始した。

九月二日、東京市および隣接五郡に戒厳令中の一部を適用することとし、近衛師団長森岡中将は東京衛戍司令官の職についた。なお、戒厳令施行区域はつぎのように拡張された

一、今回ノ震害ニ就キ救護ヲ容易ニシ、治安ヲ維持スル為メ、東京府及神奈川県ニ戒厳ヲ令セラレタガ、此度更ニ之ヲ千葉及埼玉県ニ拡張セラレタ、此拡張ハ別ニ新ニ恐ルベキ事柄ガ起ッタ為デハナイ、罹災者ガ次第ニ此地方ニ入リ込ムニ従ヒ、色々ノ虚報流言ガ行ハレ、人心ヲ不安ニスル事ガアルノヲ取締ルノト、必要ノ場合ニハ軍隊ヲ以テ治安ヲ維持シ、敬護ニ従事スルニ便ナル為デアル。地方民ハ決シテ流言ニ迷ハサル、コトナク避難民ハ地方民ニ對シ不都合ノ行動ヲ執ルコトナク、何レモ地方官公吏警察官ニ信頼シテ、平時ノ如ク落付イテ居ッテ、軍隊ノ厄介ニナル様ナ事ヲシテハイケナイ。

二、戒厳ヲ令セラレテモ、直接ノ取締ハ地方警察官ガ之ニ任ズルノデアルコトヲ忘レテハイケナイ。

大正十二年九月六日

関東戒厳司令官　福　田　雅　太　郎

（『東京震災録　前輯』）

こんどの大災害にさいし、東京、神奈川、千葉、静岡、埼玉の一府四県にわたる戒厳地帯に集中した兵力は、歩兵二十一個連隊、騎兵六個連隊、砲兵七個連隊、工兵十八大隊その他各種の技術兵、衛生隊のほとんど全部であって、これは五個師団半ないし六個師団となり、ちょうど大正十年、関東平野の特別大演習における参加兵力に相当する右の大兵力が、ほとんど日本全国の各地より早いのは一日、遅くても十日以内に集中したのには驚嘆する。ことにその警備網は、三島御殿場より、秦野原木附近の相模（神奈川県の管轄）の地をおおい、北は埼玉の北部、東は銚子、佐原附近、南は房州（千葉県の管轄）の館山にまで拡張され、交通や通信の断絶したおりから、軍隊自身の補給すら容易でないうちに、被災者の救護、交通、通信の回復に努めたその苦労は、大演習いや実戦以上の有様であった。特に鉄道、道路、橋梁、電信、電話の改善に従事した鉄道隊、工兵隊、電信隊などの労苦と

週2回、定例として陸海軍音楽隊が当時300万市民をよろこばせ、時には弁士がこぞって雄弁をふるった思い出深い音楽堂。

8本の鉄柱で支えられ、さすがに堅牢の誇りを示した音楽堂も、地震ではひとたまりもなくグシャッと潰れて、付近の惨たんたるバラックの背景となっている。

功績とは非常に感謝された。ことにいちはやく、各方面の通信や偵察の仕事に従事した飛行機や鳩隊の抜群の勲功は、まさに技術兵の特色を十分に発揮し、このような大事変にさいしても、人間の力がなお自然に屈しないことを示した。

戒厳令の準備と実施

大正十二年九月一日正午二分前に関東大震災が勃発し、午後四時三十分に警視総監の出兵要求といっしょに、戒厳令の準備が行なわれた。

是ヨリ先赤池総監ノ出兵ヲ衛戍司令官ニ要求シタルハ一時ノ急ニ応ゼルノミ更ニ進ンデ罹災地一帯ニ戒厳令ヲ実施シ以テ万全ノ策ヲ講ズルノ急務ナルヲ信ジ出兵要求ト同時ニ水野内務大臣、後藤警保局長等ニ切言スル所アリシガ政府ハ九月二日ヲ以テ東京府及ビ神奈川県下ニ戒厳令実施ニ関スル勅令ヲ公布シ（四日ニ至リ埼玉、千葉ノ二県ヲ加フ）翌三日更ニ関東戒厳司令部条令ヲ公布スルト共ニ即日陸軍大将福田雅太郎ヲ司令官ニ任命セリ。（警視庁『大正大震火災誌』）

このようにして、大正十二年九月二日の夜、戒厳令が東京市および東京府下の四郡に布かれ、ついで九月三日に、関東戒厳司令部の条令公布があり、戒厳区域を東京府・神奈川県にあらため、さらに埼玉・千葉の二県を追加し、陸軍大将の福田雅太郎を関東戒厳司令官に命じ、参謀本部を司令部にあて、第二・第十三・第十四師団より歩兵各二連隊を出動させ、九月八日までに総兵員は、歩兵二十一個連隊、騎兵六個連隊、工兵十八個連隊、鉄道電信各二連隊など総員三万五千が来りたすけ、これらを次々に警備にあたらせた。しかしながら、このあいだ余震は、しきりに起こって、やはりやまず、東京内外における各所の火災は前後三昼夜にわたり、警察官は連日少しも休まない激務に苦しみ疲れ、報道機関は一時まったくその機能をうしない、流言蜚語はしきりに行なわれて、世間の有様はさわがしかった。関東全部の被災地はすべて暗黒状態となっていた。
なお大正十二年九月三日、福田関東戒厳司令官は、つぎの告諭を出した。

関東戒厳司令官告諭

今般勅令第四百一号戒厳令ヲ以テ本職ニ関東地方ノ治安ヲ維持スルノ権ヲ委セラレタリ本職隷下ノ軍隊及諸機関(在市部隊ノ外各地方ヨリ招致セラレタルモノ)ハ全力ヲ尽シテ警備、救護、救恤ニ従事シツツアルモ此際地方諸団体及一般人士モ極力、自衛協同ノ実ヲ発揮シテ災害ノ防止ニ努メラレンコトヲ望ム現在ノ状況ニ鑑ミ特ニ左ノ諸件ニ注意スルヲ要ス

一、不逞団体蜂起ノ事実ヲ誇大流言シ却テ紛乱ヲ増加スルノ不利ヲ招カサルコト

二、糧水欠乏ノ為メ不穏破廉恥ノ行動ニ出テ若クハ其ノ分配等ニ方リ秩序ヲ紊乱スル等ノコトナカルヘキコト

右告諭ス

大正十二年九月三日

関東戒厳司令官　福田雅太郎

当時の「陸軍省報告」は、つぎのように述べている。

朝鮮人暴動の流言と取締まり

九月二日の午後以来、東京附近では朝鮮人暴動の噂が方々にまきちらされ、人心はひどく不安動揺し、とくに東京の西南部および千葉県の船橋方面では朝鮮人が多数襲来するというデマが飛んで、その混乱は形容でき

ないほどであった。（以下省略）

流言の取締（戒厳司令部発表）

今度の大震に当り往々無根の流言に迷はされたり、また甚だしい無形の事を流布して人心を惑はすものがある。これはお互の遺憾とする所であって其著しい実例を挙ぐれば、一昨四日東京から海路船橋町への避難者を不逞鮮人三百人が上陸し危険切迫すといひ触らしたり、昨五日何事もないのに殊更大崎町は焼失し其余勢品川に及ぶという流言があった。またそれらをただちに信ずるのは如何に混雑の場合であるとはいえ、こう狼狽してはならないのみならず、事実混雑を増すばかりである。そこで市民諸君はこれらの実例に鑑みて、この際一大真勇を発揮し、早く平静に立ち戻るよう尽力して欲しいのである。なお流言を云いふらす者は治安維持のため厳重に処分される筈であるから充分注意すべきだ。

軍隊の警備完成近し（戒厳司令部公表）

不逞鮮人については三々五々群をなして放火を遂行または未遂の事実はなきにあらざるも、既に軍隊の警備が完成に近づきつゝあれば、最早決して恐るゝには及ばない。数百数千の不逞鮮人が襲撃し来るなどと、動もすれば出所不明の無根の流言蜚語に迷わされて徒に軽挙妄動をなすが如きは、向後大に考慮することが必要であらう。

刑務所へ兵力を増加

大正十二年九月四日午後東京北部に於ては、軍隊の配備完了し、各刑務所はその兵力を各約一中隊に増加して万一に備へたり。

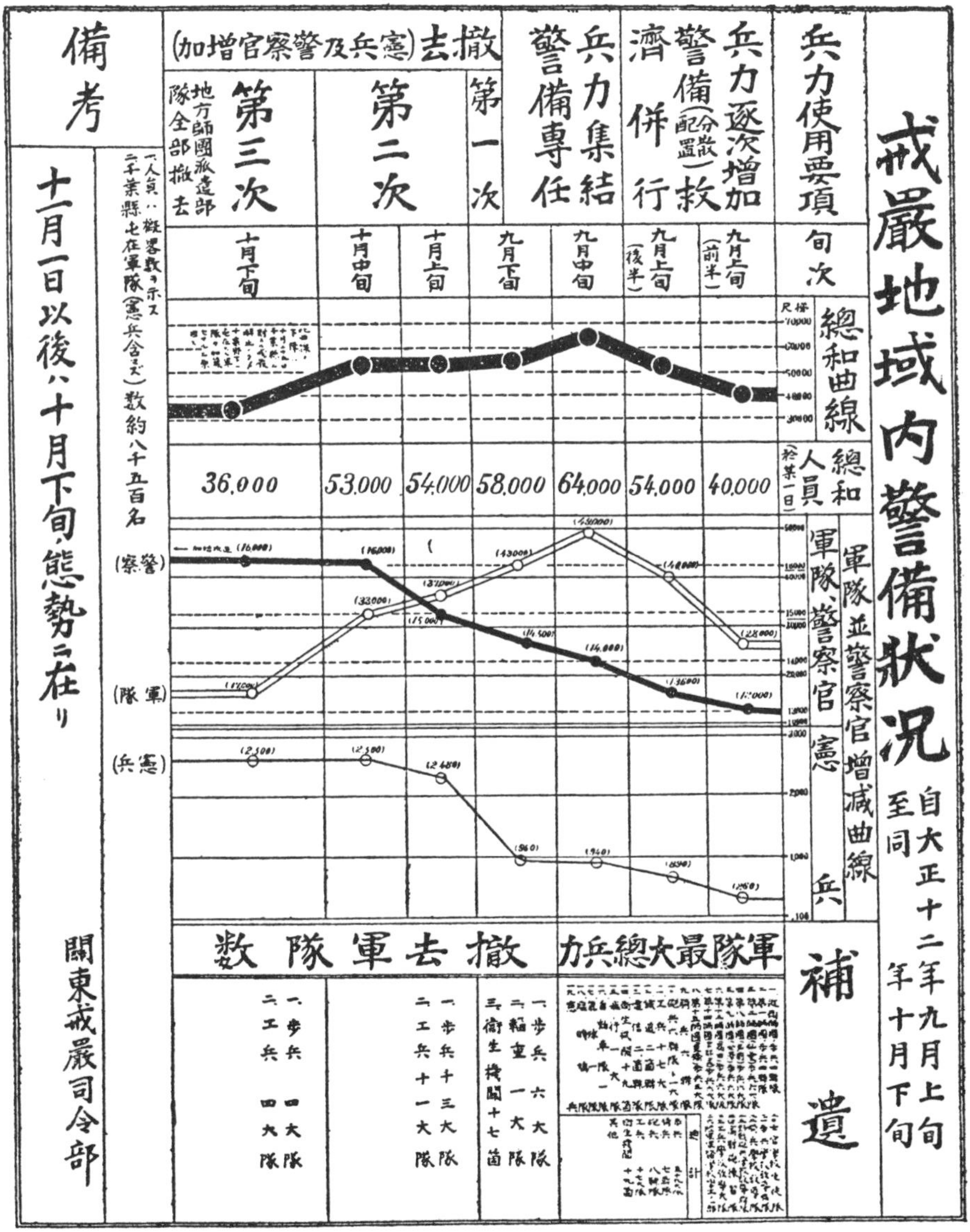

震災発生後の戒厳令発令地域内の警備状況の推移（『東京震災録』前輯）

各隊は交通の修繕不逞鮮人及び不頼漢の取締を厳重にしたる為め一般の人心は引続き安定に向いつゝあり。

（下　略）
一、第二師団派遣部隊の内強力なる通信班を有する約三百名の工兵大隊、衛生隊約百名は四日朝仙台発東京に向ふ。
一、同師団の歩兵第二十九連隊、歩兵第六十五連隊は五日午前四時以後続々来着す。
一、高田師団の部隊は四日正午高田を出発したり。
尚静岡連隊の一部は三日朝静岡を出発して小山及び松田に向ひ、救援に従事す。また其一部は小田原、箱根、山北各所にも出動せり。

三島重砲兵旅団の一部は伊東熱海方面の救援に向ふ。

（『陸軍省報告』）

兇器を携帯すべからず（戒厳司令官命令）

軍隊の増加に伴ひ警備完備するに至れり、依て左の事を命令す。
一、自警の為め団体若くは個人毎に所要の警戒法を執りあるものは豫め最寄警備部隊憲兵又は警察官に届出で其指示を受くべし。
二、戒厳地域内に於ける通行人に対する誰何検問は、軍隊憲兵及び警察官に限り之を行ふものとす。
三、軍隊憲兵又は警察官憲より許可あるに非ざれば、地方自警団及び一般人民は武器または兇器の携帯を許さず。

大正十二年九月四日　　関東戒厳司令官　福　田　雅　太　郎
（原文は片カナ）

警備部隊の行動（自大正十二年九月三日 至同十月三十一日）

師団	隊号	兵力	戒厳司令官ノ指揮下ニ入ルヘク命セラレタル暦日	到着暦日	当初ノ配属	爾後ノ配属変更並下令暦日	戒厳司令官指揮ヲ脱セル暦日
近衛	近歩一旅団司令部		九月三日	九月三日	東京北部	○十月二十一日一中隊ハ司令官直轄（戒命持）○十月三十一日原所属ニ復帰（戒命75）	
	近歩一		九月三日	九月三日	東京北部		
	近歩二		九月三日	九月三日	東京北部		
	近歩二旅団司令部		九月三日	九月三日	東京北部		
	近歩三		九月三日	九月三日	東京北部		
	近歩四		九月三日	九月三日	東京北部		
	騎一旅団司令部		九月三日	九月三日	東京北部	○十月一日千葉県ニ移リ司令部ヲ習志野ニ置ク（戒命65）○十月二十五日戒厳ノ任務解止（戒命73）	
	近騎		九月三日	九月六日	東京北部	○九月七日一中隊ハ中仙道ニ（戒命73）○九月十四日中仙道ノ一中隊ハ騎十三ノ一中隊ト交代（戒命23）	
	騎十三		九月三日	九月三日	東京北部	○九月七日残留部隊ハ千葉ニ（戒命73）○九月十四日一中隊ハ中仙道ニ於ケル近騎一中隊ト交代（戒命28）○九月二十五日一部千葉ヘ（戒命47）○十月四日機関銃隊ハ千葉ヘ（戒命58）○十月十一日中仙道ノ一中隊ヲ残シ衛戍地帰還（戒命65）○十月二十日中仙道ノ一中隊ハ原所属ニ復帰（戒命63）○十月二十五日戒厳ニ関スル任務解止（戒命73）	

師団				
騎十四	九月三日	九月三日	東京北部	○九月七日残留部隊ハ千葉へ（戒命73）○九月二十五日一部千葉へ（戒命47）○十月十四日一中隊ヲ東京北部ニ残シ他ハ衛戍地帰還（戒命65）○十月二十五日戒厳ノ任務解止（戒命73）但シ東京北部ノ一中隊ハ戒厳司令官ノ指揮ヲ脱セス（戒命73）○十一月一日東京北部ノ一中隊ハ原隊ニ帰還（戒特）
近砲	九月三日	九月三日	東京北部	○九月二十七日兵営ニ兵力集結（戒命47）
野重四旅団司令部	九月三日	九月三日	東京北部	
野重砲四	九月三日	九月三日	東京北部	○九月七日残留部隊ハ千葉へ（戒命13）○九月二十七日兵営ニ兵力集結（戒命47）○十月二十五日戒厳ニ関スル任務ヲ解止（戒命73）
野重砲八	九月三日	九月三日	東京北部	○九月二十七日兵営ニ兵力集結（戒命47）
近工	九月三日	九月三日	東京北部	○九月十四日陸軍震災救護委員区処ヲ受ク（戒命30）
鉄二	九月三日	九月三日	司令官直轄	○九月七日残留部隊ハ千葉へ（戒命13）○九月十六日陸軍震災救護委員ノ区処ヲ受ク（戒命34）○十月八日戒厳ニ関スル任務ヲ解キ師団長ノ隷下ニ入ル、一部司令官直轄（戒命61）○十月十六日一部ヲ東京ニ派遣シ陸軍震災救護委員ノ区処ヲ受ケ（戒命61）残留部隊ハ十月十九日原隊ニ復帰（特号）
飛行五	九月三日	九月三日	司令官直轄	○十月一日兵営ニ在リテ待命（戒命52）○七月三十一日師団長ノ隷下ニ入ル（戒命75）

区分	部隊		日付	日付	所在	備考
	気球隊		九月五日	九月六日	司令官直轄	○九月七日残留部隊ヲ以テ衛戍地附近警備（戒命13）○九月十四日衛戍地帰還（戒命26）○十月十八日一部ヲ司令官直轄トシ他ハ戒厳ニ関スル任務ヲ解止シ師団長ノ隷下ニ入ル（戒命61）
	近輜		九月三日	九月三日	東京北部	
	衛生機関		九月三日	九月三日	東京北部	
	電一		九月三日	九月三日	司令官直轄	○十月三十一日師団長ノ隷下ニ復帰（戒命75）
第	歩一旅団司令部		九月三日	九月三日	東京南部	○九月七日藤沢へ（戒命13）○十月二十七日東京南部ニ（戒命71）
	歩一		九月三日	九月三日	東京南部	○九月三日一中隊ハ神奈川へ九月十日復帰（戒命13）○十月十八日一中隊ハ司令官直轄（戒命61）
	歩四九		九月三日	九月七日	神奈川（一部司令官直轄）	○九月三日一大ハ八王子警備ニ任シ九月七日歩六五ノ一大ト交代復帰（戒命63）○九月七日藤沢ニ（戒命47）○十月九日一中隊ハ八王子ニ至リ歩七ノ一中隊ト交代（戒命63）○十月二十七日主力ハ原所属ニ復帰シ第三大隊ハ神奈川ニ帰リ横浜ノ警備ニ任ス司令官直轄（戒命71）○十月三十一日第三大隊ハ師団長ノ隷下ニ復帰ス（戒命75）
	歩二旅団司令部		九月三日	九月三日	神奈川	○九月二十五日東京南部ニ（戒命47）
	歩三		九月三日	九月三日	東京南部	
	歩五七		九月三日	九月三日	神奈川（一部千葉）	○九月二十五日千葉へ（戒命47）○十月二十五日戒厳ニ関スル任務解止（戒命73）

一師団	騎二旅団司令部	九月四日	九月四日	千葉	○九月七日千葉司令部ニ(戒命13)○十月十四日原衛戍地ニ(戒命65)○十月二十五日戒厳ニ関スル任務ヲ解止(戒命73)
	騎一	九月三日	九月三日	東京南部	
	騎十五	九月三日	九月三日	東京南部直ニ神奈川	○九月九日一中隊藤沢方面ニ(戒命13)○九月七日残留部隊ハ千葉ニ(戒命13)○十月四日機関銃隊ハ千葉ヘ(戒命58)○十月十六日一中隊ヲ以テ神奈川藤沢両地区ヲ警備セシメ主力ハ衛戍地ニ帰還(戒命65)○十月二十五日戒厳ニ関スル任務解止(戒命73)○十月二十七日藤沢ノ小隊ハ神奈川ヘ(横浜警備)(戒命71)
	騎十六	九月三日	九月三日	東京南部	○九月四日一中隊ヲ藤沢ニ派遣九月十日原所属ニ帰還(戒命5・13)○九月七日残留部隊ハ千葉ヘ(戒命13)○十月十五日一中隊ヲ東京南部ニ残シ衛戍地帰還(戒命43)○十月二十五日戒厳ニ関スル任務解止(戒命73)○十月三十一日東京南部ノ一中隊ハ師団長ノ隷下ニ復帰(戒命75)
	騎砲	九月三日	九月三日	東京南部	○九月二十五日兵営ニ兵力集給(戒命47)○十月二十五日戒厳ニ関スル任務解止(戒命73)
	野砲一	九月三日	九月五日	東京南部	○九月二十五日原衛戍地ニ(戒命47)○十月二十五日戒厳ニ関スル任務解止(戒命73)
	野重砲三旅団司令部	九月三日	九月三日	東京南部	
	野重砲一	九月三日	九月三日	東京南部	○九月七日残留部隊ハ千葉ヘ(戒命13)○九月二十五日兵営ニ兵力集結(戒命47)○十月二十五日戒厳ニ関スル任務解止(戒命73)

	野重砲七		九月三日	九月三日	東京南部	○九月七日残留部隊ハ千葉へ（戒命13）○九月二十五日兵営ニ兵力集結（戒命47）○十月二十五日戒厳ニ関スル任務解止（戒命73）	
	工一		九月三日	九月三日	東京南部	○九月十四日陸軍震災救護委員ノ区処ヲ受ク（戒命30）	
	輜一		九月三日	九月三日	東京南部		
	衛生機関		九月三日	九月三日	東京南部	○九月二十九日第一師団ヲシテ新ニ患者収容班ヲ編成セシメ神奈川へ（戒命53）○十月三十日右収容班ハ原所属ニ復帰（戒命74）	
	自動車隊		九月三日	九月三日	司令官直轄	○九月十四日陸軍震災救護委員ノ区処ヲ受ク（戒命30）○十月三十一日師団長ノ隷下ニ復帰（戒命75）	
第二師団	歩三旅団司令部		九月四日	九月五日	東京南部		十月五日
第二師団	歩二九		九月四日	九月五日	東京南部		十月五日
第二師団	歩六五		九月四日	九月五日	司令官直轄	○九月七日第二大隊ハ東京南部ニ（戒命13）○九月十日第三大隊ハ東京南部ニI/52iト交代（戒命23）	十月九日
第二師団	歩三二		九月四日	九月五日	司令官直轄	○九月四日浦和附近ノ警備（戒命7）○九月七日東京南部ニ（戒命13）	十月九日
第二師団	工二二	一大	九月四日	九月四日	東京北部	○九月十四日司令官直轄トナリ同日陸軍震災救護委員ノ区処ヲ受ク（戒命30）	十月二十日
第二師団	衛生機関	一大	九月四日	九月四日	司令官直轄	○九月七日東京北部ニ（戒命13）○九月十五日陸軍震災救護委員ノ区処ヲ受ク（戒命33）	十月十九日
第三	工三		九月四日	九月七日	司令官直轄	○九月十四日陸軍震災救護委員ノ区処ヲ受ク（戒命30）	十月二十二日

師団	衛生機関		九月四日	九月六・七日	東京北部	○九月十五日陸軍震災救護委員ノ区処ヲ受ク（戒命33）	第一班九月十九日 第二班九月二十八日
第四師団	衛生機関		九月四日	九月九日	神奈川	○九月十五日陸軍震災救護委員ノ区処ヲ受ク（戒命33）	九月二十四日
第五師団	工五		九月六日	九月十一日	司令官直轄	○九月十四日陸軍震災救護委員ノ区処ヲ受ク（戒命30）	十月十四日
	電二		九月六日	九月十一日	司令官直轄		十月二十五日
	衛生機関		九月四日	九月九・十二日	東京北部	○九月十五日陸軍震災救護委員ノ区処ヲ受ク（戒命33）	九月二十八日
第六師団	衛生機関		九月四日	九月八日	藤沢	○九月十五日陸軍震災救護委員ノ区処ヲ受ク（戒命33）	一部九月十八日 残九月二十六日
第七師団	工七		九月四日	九月七・九日	東京南部	○九月十四日司令官直轄同時陸軍震災救護委員ノ区処ヲ受ク（戒命30）	十月五日
	衛生機関		九月四日	九月七日	藤沢	○九月十五日陸軍震災救護委員ノ区処ヲ受ク（戒命33）	九月二十七日
第八師団	歩四旅団司令部		九月六日	九月九日	司令官直轄	○九月十三日東京南部ニ（戒命27）○九月二十五日神奈川ニ（戒命47）	十月三十一日
	歩五	三大	九月六日	九月九日	神奈川	○十月二十五日東京ニ移リ司令官直轄（戒命71）	十月二十七日
	歩三一	三大	九月六日	九月九日	司令官直轄	○九月十三日東京南部ニ（戒命27）○九月二十四日神奈川ニ（戒命43）	十月三十一日
	歩一七	一大	九月六日	九月八日	東京南部	○九月十四日東京北部ニ（戒命27）○九月十四日一中隊ハ司令官直轄トナリ九月二十二日歩五八ノ二中隊ト交代（戒命43）○九月二十二日東京南部ニ（戒命43）	十月二十日
	歩五二	一大	九月六日	九月九日	司令官直轄	○九月二十二日東京南部ニ（戒命43）○十月九日一中隊司令官直轄トナリ十月十八日歩一ノ一中隊ト交代帰還ス（戒命61）	十月二十日

師団	部隊					
団	工八	九月四日	九月五日	東京北部	○九月十四日司令官直轄同日陸軍震災救護委員ノ区処ヲ受ク（戒命72）	十月五日
団	衛生機関	九月四日	九月六日	東京南部	○九月十五日陸軍震災救護委員ノ区処ヲ受ク（戒命33）	九月二十四日
第九師団	歩六旅団司令部	九月四日	九月五日	中山道	○十月二十日東京南部ニ（戒命33）	十月二十五日
第九師団	歩七	九月四日	九月七日	中山道	○九月二十六日第三大隊ハ東京南部ニ（戒命46）○聯隊本部及第一大隊ハ十月　日東京南部ニ（戒命56）○十月二十日第二大隊ハ東京南部ニ（戒命63）○十月十八日一中隊ハ歩五二ノ一中隊ト交代司令官直轄（戒命68）○十月二―四日司令官直轄ノ一中隊ハ近歩一ノ一中隊ト交代（戒命特）	十月二十五日
第九師団	歩三六	九月四日	九月七日	東京南部	○九月八日第三大隊ハ神奈川ヘ（戒命16）○九月二十二日第三大隊ハ東京南部ニ（戒命45）	十月二十三日
第九師団	工九	九月四日	九月五六日	東京南部	○九月七日司令官直轄（戒命13）○九月十四日陸軍震災救護委員ノ区処ヲ受ク（戒命30）	十月十日
第九師団	歩三五通信班	九月四日	九月五日	司令官直轄		九月二十一日
第九師団	歩六九通信班	九月四日	九月五日	司令官直轄		九月二十一日
第九師団	衛生機関	九月四日	九月五六日	東京南部	○九月十五日陸軍震災救護委員ノ区処ヲ受ク（戒命33）	九月二十一日
第十師団	工十	九月六日	九月十一日	司令官直轄	○九月十四日陸軍震災救護委員ノ区処ヲ受ク（戒命30）	十月十五日
第十師団	衛生機関	九月四日	九月九日	神奈川	○九月十五日陸軍震災救護委員ノ区処ヲ受ク（戒命33）	九月三十日
第十二	工十一	九月六日	九月十一日	司令官直轄		十月八日

師団	衛生機関		九月四日	九月八日	千葉	○九月十五日陸軍震災救護委員ノ区処ヲ受ク戒命(33)	九月二十六日
第十二師団	工十二		九月六日	九月十二日	神奈川	○九月十六日陸軍震災救護委員ノ区処ヲ受ク(戒命34)	十月十六日
	衛生機関		九月四日	九月八日	千葉	○九月十五日陸軍震災救護委員ノ区処ヲ受ク(戒命33)	九月二十六日
第十三師団	歩二六旅団司令部		九月四日	九月五日	東京北部		十月十一日
	歩五〇	二大	九月四日	九月五日	司令官直轄	○九月七日東京北部ニ(戒命13)	十月十一日
	歩五八	一大	九月四日	九月五日	東京北部	○九月二十二日二中隊ハ司令官直轄(戒命43) ○司令官直轄二中隊ハ歩五二ノ一中隊ト交代復帰(戒命61)	十月十一日
	歩三〇		九月四日	九月六日	東京北部		十月七日
	工十三		九月四日	九月六日	東京南部	○九月十四日司令官直轄同時陸軍震災救護委員ノ区処ヲ受ク(戒命30)	十月十一日
	衛生機関		九月四日	九月六日	東京北部	○九月十五日陸軍震災救護委員ノ区処ヲ受ク(戒命33)	九月十九日
第十四師団	歩二八旅団司令部		九月三日	九月三日	東京南部		九月二十四日
	歩十五		九月三日	九月三日	東京南部		九月二十四日
	歩六六		九月三日	九月三日	東京北部(一部司令官直轄)	○九月三日一大隊ハ司令官直轄(戒命13) ○九月十五日司令官直轄部隊ハ歩七ノ部隊ト交代原隊ニ帰還	九月二十九日
	工十四		九月三日	九月三日	神奈川	○九月十六日陸軍震災救護委員ノ区処ヲ受ク(戒命34)	十月十七日
	衛生機関		九月三日	九月三四日	東京南部	○九月十五日陸軍震災救護委員ノ区処ヲ受ク(戒命33)	九月十九日
	歩二九旅団司令部			九月六日	小田原		十月十四日

第十五師団	歩三四 二大		九月四日以後	小田原	（九月七日ヨリ九月九日ニ亘リ戒厳軍隊ノ軍隊区分ニ編入ス）	十月二十七日
	歩六七 一大	師団長ノ独断派兵ニ拠リ出動ス	九月六日	小田原		十月五日
	歩六〇 混一中		九月七日	司令官直轄		九月二十四日
	工十五		九月四日以後	小田原		十月二十日
	輜十五		九月五日	小田原		九月二十五日
	衛生機関		第一救護班九月四日 第二救護班九月十日	（第一救）小田原 （第二救）神奈川		九月二十八日
第十六師団	工十六	九月四日	九月九月	藤沢	○十月十七日残置部隊ハ指揮下ヲ脱ス	十月八日
	衛生機関	九月四日	九月九日	神奈川	○九月十五日陸軍震災救護委員ノ区処ヲ受ク（戒命33）	九月二十五日
第十七師団	工十七	九月六日	九月十一日	神奈川	○九月十六日陸軍震災救護委員ノ区処ヲ受ク（戒命34）	十月十五日
	衛生機関	九月四日	九月八九日	東京北部	○九月十五日陸軍震災救護委員ノ区処ヲ受ク（戒命33）	九月二十一日
第六師団	工十八	九月六日	九月十一日	司令官直轄		十月二十一日
	衛生機関	九月四日	九月九日	東京南部	○九月十五日陸軍震災救護委員ノ区処ヲ受ク（戒命33）	九月二十三日
臨時鳩隊		九月三日	九月三日	司令官直轄		
照明班		九月三日	九月三日	司令官直轄	○九月四日近衛師団諸隊及陸軍航空学校ノ人員、器材ヲ以テ集成ス 九月中旬以後逐次其任務ヲ解除ス	九月中旬以後
士官学校生徒隊		九月四日	九月四日	司令官直轄		九月十四日
歩兵学校教導聯隊		九月三日	九月三日	東京北部	○九月七日所属ニ帰還ノ上千葉ヘ（戒命13） ○九月二十七日学校ニ帰還（戒命47）	九月二十八日

騎兵学校教導隊	九月三日	九月三日	東京南部	○九月七日残留部隊ハ千葉ニ（戒命13）○九月十九日千葉ヘ（戒命35）○九月二十二日派遣小隊所属隊ニ復帰（戒命43）○九月二十七日学校ニ復帰（戒命47）	九月二十八日
野戦砲兵学校教導隊	九月三日	九月三日	東京南部	○九月七日残留部隊ハ千葉ニ（戒命13）○九月十九日千葉ニ（戒命35）○九月二十七日学校ニ復帰（戒命47）	九月二十八日
高射砲練習隊	九月三日	九月三日	東京南部		九月十九日
工兵学校教導大隊	九月三日	九月三日	司令官直轄	○九月九日学校ニ帰リ千葉ニ（戒命13）○九月二十七日学校ニ帰還（戒命47）	九月二十八日

（『東京震災録　前輯』）

戒厳地域内の警備力の増減状況

旬次	軍隊	憲兵	警察官吏	合計
九月上旬前半	二八、〇〇〇	二六〇	一二、〇〇〇	四〇、二六〇
九月上旬後半	四〇、〇〇〇	八九〇	一三、六〇〇	五四、四九〇
九月中旬	四九、〇〇〇	九四〇	一四、〇〇〇	六三、九四〇
九月下旬	四三、〇〇〇	九六〇	一四、五〇〇	五八、四六〇
十月上旬	三七、〇〇〇	二、四八〇	一五、〇〇〇	五四、四八〇

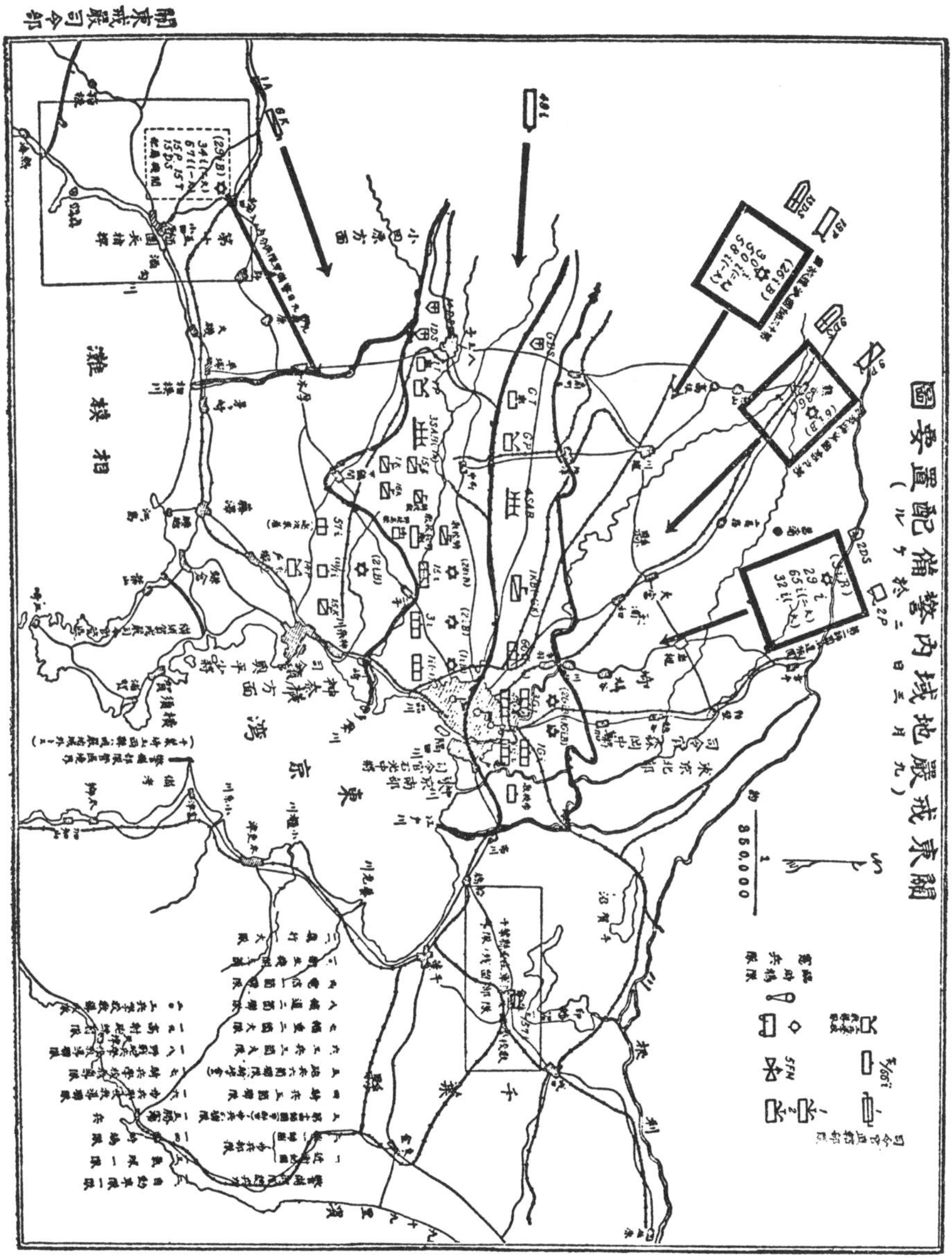

東京周辺の戒厳地域内の警備配置の状況（『東京震災録』前輯）

十月中旬	三三、〇〇〇	二、五〇〇	一六、〇〇〇	五一、五〇〇
十月下旬	一七、〇〇〇	二、五〇〇	一六、〇〇〇	三五、五〇〇

（吉河光貞『関東大震災の治安回顧』）

震災後のおもな事件

朝鮮人の虐殺、亀戸事件、甘粕事件とか、赤羽工兵大隊による抬頭社員の惨殺などが続く。これに対し、難波大助の虎ノ門事件、福田大将の襲撃事件をはじめ、アナーキストやテロリストの復讐事件があいついだ。

2　兵士の銃剣に散った亀戸事件

三日間で検束者千三百余名

大正十二年九月四日の夜ふけ、南葛労働組合の河合義虎以下八名と平沢計七が、亀戸警察署で殺された。殺したのは近衛騎兵十三連隊の兵士である。これについては東京朝日新聞が大正十二年十月十二日になってから次のように報じている。

復も社会主義者九名
　軍隊の手に刺殺さる
　　亀戸署管内に於ける怪事件
　　　死体は石油を注いで直ちに焼却す

九月一日震災当時の帝都は、殆んど無警察の混乱に陥り、機に乗じて不逞の徒党が横行し、流血の惨事は到る所に行はれた。秩序漸く回復する儘に、意外なる事実は続々として暴露し、鉄火の中にたゞよふ当時の帝都は、真に殺気漲り渡るものがあった。殊に亀戸方面に於て社会主義的労働者九名を一束にし刺殺された如き一大異変事さへ起ったのである。

当日、混乱最も甚しかった府下亀戸町方面に於て、たまたま管内に一団となって不逞行為をはたらく者があるという噂を耳にした所轄亀戸警察署は、一大事とばかり署員総出で鎮撫につとめたが、奏せず、いよいよ危険と見るや、亀戸署では同方面警戒の任にあった近衛騎兵第十三連隊に応援をもとめ、震災当日から三日までの間に検束者一千三百余名を算し、狭隘なる署の留置場はもとより、署内事務室、小使室、演武場等ことごとく、これら検束者で充満したが、彼等は甚しく喧噪を極め、警官と衝突するなど事態容易ならざる為、署長はその看守を軍隊に依頼し、署員は書類を屋外に運んで執務するに至った。

彼等社会主義者は怒号悪罵を署員にあびせかけ、官憲の不当を鳴らし、革命歌を高唱するなど、まったく鎮圧不能と認めた軍隊は、ついに銃剣をもって左記九名を一時に刺殺するに至った。

（《東京朝日新聞》　大正12・10・11）

抜刀した警官が検束

このときの検束は亀戸署がふだんから目をつけていた南葛労働組合員を中心におこなった。二日から三日へかけて震災の戒厳令にことよせて、治安を守るためと称して、労組員の居場所を抜刀した警官がおそって亀戸署へ連れてきたのである。不逞行為をはたらく者があったと新聞は書いているが、殺された九名をはじめとする労組の幹部は罹災者の救援活動をしていた。不逞行為うんぬんは新聞社として警察や軍隊に遠慮してそう書いただけである。本文を読んでみると、どこにも、不逞行為については書かれていない。

3　消された革命家・大杉　栄

「どさくさまぎれにどたどたやるのが、革命じゃない」――大杉　栄

ナゾだらけの甘粕事件

甘粕憲兵大尉らが、震災後のドサクサまぎれの大正十二年九月十六日午後八時半ごろ、東京市麹町区（現在の千代田区）大手町にあった東京憲兵隊の元憲兵隊長室において、アナーキスト革命家・大杉栄（三十九才）らを虐殺した事件の真相は、一時は闇から闇へとアワヤ葬りさられようとしたが、九月二十五日の記事解禁から、十月はじめにかけて、新聞の号外などで次のように報道された。

いわゆる甘粕事件の暴露については、憲兵司令部が非常に巧妙で周到な手段で証拠の煙滅をはかった大杉栄らの殺害が、どうして露顕したかというと、それは警察の情報にもとづいている。すなわち大杉に尾行の淀橋署刑事が、大杉を甘粕大尉が連行したので責任上署長に報告したため、大正十二年九月十七日の早朝に淀橋署長より森曹長の名刺を添付してその旨を湯浅警視総監に上申し、総監はまた手続上、これを内務省の警保局に移牒（管轄を異にする他の官庁への文章による命令・通知）すると共に、一方では当時の戒厳司令官であった福田大将にその善後策をたずねた。福田司令官は一参謀に命じて小泉憲兵司令官に対して事実の真相をたずねさせたところ、小泉憲兵司令官は一言のもとにこれを否定したので、福田司令官はまたすぐにこれを湯浅警視総監

に知らせたのである。しかるに湯浅警視総監は、憲兵司令部内における大杉の検束が事実であることはもちろん、その殺害されたらしいとの警察情報を耳にしていた関係上、陸軍側のでたらめな回答をにがにがしく思い、やむを得ずこれをただちに後藤内務大臣に上申した。そこで後藤内務大臣から山本首相に甘粕事件の一部始終を報告したので、山本首相は大変に驚き、とりあえず田中陸軍大臣に事実の取調べを命じ、田中陸軍大臣は部下の小泉憲兵司令官を大臣室まで呼びよせた。すると小泉憲兵司令官(少将)は××××××××××××××××を示したので、田中陸相はついに小泉少将に謹慎を命ずるに至った。このようにして大杉殺害事件は、ここにまったくその真相が明白になったのであるという。また一方には、九月二十日に福田戒厳司令官を免職し、陸軍大将の山梨半造を関東戒厳令司令官に任じ、同時に憲兵司令官の小泉少将を免職にして陸軍少将の柴山重一をその後任に命じ、東京憲兵隊長の憲兵大佐、小山介蔵に停職を命じ、憲兵大佐の三宅篤夫をその後任に命じて、甘粕事件にかんする責任を明らかにした。しかしその当事者であり直接の責任者である憲兵大尉の甘粕正彦は、その前日の九月十九日に、すでに代々木の陸軍刑務所へぶちこまれていた。

甘粕事件が発覚した原因は、すでに述べたとおりである。なお甘粕事件が発覚して軍法会議の問題となるまでには、当時の湯浅警視総監と後藤内務大臣が、人道上の問題として陸軍当局を追及したという評判があった。しかしその湯浅警視総監は、

「私は事件を知るや事実は事実としてさっそく内務大臣に報告すると共に、戒厳令司令部に福田司令官を訪問したが、あいにく不在だったので相当の責任者に会見し、ひととおり事件のいきさつを述べたが、司令部ではまだ事件を知らないようであった。しかしその席上私が陸軍当局を攻撃したというような噂は、全然まちがいで単に報告的にある相談をしたまでである。また淀橋署長が憲兵側に対し大杉をやっつけてくれといったの

は、警察側が大杉殺害を依頼したように受けとられ、私の陸軍攻撃の噂と矛盾するが、森曹長の予審調書には明らかにかかる事実のない事を述べている。なんら警察に恩怨のない森曹長が事実を否定してまでも警察側を庇護するはずはないと思われる。」

と事件のはじまりにかんしてはもちろん、憲兵隊と警視庁となんら関係のないことを弁解し、盛んに説明していた。


さらに、また後藤内務大臣は、つぎのようにいっている。

「このたびの甘粕事件について私が閣議で陸軍大臣をきめつけたというような話は大うそである。あの問題は陸軍大臣以外のものが干渉する権限は全然ない。総理大臣といえども権限がない。もちろん、そんな事件のあることは発生後間もなく知っていた。しかし干渉の権限のない私が、なんで閣議などにもち出して陸相の攻撃をなすものか。もしそんなことをいいふらすものがあったら、何か為にせんとする小人の宣伝にすぎないのだ。またその宣伝に乗るものも乗るものだ。」

と事もなげに打ち消されていたのであるが、まだ世間一般はこれを疑っていたようである。

また問題の人となった児玉淀橋署長は再三警視庁に出頭し、当時の事情につき陳述したのは本当だが、この人のいうには
「予審調書には自分の意思云々のことが部下の松元警部補の言葉として載っているが、意思があるかないか部下に話せるものでもなく話すわけもない。当時は、いろいろなことで、そんな問題どころじゃなかったし、前々だって部下と話しあったこともない。自分はまだ震災後憲兵に会ったことは一度もないので、松元警部補ともう一人が予審に呼び出されるまでは、いったい何がなんだか知らなかった。また本署から自動車を出した

ように伝えられているが、そんなことは全然ない。」

と、まったく打ち消していたが、この点もやはり問題とされている。

海軍中将の予言適中

斎藤七五郎中将は、中佐の時英国駐在になり、感ずる所があったらしく
「英国人というのは、フレクシブル（著者注、融通のきく）な国民だな」

よく人にそう言っていた。

震災がおこった直後、やはり正木に向かって、

「こんなどさくさまぎれに、過激思想の持主を虐殺するというような暴挙がおこらなければいいが……。もしそんなことをしたら、彼らに乗ぜられるだけで、彼らのために宣伝をしてやるようなものだ」

といったのは、日本人の「フレクシブル」でない面を心配していたように見える。

そのころ日本では、斎藤が憂えた通り、すでにアナーキストや社会主義者の虐殺事件がいくつかおこっていた。

（阿川弘之「軍艦長門の生涯」(139)《サンケイ》昭和四八・一・二六）

サル芝居の軍法会議

ヤブから棒に陸軍当局は、九月二十日戒厳司令官および憲兵司令官の更迭を発表し、同時に九月十六日、東京憲兵分隊長の甘粕正彦が職務をとり行うさい違法の行為をあえてしたので、軍法会議にかけられることを公表した。その当時は大杉栄ほか二名を殺したというだけだったので、ほか二名とは誰のことかまるでわからなかった

が、後になってほか二名は大杉栄の妻の伊藤野枝、およびその妹あやめの子橘宗一とわかった。大杉栄は有名な無政府主義者であって、政府に反対の立場をとっていた。

たまたま九月一日の大地震、大火災のため東京市内は大混乱におちいったので、政府は戒厳令を施行する一方、社会主義者や共産主義者を検挙した。しかるに、大杉栄は検挙されず、無事、自宅にひきこもっていた。その時甘粕大尉は東京憲兵隊の渋谷分隊長として、社会主義者の行動を偵察中、大杉のまだ検挙されないことに気づき、ちょうど呑舟の大魚を逃がしたように感じ、大杉をどう処置したらよいかといろいろ考え、そしてついに関東大震災のどさくさに乗じて大杉栄を殺害してしまった。

甘粕大尉は軍法会議にかけられ、その公判は東京第一師団司令部において開かれることとなった。この係として、つぎの人々が任命された。

判士長　歩兵第一連隊長　岩倉正雄
判　士　歩兵第三連隊付歩兵少佐　林大八
判　士　第一師団参謀砲兵少佐　平田健吉
判　士　野砲兵第一連隊砲兵大尉　梅地庫彦
法務官　小川関次郎

なお本人の希望により、官選弁護士は奥田剛郎、塚崎直義と決定した。

甘粕大尉の第一回公判(十月八日)

大正十二年十月八日の午前九時十分より第一師団の軍法会議の法廷において、甘粕憲兵大尉の公判が開廷された。傍聴者の二百人は廷内にあふれ、私服憲兵または大尉以上の軍人がやく三分の一をしめ、特別傍聴人として各省の代表者および石光第一師団長、鈴木検事総長、大井大将などのおれきれきもいた。被告の甘粕大尉と森曹長は看守に引かれて被告席につくと、まず岩倉判士長から身分調べがあった後、山田検察官より公訴事実を述べ、ただちに小川法務官が代わって、まず甘粕大尉について訊問をはじめた。

混乱し危機に頻したわが国の思想界

問「被告は憲兵分隊長として在職中、特に注意して何か取調べた事があるか」

答「ありません」

問「震災後はどうだ」

答「震災後は夜も寝ず食事もとらず間断なく仕事をやっていたが特に調査する必要の事も認めませんでした」

問「思想問題の取調はどうか、特にこれに力を入れて調査したような事はないか」

答「前にはやっていましたが、震災後特別にやりません。しかし今日わが国の思想界は甚だしく混乱し、危機にひんしているように思われます」

と滔々数十分間にわたって、思想問題と皇室中心主義を叫んでやまなかったが、

「なかんずく無政府主義は光輝あるわが国体を破壊し特に文筆をもって青年に及ぼす影響は甚大で、彼らの主張は決してゆるがせにすべきものではない」

と民族運動やかって勤務していた朝鮮問題などを論じて満廷を驚嘆させ、その陳述も活溌と元気に満ちておじける様子もなく軍人気質を十分に現わした。

社会主義者の不逞行為を恐れた

問「災害後、社会主義に対する危険状態を感じたのかどうか」

答「憲兵隊で放火犯人を逮捕した時、犯人の自白によって、その背後に社会主義者がいる。当時、伊藤野枝が爆弾を懐中にして大杉と共に活動しているとの説も聞きました。ことに私は震災を実際に見てさすがに市民は健在だと思いました。しかし将来もし事変が起こった場合は最も恐るべき何物かが来わしまいかと憂い、同時に戒厳令撤廃後、警察の信用と市民の大きな痛手の回復期までにつけこんで社会主義者などが不逞行為にでやしまいかとそれのみ恐れました」

問「被告は大杉の居所をどうして捜査する気になったのか」

答「震災と同時に、警察では社会主義者の検挙をやったが、警視庁の検挙ぶりをみれば実に小さい生活のための社会主義者のみを検挙し、巨頭をやらないからこちらの手で大杉の所在を知る気になったのです」

殺害の決心をしたのは九月五、六日ごろ

問「所在を知った場合はどうする気であったか」

答「むろん殺してやろうと思っていました」

問「殺害の目的をいつ起こしたか」

答「九月五日ごろだったと思います」

問「所在を知るのは、すなわち殺害の目的からであったか。また所在の捜査を誰かに命じたか」

答「大杉の所在を知ったらやつけてやろうと思っていました。その捜査は森慶次郎に命じました。十五日に私は自身、淀橋署員に案内してもらい大杉の家に行ったが留守で大杉を………者がぜひ憲兵の手で………署長も………と隊内での話でしたから森曹長をやってそれを確かめさせました」

問「その結果はどうだった」

答「かえってさきの言葉を強めて裏書したようなものでした。これを具体的に申しますれば同署の特高係長は大杉を………援助をするとの事でした」

問「尾行の始末とはどんな事か」

答「つまり尾行を引上げる事です」

問「………くれとはどういう意味か」

答「………ないかと云う意味だと始めから思っていました」

森曹長に話したのは隊を出るとき

問「ほかに殺害の理由があるか」

答「それは震災後、社会主義者は猫も杓子も警視庁で検挙したが大杉のみは検挙しない。故に警視庁が何かの理由でこれをやり得ないなら、こちらでやると決心しましたが、すなわち巨頭の大杉をやれば他の無政府主義者の蠢動を防ぐゆえんだと思いました。つぎに私がいかに決心しても警視庁が番をしていれば駄目ですが……との事ですからやったのです」

問「どういう方法で殺害したか」

答「十五日の夕方、大杉は常に戸山ヶ原を散歩するということを聞きましたから、散歩先でやるつもりでゆきました。方法はおよそ手でしめる。それでもなし得なければ拳銃でやっつける考えでした」

問「十五日には森慶次郎も行ったか」

答「そうです。森のほかに二人の上等兵をつれて行きました」

問「同行者には殺害することを話したか」

答「云いません。森には分隊を出る時云いました」

問「途中淀橋警察によったのは、どんな用事か」

答「居所がわかりませんから案内してもらうためですが、十五日には目的を達せず帰隊しました」

大杉が外出の帰途を同行する

「帰る時、明日はどうしても引張り出してやると云いましたから、上等兵一名を残して明日午前中行く約束で帰りました。その途中……が大杉を電報で呼び出してはどうか、それには藤田某の名前をかりて浦和あたりへ引張り出してやったらよかろう。藤田某は常に大杉を電報で呼び出すし、せんだって大杉が渡仏したのも藤田がカネを出し、その背後に現内閣の大臣がいると聞きました」

問「それを直接誰から聞いたか」

答「顔は知るが名前は知りません」

惨たんたる焼跡の光景

問「十六日にはどうした」

答「私と森と二名の上等兵をつれて行き、午後五時ごろ大杉が外出先から帰途を同行したのです」

問「大杉のみか」

答「野枝と子供もいました」

問「大杉一人の目的なのにどうして他の二人も同行したのか」

答「野枝と子供をはなすと大杉が憲兵隊に行ったということがわかるからです」

問「それなら始めから野枝も殺害する目的だったか」

答「確然たる目的はありませんが、大杉と一緒だったからであります」

問「子供はどんな服装で大杉の子と思ったか」

答「飛白のゆかたで朴歯の下駄で大杉の子と思っていました」

もっとほかにも殺したいと思った

問「野枝の服装と比べて子供はどうだった」

答「服装のことまで考えませんでした。どうも大杉は野枝に贅沢きわまる身なりなどをさせ、云うことと行なうことがまるで反対です」

問「大杉の妹の子であるとも知らなかったか」

答「知りません。私は殺害した為の罪は負いますが大杉のみを殺しての罪を負うことは苦痛であります。もっとほかに大杉のごとき奴を除いてからにしたいと思います」

問「ほかに殺害を予想したものはないか」

答「福田狂二と堺利彦を思いましたが堺は監獄に入っているし、福田は憲兵隊へ検挙を頼んでくるくらいでしたから、よしてみました」

この時十時四十分、訊問の法務官は判士長と打合せて三十分間の休憩を宣し、十一時二十五分、ふたたび開廷前に引続いて甘粕大尉を訊問した。

問「震災後、野枝の行動を具体的にきいたことがあるか」

答「野枝が爆弾を持って大杉と共に活動していることを聞きました」

問「どういう方面に活動した」

答「具体的のことは調べません」

問「野枝に対して何か制裁を加える考えがあったか」

答「その前には考えませんでした」

問「野枝と大杉と共に殺害しようとすぐ決意したか」

答「決しません。一緒に参ったからあるいはやっても構わぬからかえって一緒に来た事がよい幸だと思いましたが……」

問「好い幸とはどういう意味か、決意ではないか」

答「やるのに好い都合だとのみで、これがただちに殺害の殺意とは私に信じられません。場合によっては、やるつもりでありました」

ノドを締めて一分間ばかりで絶命
問「場合とは何か」
答「その場にならねばわかりませんが、野枝も社会主義者としては要視察人であり、私が大杉を殺す時こんな女と心得ましたが、しかし外国の例に見ましても女の標的は危険で○○（著者注、「革命」か？）の導火線だと思いますが、当時適確の決意をしませんでした」
問「野枝に対する震災前の考えはどうか」
答「たいした考えもなく問題にする女ではないと思っていました。しかし大杉と引放して考えると、それも殺す女と考えました」
問「大杉を同行したのは憲兵としての引致か」
答「意味はそうかも知れませんが、私は初めから個人として殺すつもりでした」
問「大杉を殺した場所は」
答「司令部応接室階上です」
問「ただちに殺害の目的で室へつれて行ったのか」
答「その通りであります」
問「室に入ってからの方法は」
答「私は森と大杉が話して暫らくしてから入って殺し、右の手をのどにまわして左の手くびを握り一分間ばかりで絶えたと思います。締めてから少しもがき廻転した為、私もころびましたが、すぐに右膝を背にあてて殺しました」

と当時の有様を被告席でやって見せ、麻縄の訊問やら絞殺以外に暴力を加えなかったこと、三人に夕食をあたえ、子供に菓子を与えたことなど、ハキハキ陳述して正午三度休憩した。

社会の混乱に満足そうだった野枝

ひきつづき午後一時より訊問を開始し、

問「大杉栄と伊藤野枝を殺すのにどの位手間どったか」

答「四、五十分だろうと思います」

問「部屋にはいってどんな話をしたか」

答「伊藤野枝には軍隊が戒厳令などを布いているのは君らにとっては馬鹿なことをしているとしか見えぬだろう、したがって軍人なんかはくだらないものと思うだろうというと、野枝は近ごろは兵隊さんでなければ駄目じゃありませんか、と笑いながら答え、さらに君らは今でも混乱を望んでいるだろうと云えば見解の相違でね、と返事しました」

とその他、原稿のことなど二、三問答した旨を述べ、青白い大尉の顔色はしだいに興奮し、

「その時感じたのは野枝の人を食った傲慢な態度で、それがさも社会の混乱を好むようなようすなのです。たとい大杉を殺しても野枝を生かしておくことは危険で、外国にも失敗の例が否多くあります。そんなことから殺す気になりました」

問「殺した方法は」

答「大杉と同じ方法でしたが、腰かけている具合が悪かったので唸き声を二つ三つ出し、大杉より少し骨が

折れました」

橘宗一を殺害したのは、最初甘粕大尉の陳述により彼自身殺害したことを主張したが、じつは部下の罪をおおうための一策にすぎないこと判明し、大尉も真の下手人でないことを自白し、軍法会議に付せられるに至った。しかるにここに不思議なことには、小川法務官と橘宗一とは縁戚の関係があるといって、甘粕大尉の弁護士である塚崎、糸山、田端、武富の四人より小川法務官の忌避（訴訟事件において、裁判官または裁判所書記官などが訴訟関係人と特殊の関係にある場合、またはその他の事情によって、不公平な裁判を行なうおそれのある時、訴訟当事者がそれらの人の職務執行を拒否すること）の問題を提出し、石光第一師団長に対し更送を迫ったので、第一師団長はよくよく考えた後、小川法務官の辞意を聞きとどけ、その代わりに告森果（第四師団法務官）を任命した。

第二回公判（十一月十六日）

甘粕大尉は第一回の公判で「私は子供を殺しません。誰が殺したのかも存じません」と第一回の公判に甘粕大尉が述べたのがもとで、鴨志田憲兵上等兵の自首につづき、本多憲兵上等兵、平井憲兵伍長の二人の引致（国家が公力で被告人、被疑者、または証人などを強制的に裁判所などに出頭させること）となり、事件に新しい波紋がえがきだされた。

誰が子どもを殺したか？

二人の被告が五人にふえ、四人の弁護人が十人になるというふうに登場の役者が増して世間の目と耳とが一そうこの第二回の公判にそそがれ、法廷内の傍聴席はもとより満員で、窓のそとからのぞきこむ屋外の傍聴人も法廷のまわりにビッシリと押しあっている。さだめの時刻の九時に判官席うしろの特別傍聴席に清水前陸軍法務局長の筑柴中将がひかえ、そのほかカーキ色の軍服や、背広服の文武官三十余名がズラリと居ならんで、開廷を今やおそしと待っていたが、名川と平松の両弁護士がそろわないため、遅れて九時四十分になってようやく開廷した。判官席には前の小川法務官にかわって、金ぶちの眼鏡をかけ、髪をハイカラにわけた、やせがたの告森法務官が岩倉判士長の公判続行の宣告を聞き、形のような身分についての質問に対しいちいち答弁し、引続いて山田検察官の五被告に対する起訴理由の説明が終わって、告森法務官は明らかでハッキリした口調で、まず甘粕に対し大杉殺害の動機を問い、甘粕大尉以下についても迅問を行なった。

第三回公判（十一月十七日）

午前九時二十五分に特別傍聴人が入場し、弁護士十人も揃って列席、ついで岩倉判士長以下の判士と検察官が着席し、同時に甘粕大尉以下の五被告も入廷し、九時三十分に告森法務官から各被告に対する迅問があった。

第四回公判（十一月二十一日）

前回の証人調べおよび弁護士の弁論の後、甘粕事件の第六回判廷は、十一月八日午前九時十五分に判士長以下、判事、検察官、五被告、十弁護士列席のうえ開廷し、山田検察官がまず立って論告を始めた。検察官はこの事件の勃発をもっとも遺憾であるとまえおきして、

甘粕（憲兵大尉）は、森（憲兵曹長）と共に共謀して、大杉および野枝を殺し、鴨志田（憲兵上等兵）をして宗一（七才）を殺害せしめたるは、被告の供述によって明かである。森（憲兵曹長）は大杉と野枝を殺害するにさ

いし援助し、宗一殺しに対して命令を与え、平井（憲兵伍長）は証拠十分ならざるも情を知って見張りし、鴨志田（憲兵上等兵）は本人の供述によって宗一殺害の事実明瞭、本多（憲兵上等兵）は供述すこぶる曖昧であるが、相被告（ママ）の供述によって鴨志田（憲兵上等兵）と共に宗一殺しに加わったこと明瞭である——犯罪の場所が憲兵隊内で、死体を同隊構内の井戸に埋没したのは憲兵隊の行為のごとく見えるが、よく事実を見つめれば前後の関係上、甘粕の個人の意志に出でたるもので、戒厳令下で見張り厳重なるため、他の所で実行することができぬ状況にあった。被告らの陳情によればことごとく内密にやっている。大杉らの拘引以来、死体の処置も他に知れぬように夜間おそく行ない、すべて個人的の行為であることが明瞭である。なお司令官の命令の如く推測するものあり、本多（憲兵上等兵）の供述中にもこれを認められたが、なんら証拠とすべきものなく、司令官等の命令でないことは明らかである。

として犯罪事実について述べ、ついで動機論に入り、

甘粕は平素より社会主義者の行動をにくみ、折りから大震災に大杉らがいかなる行動に出づるかもはかられずとなし、国家の蠹毒（物事をそこないやぶること）を除かんと国家のために国法を犯すことをもあえてしたもので、野枝を殺したのも同一理由である。森（憲兵曹長）は共同正犯であって十四日に甘粕の相談に応じ行動を共にしたのである。平井（憲兵伍長）は見張をなして殺害のことを容易ならしめ、鴨志田、本多（両憲兵上等兵）は命令の如く供述しているが、その事実は命令によらず、甘粕等の勧誘によるのである。

と論じ、ついで甘粕などの行為の批判にはいる。検察官は一段と声をはりあげて、

甘粕などの行動は国家のためにはかったとはいえ、国法をみだすのである。法治国において国法をやぶるのは、その動機いかんによらず当然、犯罪を構成する。国家は国法によって守らるべきもので、国法に違反して

国家のためになるということは大間違である、――思想問題については、鎖国時代にもいろいろな傾向があった。国際間の交際の進むにつれわが国の思想も発達している。これに対する国家の立場はすべて公明正大でなければならぬ。思想に対しては思想をもってせねばならぬ、法をもってこれに対せねばならぬ。一々反対の主義者を殺害してその思想を除くを得ざるは、わが国の歴史、革命の状を見るも明かである。革命は主義者によるものでなく、社会の欠陥が然らしめたのである。

と顔を真赤に興奮させてまくしたて、

私刑（法によらず私人が勝手に加える制裁。私的裁判。リンチ）的行為を用いるのでなければ安寧（やすらかなこと。安泰）を保つことができないという考えをもって行なった甘粕らの行為は、国家のために一毫（少し）の利益をも与えるものでない。（カッコ内はいずれも著者注）

と断じ、つぎに命令関係について、森（憲兵曹長）は甘粕（大尉）に、鴨志田と本多（両上等兵）は森（憲兵曹長）に命令をうけたと称するが、階級が上であってもその性質により命令関係は生ずるものにあらず、命令は直属上官によりはじめて生ずることは陸軍刑法第十六条に明らかであるといって、甘粕が本部の高等課長であるかどうかにつき論及し、小山大佐の供述（申したて）によれば、口頭で命令したように記憶するというにとどまり明らかでないと述べた。検察官はさらに、

被告らの行為は、憲兵条令の兵器使用の項にあたらない。命令は上官のいうことが正式なもので、下官の職務の範囲を出ない場合において、はじめて命令と云い得るものである。甘粕の行為は命令でない、また憲兵の職務でないことは勿論である――服従は正式命令ではじめて生ずべきもので、不法の命令には服従はない。被告が仮りに命令ありと確信したものとすれば、被告らの供述は甚だ曖昧である。命令と確信あるものなれば甘

粕（憲兵大尉）の言に絶対に服従せねばならぬのに森（憲兵曹長）らはこれをきらって逃げまわったことはその供述で明らかで、その行為は命令に従ってしたということは認めることが出来ない。森（憲兵曹長）らが命令だというのは一時の云い逃れである。

といって、いよいよどのように罪するかという議論の要点に入り、

被告の甘粕（憲兵大尉）、森（憲兵曹長）は刑法第六十条、第百六十九条、平井（憲兵伍長）は第六十二条、第百九十九条、鴨志田、本多（両憲兵上等兵）は第六十条、第百九十九条に該当し、平井は一年半以上無期、その他は死刑にあたる。被告らは安寧を維持し国法を守るべき人どもだから、その罪の責任は決して逃れることはできない。

と論じてから、がらりと変わって、

ただし酌量（事情をくみとって同情すること）すべき点はないかというと大いにある。これが犯された場合を考えてみるに、各国の例をみても、大変災にさいし心理状態の変わらないものは大英雄か大馬鹿である。今回の震災後、朝鮮人や社会主義者の騒擾（騒動）の噂につき、その表面に何者か魔の手の加わっていると思うのは当然である。被告らは職務として一般よりよく知ることができ、それによってこの挙に出でたもので、ふつうの場合と異なり大いに酌量すべきものである。かつ甘粕は主観的には国家を思うのあまり一命を捧げて国家につくす精神は買ってやらねばならぬ立派な精神である。鴨志田、本多は命令によるものではないが、軍紀の重んずべき軍隊、特に憲兵隊においてこれを免れることはできないから、刑の量定を考慮せねばならぬ。ことに両者は自首している。なぜはじめに自首しなかったかは甘粕との約束によるもので本人の意志でなかった。

と四十余分にわたって論じ、そうであるならばいかに刑すべきか、以上の諸点から、

山形県米沢市門東町上ノ町六九五

懲役十五年　　予備憲兵大尉　　　　甘粕正彦
三重県河芸郡大里村睦合一二七五
懲役五年　　　憲兵役長　　　　　森慶次郎
懲役一年　　　憲兵伍長　　　　　平井利一
茨城県那珂郡五台村大字後台一一九四
　　　　　　　憲兵上等兵　　　　鴨志田安五郎
群馬県利根郡新治村三〇
　　　　　　　憲兵上等兵　　　　本多重雄

を求刑して論告は終わった。法務官は甘粕らを立たせ、論告に対して何事か申すことがないかと問えば、甘粕は「上等兵らが自分の命令によって行なったもので、彼らに罪なきものである。なにとぞ寛大なる処分を仰ぎたい」と滔々として語った。

甘粕に懲役十年

大杉栄、伊藤野枝および橘宗一（七才）の三名を殺した麹町憲兵隊の分隊長代理兼任であった憲兵大尉甘粕正彦、および曹長の森慶次郎、伍長の平井利一、上等兵の鴨志田安五郎と本多重雄らにかかる事件は、第一師団の軍法会議において審理中、十二月八日の午前十時に岩倉判士長、山田検察官、塚崎、田山、名川、平松、糸山、秋草、田崎、宮古父子の各弁護人が列席のうえ、判士長はすこぶる謹厳な態度で左のように云いわたした。

判決書

主　文（岩倉判士長朗読）

被告甘粕正彦を懲役十年に処す、被告森慶次郎を懲役三年に処す、被告平井利一、同鴨志田安五郎、同本多重雄を各無罪とす

理　由

被告正彦同じく慶次郎は先に現役中正彦は東京憲兵隊渋谷分隊長麹町分隊長代理兼任、また慶次郎は東京憲兵隊本部高等課係の職を奉じ、その任務に従事しいたるところ、正彦はかねて社会主義者の研究をとげたる結果、社会主義の国家に対し有害なるを認めかつ無政府主義の如きは国家の権力を無視し、わが国体と容れざる主張にして、これらの主義者の言動はとうてい黙視、放任すべきにあらずとの信念を抱くにいたれり。たまたま大正十二年九月一日関東地方未曽有の大震火災の起れるにさいし、不逞（朝）鮮人がこれを好機とし放火、暴動の挙に出でたりとの説、宣伝せられ、同月二日大正十二年、勅令第三百九十九号の布告を見るに至りたりといえども、じらい各所に殺人、放火等の事実頻発し、帝都およびその附近住民の不安、興奮その極に達し、将来の不安、予想しがたきものあり。しかしてこれら不逞の徒の背後には、社会主義者活動せりとの風評もっぱら行なわれ、かつ職務上、恐怖すべきいろいろの情報を耳にしたる正彦は、主義者の多くが警察署に検束せられたるに拘わらず、そのもっとも危険視する無政府主義者の巨魁（かしら。頭領）大杉栄の検束せられざることを知るにおよび、同人一派が軍隊の警備徹底せず、秩序いまだ整わず、食糧等の配給不十分なる時に乗じていかなる不逞行為に出づるやもはかりがたしとなし、憂慮おくあたわず、この際同人を殺害するはすなわち、国家の禍根を芟除（かりのぞくこと）するゆえん（わけ）なりと信じ、ひそかにその機をうかがいいたるに、大杉は尾行巡査の尾

甘粕事件第6回公判における甘粕大尉（右端）以下左へ森曹長、平井伍長、鴨志田、本多上等兵（甘粕は免官後に、満州事変の舞台裏で、満州国時代に活躍した）。

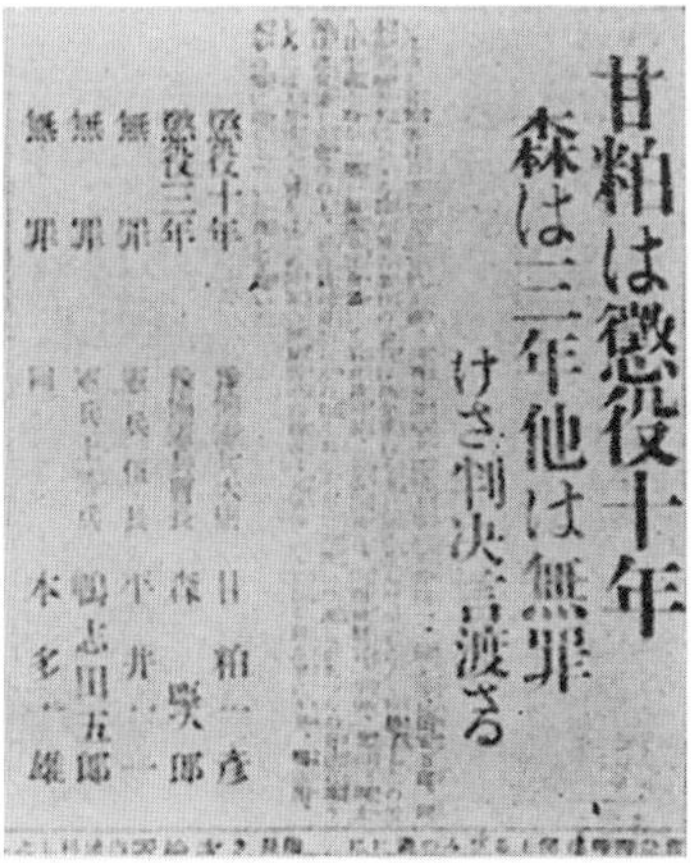

甘粕は懲役十年
森は三年他は無罪
けさ判決を渡さる

懲役十年　憲兵大尉　甘粕正彦
懲役三年　憲兵曹長　森慶次郎
無罪　憲兵伍長　平井利一
無罪　憲兵上等兵　鴨志田安五郎
無罪　同　本多重雄

判決を伝える記事。

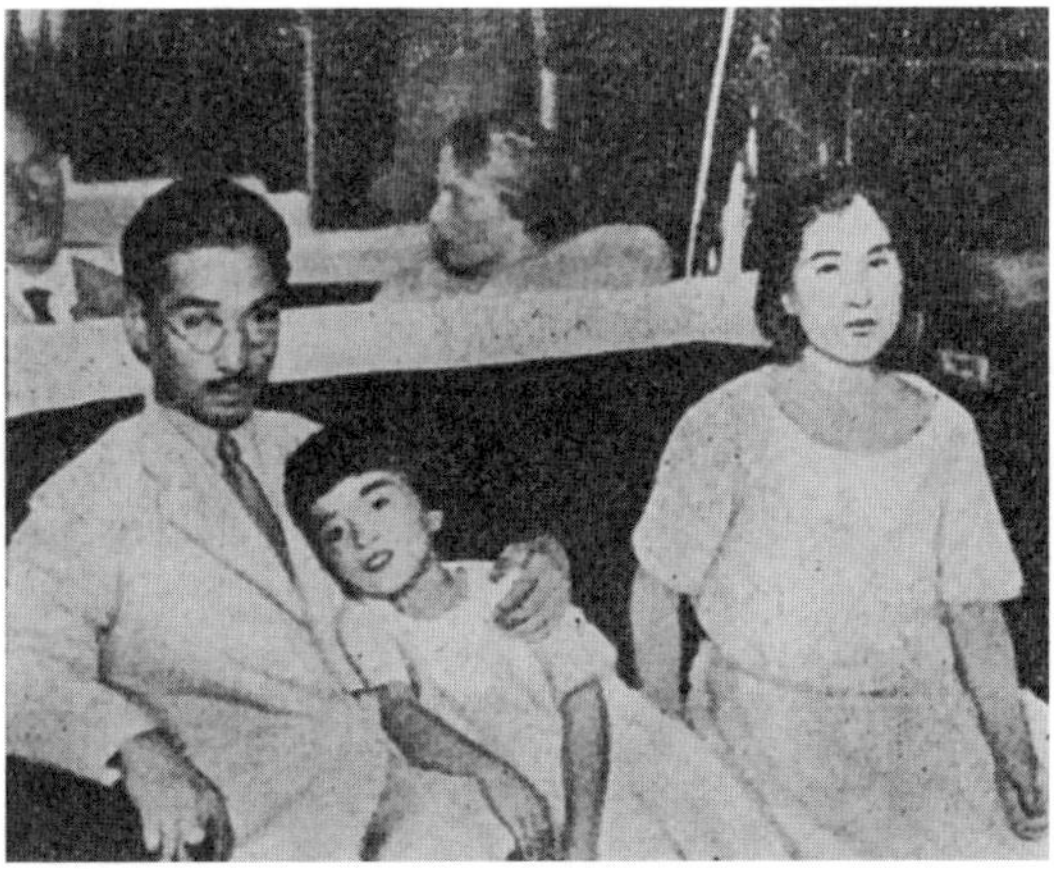

殺された大杉栄（左）と伊藤野枝（右）、中央の女児は生き残った大杉の遺児。

行（警察官が要視察人のあとをつけていくこと）をうけて、よういに目的の達しがたきを遺憾（残念）となせる折りから、大杉をやっつけたき意嚮、淀橋署にありと聞きこみたるより、森慶次郎に意中をもらし、これが事実をたしかめたるに、同月十五日朝森慶次郎が同警察署の意向なりと復命したる所は、この際、憲兵隊の手にて大杉をやっつけくるれば尾行を解除しその他の援助をなすべく、なお震災後、大杉は夕刻小児を伴い戸山ヶ原に散歩することありという話あり、これひっきょう（結局）殺害を暗示するものと推し、ここに絶好の機を得たりとして、断然大杉を殺害すべきことを決意し、森慶次郎と共謀のうえ右の戸山ヶ原において大杉を殺害せんと欲し、同日午後五時半ごろ甘粕正彦、森慶次郎の両名は情を告げずして部下たる被告、鴨志田安五郎（上等兵）、本多重雄（上等兵）の両名を伴い、東京市豊多摩郡淀橋町字相木三百七十二番地なる大杉の居宅附近に張込み（見はり）いたるも、同人の外出せざりしためその目的を達せず、翌十六日午後二時半ごろ、甘粕正彦、森慶次郎は前日と同一の目的のもとに情を知らさず、部下の被告、平井利一（憲兵伍長）および前記、本多重雄（憲兵上等兵）の両名を伴い、再び右大杉の居宅附近に至りし時、淀橋警察署員が甘粕正彦（憲兵大尉）に向い、大杉は同日午前十時ごろ内縁の妻伊藤と共に外出したるも、夕刻には帰宅する由を告げたるより、大杉の居宅附近の道路上においてその帰宅を待ち受けたるが、同日午後五時ごろ大杉栄および妻伊藤野枝、おいの橘宗一（当七才）と共に前記の張りこみ地点に来たれるより、甘粕正彦（憲兵大尉）、森慶次郎（憲兵曹長）の両名は、うちあわせのうえ大杉に向い取調べたきむねを告げて、憲兵隊に同行を求め（妻）伊藤野枝、（甥）橘宗一の両名と共に、東京市麹町区大手町の東京憲兵隊に誘致し、同所階上なる震災後使用せざる元憲兵隊長室に導き同室にとめおき、同日午後八時ごろ大杉を同構内、憲兵司令部の前同様、震災後使用せざる階上司令官の応接室に連れこみ、同室の入口を後に椅子に座せしめ、森慶次郎（憲兵曹長）においてそれと対談中、同八時三十分ごろ甘粕正彦（憲兵大尉）は同室に入り来り、突然、大杉の後方より右前腕をもって同人の咽喉部にあて、左手をもって右手首をとり後方に引き、同人が椅子より落ちたるを、右膝をもって背骨にあて窒息死に至らしめ、森慶次郎（憲兵曹長）は大杉殺害のさい同室内の廊下に出でてこれが見張りをなしたり。ついで甘粕正彦（憲兵大尉）、森慶次郎（憲兵曹長）は一旦前記の憲兵隊階下における麹町憲兵分隊の事務室に帰り、（大杉の内妻）伊藤野枝および（甥）橘宗一の処置について協議したるが、野枝は大杉の妻にして主義を同じうし、泰西革命の歴史に徴するも婚人（既婚）の（社会）主義者は時にかえって男子に過ぐるものあるにかんがみ、これを殺害するの（必）要ありとなし、森慶次郎（憲兵曹長）と共謀のうえ、甘粕正彦（憲兵大尉）が手を下すことに決したり。ついで前記の橘宗一については、甘粕正彦（憲兵大尉）は当時、大杉の子なりと信じたるも、かかる小児を殺害するは情において忍びず、ちゅうちょしたるに森慶次郎（憲兵曹長）は宗一をこのまゝに放置するは事件の発覚を速かならしむる恐れありとして、その殺害を主張したるをもってやむなくこれに同意したるも、両名いずれも手を下すを欲せず、部下の上等兵をしてこれに手を下さしむるに決し、両名共謀のうえ前記、鴨志田安五郎（憲兵上等兵）、本多重雄（憲兵上等兵）を本隊事務室によびよせ、両名に対し森慶次郎（憲兵曹長）は、橘宗一を殺害すべきことを命じ、ついで甘粕正彦（憲兵大尉）は自己が伊藤野枝を殺害したる後、そのことを行なうべき旨を指揮したるに、平素の甘粕正彦（憲兵大尉）を深く信頼せる被告両名は、戒厳令下における非常の場合その犯罪たることを承知せずしてただちにこれに服従したり。ここにおいて甘粕正彦（憲兵大尉）、森慶次郎（憲兵曹長）は鴨志田安五郎（憲兵上等兵）、本多重雄（憲兵上等兵）と共に同室をいで階上なる元憲兵隊長室にいたり、今度は伊藤野枝に対し二三問答をまじえいたるに、野枝は当時の状態を喜ぶの状あるを見て、自己の観察の誤らざるを確信し、橘宗一を隣室の元特高係室に連れこみ、森慶次郎（憲兵曹長）は、後に従える鴨志田安五郎（憲兵上等兵）、本多重雄（憲兵上等兵）の両名の手にゆだね、元の隊長室にたちもどり、一旦階上に出で、同夜九時三十分ごろ再び同室内に入りて、森慶次郎（憲兵曹長）と対話中の伊藤野枝の後方より、大杉に対すると同様の手段を用いて窒息死に至らしめ、森慶次郎（憲兵曹長）は同室外廊下においてこれが見張りをなし、十時ごろ二人は事務室において鴨志田安五郎（憲兵上等兵）は右手より橘宗一（七才）の咽喉部を圧し、その際、本多重雄（憲兵上等兵）は同人の両手を押さえ、もってこれを窒息死に至らしめたり。しかして被告、甘粕正彦、森慶次郎の前記の所為（しわざ）は公憤に出でたるものにして、右の事実は、

一、被告、甘粕正彦の当公判廷における供述

一、右同人に対し予審調書中、橘宗一、殺害に関する点を除きその他、犯人当事者の供述

一、被告、森慶次郎の当公判廷における伊藤野枝殺害につき、甘粕正彦と共謀の点の供述

一、右同人に対する予審調書中、橘宗一殺害の点を除きその他判士の訊問に対する供述

一、被告、鴨志田安五郎の当公廷における子供殺害は甘粕大尉の命令かと思いなお震災後、戒厳令布かれ、殆んど戦争状態にて何事も命令に服従したりとの供述

一、右同人に対する予審調書中、大正十二年九月十六日夜九時ごろ麹町憲兵分隊の事務室に呼ばれ、甘粕大尉の面前にて森曹長より鴨志田安五郎（憲兵上等兵）、本多重雄（憲兵上等兵）の両名にて子供をやれと命ぜられ、かたわらに甘粕大尉が居合せたるより同大尉の命令を伝えられたものと思い、ついで甘粕大尉は、伊藤野枝はおれらがやるから、野枝をやったならばただちに子供をやれと命ぜられ、午後九時半ごろ甘粕大尉は森曹長を従え階上なる元憲兵隊長室に至り、同大尉は最初、隣りの高等係室に連れこみ、自分（鴨志田憲兵上等兵）と本多（憲兵上等兵）がその後に従い行き、甘粕が隣室において野枝を殺害したるを知るや、自分（鴨志

田上等兵）は子供の右前腕を以てその咽喉部を締め一方本多（憲兵上等兵）は前面より両手を押えて絶命せしめたり。自分（鴨志田上等兵）はその時、子供を殺すのは犯罪なる否やを考慮する暇なく、ただ上官より命ぜられたるものは一も二もやらねばならぬと思いこれに服従し実行したるものにして、その命令は軍隊内にて上官よりの命なれば職務上の命令と思い殺害したりとの供述

一、被告、本多重雄（憲兵上等兵）が、公判廷において、子供を殺すことについて、森曹長より、子供をやれ、本多（上等兵）は手を以て手伝えと命ぜられたるものとの供述

一、右同人（本多上等兵）に対する予審調書中、東京憲兵隊本部の庁舎に大杉栄、伊藤野枝および橘宗一を同行したるより、午後九時半ごろ、甘粕大尉、森曹長に連れられ東京憲兵分隊の階上、元憲兵分隊長室に至り伊藤野枝の殺害せらるゝや、鴨志田安五郎（上等兵）が子供の後よりその咽喉部を絞め、自分（本多上等兵）は両手を押えたり。右は戒厳令の布かれおれる場合において上官の命令には服従せねばならぬと思いたる旨の供述（証人の供述略す）しかして被告、甘粕正彦（憲兵大尉）、同森慶次郎（憲兵曹長）の犯意継続の点は、三時間にわたり同種の犯行をなしたるによりこれを認む。これを法律にてらすに、被告、甘粕正彦、同森慶次郎の大杉栄および伊藤野枝、殺害の行為ならびに上等兵をして橘宗一を殺害せしめたる所為（しわざ）は、各刑法第六十条、第百九十九条、同五十五条に該当するをもって、各々の所定刑の範囲内においていずれも有期懲役刑を撰択し、被告（甘粕）正彦を懲役十年に、被告（森）慶次郎を懲役三年に処すべく、被告（鴨志田）安五郎、同（本多）重雄の各所為は罪となるべき事実を知らずしてなしたるものにして、その後、罪を犯すの意なき行為なるをもって、各々同法第三十八条第一項前段、軍法会議法第四百三号にのっとり処分すべく、被告（平井）利一は、伊藤野枝および橘宗一の殺害さるゝにさいし、被告はその情を知りてこれが見張りをなしたり

との公訴の事実については、被告は現状附近に居合わせたる事実は明かなるも、その状を知って見張りをなしたりとの点はこれを認むべき証憑（しょうこ）十分ならざるをもって、陸軍々法会議第四百三条に拠り同被告らに対し無罪を云いわたすべきものとす、よって主文のごとく判決す。

大正十二年十二月八日

陸軍々法会議裁判長判士　岩倉正雄
陸軍法務官　告森果
判士陸軍歩兵少佐　林大八
裁判官判士陸軍砲兵少佐　平田健吉
裁判官判士陸軍歩兵大尉　北川貞猪

軍法会議検察官、陸軍法務官の『意見書』でも、

「甘粕被告ハ平生社会主義ノ主張ニ慊焉タラサルモノアリ就中大杉栄ハ無政府主義ノ巨頭ナルヲ以テ震災ノタメ混乱セル場合ニ軍隊撤退後如何ナル不逞行為ニ出ツルヤモ知レサレハ此際ニ於テ殺害スルヲ国家ノタメ有利ナリト思惟」

したと書かれている点にも当時の職業軍人の、社会主義にたいする独断的な偏見、軍国主義的な考え方の片鱗がよくうかがわれる。

軍人の敵・人道の賊──新聞論調に現われた甘粕事件

甘粕大尉殺人事件の真相が発表された、何人か、よく、憤怒なしに、また涕涙なしに、この記事を読み得る

か。咄、軍人の賊、人道の敵。

軍備縮小の声に、やゝもすれば、その真価と実力とをすら傷つけられんとした軍人の有難味が、今度の戒厳令によって一般に諒解された。ある程度まで、軍民融和の美風さえ起こりつゝあった。われらは、心ひそかに、これをもって、国家の慶事なりとした。今はすなわち如何。一甘粕大尉なるものあって名誉ある軍人の面に泥をぬった。われらは、必ずしも、わが軍隊の空気が、甘粕大尉をうんだものとはいわぬ。本人もいうとおり「大杉を殺したのは、憲兵分隊長としての職権をもってではなく、一個人として、国家のためにやった」ものにちがいなかろう。新聞記者に、一二心得ちがいのものがあったからといって、新聞界の風紀を云々するの誤れるがごとく、甘粕大尉一人の行動をもって、あたかも、それが、軍人全体の仕業でもあるかのように思うのは、あまりに明白な謬見である。がこの事件に座して憲兵司令官もやめ、さらに戒厳司令官までやめた。責任をひいたといえばそれまでである。社会の疑惑は、かえって、これがために濃くなりはせぬか、われらはどこまでも、この事件を一甘粕大尉の所為と見たい、もとより、軍人全体に累を及ぼすべき性質のものではないと思う。ただ、世間は広い、もし、甘粕大尉の行動をもって、一連貫串、関するところ広く、軍人はすべてかくのごとしと、誤って結論するものがあったら、わが陸軍の名誉と利益とのために、実になげくべきことである。しかも、世間、かかるものがないと断言することはできぬ。「軍人の敵」にあらずして何ぞ。

けれども、甘粕大尉にも恕すべき点はある。間ちがいにせよ、間ちがいでないにせよ「大杉栄をもって国家の為、殺害する必要がある」と考え、身を挺して、他人のよくなさざるところをなしとげたことはもとより単なる殺人行為をもって見るべきでない。「大杉栄」は、陸軍当局の発表にいわゆる「国家の蠹毒」であったかどうか、また、その「大杉栄」を殺せば「国家の蠹毒」は、果して除去されるかどうか、すべて、われらの関するところでない。われらは、ただかかる前提のもとに、重き国法を犯してあえて以上の結論につき進んだ大尉の心事を憐むのみである。

「大杉栄」および「ほか二名」の一人たる伊藤野枝の殺害の動機は一である。大尉は、恐らく、野枝女の存在をもって、国家のため呪うべきものであるとしたのであろう。善悪いずれにせよ、殺人の動機は私怨からでもなく、利慾からでもなく、一片国家を思う至情からであったともいえよう。が、頑是なき七才の小児、しかも「途中から私になじみ、分隊に来てからも、付きまとった」小児を絞殺した一事は残忍冷酷、正に鬼畜の所業である。大尉はなぜ「外二名」の他の一人なる小児を心強くも絞殺したか自己の犯跡をおおう以外、外に理由はない。人を殺して自ら免れんとする心、それが、すでにおぞましいきわみである。まして、そのために、罪もない小児を締め殺し、丸裸にした上、井戸に投じ、瓦礫を埋めて、極力死体を隠蔽しようとしたことを聞いては、いかに熱烈なる大尉の弁護者といえども、弁護の余地がなかろう。称して「人道の賊」というも、決して無理ではあるまい。

要するに、甘粕大尉の犯行は二つに分かれる。大杉夫妻の殺害は、一片憂国の至誠からやったものと見ることもできる。その考えがまちがっていても、いなくても、またその行為が合法的であっても、なくても、犯行の動機は正しく国家的であり、道徳的である。小児宗一の殺害は、全然これと趣きを異にする。大尉は、七才の小童宗一をもって「国家の蠹毒」と認めた訳ではあるまい。従って「国家の為」特に、この小児を「殺害する必要」が起こって来そうな筈はない。かれは、ただ犯跡をおおわんがために、そして、一身の安逸をむさぼらんがために、小児宗一を、むごたらしくも絞め殺したのである。その動機には、国家的分子をも、道徳的分子をも、全然欠如している。われらは、ただ、その恐るべく、呪うべく、にくむべきを知るのみである。

甘粕大尉の犯罪は、かくして、全くちがった二つの犯罪である。一は多少とも酌量の余地がある。他は全然ない。世に国家的に生きんとして、個人的に死んだものであるとすれば、それは即ち甘粕大尉その人に外ならぬ。(以上はすべて甘粕の予審廷における小供述に基づく)(《東京日日新聞》――現代の《毎日新聞》の前身の記事による)

意外、ナゾの真犯人は?

大杉栄の死因の真相は、最近のねず・まさし氏の調査によると、真の犯人は甘粕大尉ではなくて、実際は麻布の歩兵第三連隊の将校たちによって、同連隊の営庭で射殺されたが、当時たまたまこの連隊には今の天皇の弟にあたる秩父宮が勤務していたので、皇室に万一の累がおよぶのをおそれて、九月十六日、憲兵大尉の甘粕正彦が大杉の首をしめて殺したと公表したという説もある。

歴史家のねず・まさし氏によると、

九月十六日大杉一家は、自宅に乗りつけた陸軍の自動車によって何処かへ連れさられた。軍人は将校と下士官らしかった。行先は麻布にある第一師団の歩兵第三連隊だった。三人は営庭で兵士の一斉射撃をうけて、銃殺された。――中　略――

この事実は、敗戦後死んだ畑俊六元帥の『日記』(防衛庁戦史研究室蔵)にもかいてあり、畑は従弟の《日本新聞》(小川平吉経営)の記者、大石基隆に語った。大石は同社員のユーモア作家生方敏郎や荒畑寒村に昭和になってから話したが、もちろん公表できることでもないし、他人に語ることも許されない秘密だった。敗戦後に生方は《古人今人》(昭和40年10月25日号第127号)で大石の話をかいている。筆者(注、ねず・まさし)もまた生方からこの話をきいた。また荒畑は敗戦後NHKで木村毅と対談した時、三連隊談を語ったし、『寒村自伝』

にもかいている。

（ねず・まさし『日本現代史4』）

また、社会主義者荒畑寒村は『寒村自伝』のなかで、

自由な体となってから、私は一日、多年世話になっている池田藤四郎氏を訪うて、大杉は麻布の歩兵第三連隊の営庭で将校から射殺されたのが真相だ、という話を聞かされた。

「しかし、甘粕は公判廷で、自ら扼殺したことを認めているじゃありませんか。」

私がそう反問すると、池田氏は断平としていった。

「それは君、甘粕が罪をひっ被っているのだよ。僕の甥は麻布三連隊の中尉だが、この話はその甥が現場を目撃して僕に語ったのだから、間違いはないよ。」

私は扼殺か銃殺か、屍体を見た者に聞けば判然すると思って、三人の遺骸を引取った服部浜次君にただしてみた。

しかし、服部の答えたところは、

「そんな事がわかるものか。何しろ大小三つの棺を引渡されたが、死骸はもう腐爛していて石灰で詰めてあったから、実は大杉らの死骸であるかどうかさえ、確認されやしなかったんだ。」

今となっては真相を知る由もないが、大杉らを虐殺したのが軍部である事実に変りはない。

（荒畑寒村『寒村自伝』下巻一四四―五頁）

甘粕は三年後に釈放され、陸軍はフランスへ彼を慰労旅行させた。しかし真実が暴露されるのを恐れて、増岡憲兵大尉の監視の目が常に光っていた。満州国時代、甘粕の部下であった、元判事の武藤富男は、「人を殺した人がこれほど日常明朗にふるまえることはできるはずがない」と書いている。皇室を主義者虐殺の汚名から救っ

たという誇りが、甘粕の後半生の支えとなっていたからではなかろうか。前にもふれたが、甘粕は満州国成立とともに満州映画の社長となり、敗戦直後、青酸カリで自殺した。

なお、昭和五年九月発行の《戦旗》に載った江口渙の論文「大震災とファシズム〔革命〕の失敗」（〔　〕内は推定）をみると、大杉だけは「更に同処（東京憲兵隊――大沢正道注――）から麻布三連隊へ連行され、同隊の営庭に於いて裸体にされて〔銃殺〕された」とあり、当時すでにこの説がある程度流布されていたように推測される。

（大沢正道『大杉栄研究』）

とにかくそういう話が、今にいたるまで、ひそかにつたえられている意味は重要である。まして大杉を殺した甘粕大尉にたいする、その後の軍部の異常なまでの手厚い待遇をみると、やはり裏になにかあるのではなかろうか、と考えたくなるのも人情ではあるまいか。そして大杉が陸軍の幼年学校を退学させられたばかりか、彼の父も職業軍人であったこと、大杉自身は軍部の思想的な仮想敵の一つであるアナーキストの大物で革命家であることなど、その一つ一つが職業軍人の神経をさかなでにしたばかりか、震災のドサクサまぎれに、大杉を葬りさろうとする軍人は、なにも甘粕一人ではなかったことなどを思うと、ナゾの真犯人説をとく一つのカギがそこらに、かくされていると思うのは、はたして私一人の思いすごしだろうか。それとも甘粕事件は、周到に計画された一種の国家的な「完全犯罪」の闇のなかにそのまま消えさるであろうか？

第6章　復興に江戸ッ子の心意気

1　ホラ吹きといわれた後藤新平

四十億円の復興計画が九分の一に削られる

ホラ吹き後藤新平は第一声で「帝都復旧では何にもならぬ。帝都復興でなければならぬ」と力強く叫び、東京復興のため、復興院を作った。後藤は最初、独立の「省」を作ろうと意気ごんだが、各大臣などの反対もあって、格下げして「院」ときまった。

後藤はまた、四十億円の復興計画を発表した。今のカネに換算すれば一兆円以上である。それは「震災地を全部、坪百円平均で買いあげ、これは復興債券で仕払っておく。そしてそれに完全な復興経営を施した後、縁故払下げでまたもとの持主に返してやろう」というスケールの大きい、いかにも後藤らしいプランであった。しかし当時の政治家たちは、だいたい反対の側にまわった。そこで、この計画は砂上の楼閣のように崩れさり、その心臓ともいうべき震災地の買上案は、つい葬りさられた。後藤は「井上蔵相が、今の日本には、七億二百万円の能力しかないというなら、やむを得ない」といった。なぜ後藤は、その政治的生命を賭けても、あくまで反対勢力と戦わなかったのか？東京市長で後藤の子分だった永田秀次郎は、当時を回想して、つぎのようにいっている。

「私は当時、東京市長としてしばしば嘆願に行ったものです。『どうか解散だけは思い止まって下さい。解散ということになれば、帝都の復興は、また三四ヵ月遅れます。たとえ計画は縮小されましてもやむを得ません。どうか復興計画だけは通して下さい』おそらく、あの機会に解散することが、後藤さんの政治的生命を発展せしめる上では、絶好の機会であったかもしれません。あれ以来、後藤さんは、政治的に死んだといわれても、仕方がないかもしれません。しかし当時の事情では、実にやむを得なかったのです。」

後藤が永田の嘆願を聞いた結果、その生命ともいうべき復興計画を一寸刻みに縮小して、小さな復興費と次善の区画整理案で我慢したのかどうかはわからない。ただそのことは、後藤にとっては政治的な自殺行為を意味した。

なお後藤新平の四十億復興計画が反対にあったため、蔵相井上準之助と交渉した結果、七億二百万円に縮小されたことは前に述べたが、これを復興院の諮問機関として設置された復興審議会に提出したが、銀座四丁目一帯の大地主であった伊藤巳代治らの反対で、道路拡張の計画が大幅に縮小され、はじめの案にあった京浜間の運河計画も消えた。そして予算総額は五億七千五百万円に削られた。その後十二月十一日の臨時議会の予算総会で、野党の政友会は政府原案に対して一億六百万円を削減する四億六千九百万円の修正案を提出通過させた。すなわち後藤新平の東京復興計画は、最初の四十億から四億六千九百万円へ約九分の一弱と一桁さがって決定され、皮と肉とをむしりとられた骨だけの復興予算となった。〝ホラ吹き〟といわれたさすがの後藤も片なしであった。

しかし後に後藤の大見識は再評価された。

避難民千余人に自分の大邸宅を解放

なお余談ではあるが、「関東大震災が起こったとき内務大臣の後藤新平は、麻布桜田町の大邸宅を解放し、千余名の避難民を収容して飯を食わせた。後藤はこのとき、母親をつれ、いちばんせまい部屋にはいって全邸宅を開放した」後藤の名声はこれで一時にあがった、という。

やはり後藤は、スケールの大きな、人情味のあふれる立派な政治家であったと思われる。ただ少し世に早く生まれすぎたのかもしれない。

穴のあく大風呂敷

はじめ政府は、震災で焼けた地域における施設について、その復興計画を立て、これを大きくわけて、

(1)　土地の区画整理
(2)　街路
(3)　運河
(4)　公園

の四つとして、はじめ四十億円でその事業を行なうことを企画したが、その後の修正案では肝心の道路計画は大幅に削られ、最初の案にあった京浜間の運河計画もなくなっていた。第四十四臨時議会で、その初めの予算四十億はまるでバナナの叩き売りのように約十分の一の四億六千九百万円に縮小されたため、国において全計画をなしとげることができなくなったので、最初の計画の一部を地方公共団体の仕事にうつし、国は主に基本的な仕事すなわち幹線道路、運河、大公園および一部の土地の区画整理などの施設をおこない、地方公共団体の仕事と両

青山師範学校内に収容された迷子

上野公園内の託児所

両あいまって万全を期することとした。そして地方公共団体の施設にたいしては、政府はその費用の補助および起債の保証ならびに起債利子の補給をするなど、その事業を行なうについて、できるだけの援助をあたえた。

そして、これらの計画のなかには都市計画の施設とそうでないものとを含み、都市計画の施設に属するものは復興計画をたてる前に決定した都市計画、または都市計画の事業を基礎とし、特別都市計画の委員会の議定を経て決定された。

2　江戸ッ子ハッスル

「郊外から、山手から潮の如く殺到した大群衆は銀座、丸ノ内一帯を完全に埋めつくした。広告行列、音楽行進、花電車、および小学生の旗行列などあらゆる催し物が、日比谷へ銀座へと突進した。」

（《東京朝日新聞》　昭和5年3月26日）

大地震さまさま

江戸ッ子、いや正確にいえば東京ッ子のハッスルぶりがまるで目の前にうかぶようだ。

これは、昭和五年の三月二十六日行なわれた、帝都復興祭を報じる、《東京朝日新聞》の記事の一節である。

この記事の中で、おそらく震災前にはそうは書かなかった部分がある。それは、初めの「郊外から、山手から」というところである。

つまり、震災後は、人々は市中より、山手や、郊外に住むようになったのである。

「大震災さまさまでした。郊外にバラックをたてれば、すぐ住めるようにしておいたからそこへみんなはいってくれました」

これは、東急の五島慶太が「夢声対談」で語っているところだが、関西と比べて郊外の発展のおくれた東京も、震災後は、どんどん郊外に住むようになった。

小田急が昭和二年に開通。中央線の電化も始まって、その傾向は一層強くなった。

復興の中で、もてはやされたのは、今の昭和通りの完成や、隅田川にかかった新しい橋などであったが、市民生活を大きく変えたのは、郊外からの通勤者の激増ということだった。

昭和四年の東京鉄道局の調べでは、すでにラッシュ・アワーは相当のもので、中央線中野・神田間、京浜線大森・有楽町間は、午前七時から九時の間は、定員二倍から三倍だった。もっとも、今と比べると「ラッシュ・アワーで拾ったバラを」というくらいの余裕はあったようだが……。

それらの通勤者は、主として、丸ノ内を中心とするビジネス街に通うサラリーマンだった。

丸ノ内は、丸ビルが、震災の年の二月に完成していたが、その直後の震災によく耐えたので、耐震耐火建築の見本のようになり、丸ノ内を中心として、新しいビルが次から次へと建てられた。その丸ノ内へサラリーマンや職業婦人として通うことと、郊外の文化住宅に住むことが、当時としては、エリートだったのである。

こうした丸ノ内と郊外の発展に伴って、にわかにクローズ・アップされたのは、新宿や渋谷など、現在副都心といわれる地域だった。

ことに新宿は目ざましかった。まず金融機関がやって来た。映画館が開かれ、カフエが栄え、百貨店も進出してくる。「変る新宿あの武蔵野の、月もデパートの屋根に出る」ということになる。

（朝日新聞社編『眼で見る昭和』上巻　四二頁）

このように大震災は、今の土地ブーム、マイ・ホームの夢のはしりをもたらした。今も昔も、土地やマイホームに対する人間の執念には変わりがないようだ。

復興節まで大流行

風流人で俳句が得意だった当時の東京市長永田秀次郎は、震災後多くなった失業者について、つぎのように述べている。

震災後は失業者がことに多くなった。相当の家庭でありながら焼け出されて無一物となり、にわかに路傍や公園内でパン屋、スイトン屋をはじめる者もあり、またペンと筆をにぎった白い手で天秤棒をかつぐという者も多かった。市役所で焼け跡の灰燼を取りかたずけるために、なるべく失業の自由労働者を雇い入れることにしたが、三人がかりでようやく四十俵（六十キロ）を動かす者が多く、能率はすこぶる悪いという始末であった。

秋風に人夫の顔の白さかな

（永田青嵐『震災雑録』『東京震災録』・前輯）

東京の人々の再建への槌音は、つぎのような歌と共に力強くすすんでいった。

復興節抄　　添田さつき

家は焼けても　江戸っ子の

意気は消えない　見ておくれ
アラマオヤマ
忽ち建ち並んだ　バラックに
夜はねながら　お月さま眺めて
エーゾエーゾ
　帝都復興　エーゾエーゾ

学校へ行くにも　お供をつれた
お嬢さんが　ゆであずきを開業し
アラマオヤマ
はずかしそうに　さしだせば
お客が恐縮して　おじぎをしてうけとる
エーゾエーゾ
　帝都復興　エーゾエーゾ

ツンとすまして　いたことも
夢と消えたる　奥さまが
アラマオヤマ

顔の色さえ　　　　　　　　まっ黒で
配給米がほしさに　　　　　おしたりおされたり
エーゾエーゾ
　　その意気その意気　　　エーゾエーゾ
　　　　　　　　　　　　　　（以下略）

「枯れすすき」がヒット

俗に「歌は世につれ」「世は歌につれ」というが、震災（一九二三年）当時にはやった歌は「枯れすすき（船頭小唄）」のほか「夕焼小焼」「花嫁人形」「生ける屍（女工哀史より）」「待ちぼうけ」「旅人の唄」「青春の歌」「復興節」「肩たたき」など。これらの唄がもつ哀感と、廃墟のうえにボーゼンと立つ大衆のなげやりな気持にピッタリし、共感をもって、人の口から口へと伝わって、歌いつづけられた。

震災で生まれた言葉

戒厳令、救護班、自警団、配給品、暴利取締、この際！、罹災民、避難民、流言蜚語、帝都復興、バラック、仮建築、玄米、すいとん、恩賜金、天幕村（テントむら）、焦土の都、巡回病院、被服廠あと、マーケット、アーケード、やっつけろ、不逞鮮人、九死一生……

（『東京市日本橋高等小学校調査』東京市役所・万朝報社共編『十一時五十八分』『日本の百年』5「震災にゆらぐ」）

おわりに

われわれは関東大震災の時、朝鮮人虐殺に示されたような帝国主義の残酷さは、朝鮮人はもちろん、その後において、日本国民にも多くの不幸と禍をもたらしたという貴重な教訓を学びとらなければならない。われわれは、このような過ちを二度と繰り返してはならない。大震災の際、いろいろな天災や人災のため、不慮の死をとげられた数多くの方々のご冥福を心から祈りたい。何故なら、永遠の死と生の境にさまよう死者の魂は、なおわれわれに呼びかけ、われわれの心のなかにひそかに生きているからだ。

原文にはできるだけ忠実に従ったが、都合により、例外的に、旧かなおよびむずかしい字を、原文をそこなわない程度に、著者が訂正し、またまれには意訳して、できるだけ読みやすくした部分が、ごく少しある。

最後にこの本を書くにあたって、絶えずはげましていただき、またいろいろとためになるご示唆を受け、また出版にあたってお骨折りをくださった雄山閣社長の長坂一雄氏、同社編集長の芳賀章内氏、編集担当の大沢康雄氏、田辺喜美子さん、および古河三樹氏、岡崎元哉氏の方々のご好意に深く感謝する。

また本書を書くにあたっては、いろいろな図書や新聞、雑誌などを参考にさせていただいた。おもなものはつぎに記して、その学恩に感謝の意を表明したい。

おもな参考文献（順不同）

内務省社会局　大正震災志　大正15
警　視　庁　大正大震火災誌　大正14　警視庁
東京市役所　帝都復興区劃整理誌　第一編　帝都復興事業概観　昭和7
浜中仁三郎　関東大震火災録　大正13
東京消防庁　あなたの地震対策　昭和44
平原暉明編　関東大震災講話資料　大正14
帝都罹災児童救援会編　関東大震大火全史　大正13
東部市役所編　東京大正震災誌　大正14
小松隆二　日本アナキズム運動史　昭和47
李　珍珪編　関東大震災における朝鮮人虐殺の真相と実態　一九六三年（昭和38年）　朝鮮大学校
東京市役所　東京震災録　前輯・中輯・後輯・別輯・写真帖及地図　大正15　東京市役所
神奈川県警察部編　大正大震火災史　大正15
日本歴史学会編　日本史の問題点　昭和40　吉川弘文館
岡田章雄　豊田武　和歌森太郎編　日本の歴史　第12巻　昭和35　読売新聞社
岩波講座　日本歴史　19　現代2　昭和40（一九六五年）岩波書店
京都大学文学部国史研究室編　日本史辞典　昭和32　創元社
河出孝雄編　日本歴史大辞典5　昭和31　河出書房
坂本太郎　新訂日本史概説下　昭和42　至文堂
時野谷勝　秋山国三　京大日本史　第6巻　現代の日本　昭和28　創元社

遠藤元男、大森志郎編　日本史ハンドブック　昭和38　朝倉書店
日本史研究会編　講座日本文化史　第8巻　昭和38　三一書房
赤松克麿　日本社会運動史
和歌森太郎　日本史　昭和31　有精堂
東京天文台編　理科年表　昭和48　丸善
朝日新聞社編　眼で見る昭和　上巻　昭和47　朝日新聞社
歴史学研究会、日本史研究会編　日本歴史講座第6巻　日本帝国主義　一九五七年（昭和32）東京大学出版会
武者金吉　大日本地震史料　全四巻
浅田敏　地震　昭和47
松沢武雄　地震（岩波全書）　岩波書店
藤井陽一郎　日本の地震学
村松郁栄・藤井陽一郎　日本の災害
姜徳相・琴乗洞編　現代史資料・関東大震災と朝鮮人　昭和44　みすず書房
ねず・まさし　日本現代史4　一九六八年（昭和43）　三一新書
荒畑寒村　寒村自伝　下巻　昭和40　筑摩書房
大沢正道　大杉栄研究　一九六八年（昭和43）　同成社

〈付〉地震の心得五ヵ条

一、まず火の始末。

二、ドア明けよ。だが、あわてて外に飛び出さない。

三、非常の持ち出し——食べ物、水、塩、貴重品、薬とラジオ。

四、逃げ場所きめて、車はやめる。

五、安全は、トイレと風呂場、ベッドや机の下にもぐれ。一階よりも二階が安全。国電・地下鉄まず大丈夫。

■著者紹介

中島 陽一郎（なかじま よういちろう）

大正 9 年（1920）東京に生れる。
昭和 18 年（1943）慶應義塾大学卒業。
東亜研究所調査員・衆議院参事・国立国会図書館主査などを歴任。
主な著書に『新憲法縦横』『日露海戦物語』『病気日本史』『飢饉日本史』ほか。
平成 12 年（2000）8 月逝去。

昭和 48 年（1973）7 月 20 日〈雄山閣歴史選書〉初版発行
昭和 57 年（1982）8 月 20 日〈雄山閣 Books〉　初版発行
平成 7 年（1995）2 月 20 日〈雄山閣 Books〉　重版発行
令和 5 年（2023）8 月 25 日　新装版 第一刷発行　　《検印省略》

【新装版《しんそうばん》】関東大震災《かんとうだいしんさい》―その実相《じっそう》と歴史的意義《れきしてきいぎ》―

著　者　中島陽一郎
発行者　宮田哲男
発行所　株式会社 雄山閣
〒 102-0071　東京都千代田区富士見 2 - 6 - 9
TEL 03-3262-3231㈹ FAX 03-3262-6938
振 替 00130-5-1685
https://www.yuzankaku.co.jp
印刷・製本　株式会社 ティーケー出版印刷

ISBN978-4-639-02929-8　C0021
N.D.C.210　296p　21㎝